普通高等教育"十三五"规划教材
高职高专实验（训）系列

财政综合实训教程

主　审　董云展

主　编　金克明

　　　　韩宗保

立信会计出版社
LIXIN ACCOUNTING PUBLISHING HOUSE

图书在版编目(CIP)数据

财政综合实训教程 / 金克明,韩宗保主编. —上海:立信会计出版社,2017.1

普通高等教育"十三五"规划教材 高职高专实验(训)系列

ISBN 978-7-5429-5344-5

Ⅰ.①财… Ⅱ.①金… ②韩… Ⅲ.①财政工作—高等职业教育—教材 Ⅳ.①F812

中国版本图书馆 CIP 数据核字(2016)第 325953 号

责任编辑　　方士华
封面设计　　南房间

财政综合实训教程

Caizheng Zonghe Shixun Jiaocheng

出版发行	立信会计出版社		
地　　址	上海市中山西路 2230 号	邮政编码	200235
电　　话	(021)64411389	传　　真	(021)64411325
网　　址	www.lixinaph.com	电子邮箱	lxaph@sh163.net
网上书店	www.shlx.net	电　　话	(021)64411071
经　　销	各地新华书店		

印　　刷	上海肖华印务有限公司	
开　　本	787 毫米×1 092 毫米	1/16
印　　张	16.25	
字　　数	424 千字	
版　　次	2017 年 1 月第 1 版	
印　　次	2017 年 1 月第 1 次	
印　　数	1—1 000	
书　　号	ISBN 978-7-5429-5344-5/F	
定　　价	40.00 元	

如有印订差错,请与本社联系调换

普通高等教育"十三五"规划教材

高职高专实验(训)系列

总 序 PREFACE

　　实验(训)教学是高等职业教育教学的重要环节,是培养适应现代经济社会发展的高素质技能人才的重要保障。规范实验(训)教学内容,建立标准化的实验(训)教学流程是完善实践教学体系,推进人才培养规范化,加快发展现代职业教育的重要举措。为此,我们编纂了本套实验(训)系列教材。

　　本系列教材在编纂过程中,紧密结合行业企业发展实际,坚持应用导向,坚持实践教学与理论教学相衔接,实践内容与职业标准相衔接,实践技能与职业技能鉴定相衔接,把职业岗位所需要的知识、技能和职业素养融入实践教学,构建对接紧密、特色鲜明的实践教学课程体系。

　　本系列教材在栏目编排上,采用模块化的结构,系统讲解实践教学的各个环节。同时,本系列教材紧贴实践教学内容,采用项目教学、案例教学、工作过程导向教学等教学模式。

　　为确保教材质量,本系列教材由具有企业一线工作经历和丰富实践教学经验的"双师型"教师编写。在写作方式上,本系列教材力求语言简练、形式活泼、深入浅出。本系列教材以课程为单元,配有丰富的实验(训)案例,是高校教师教授实践类课程的重要参考。

普通高等教育"十三五"规划教材编委会

前言 FOREWORD

教育部在《关于推进中等和高等职业教育协调发展的指导意见》中提出，高等职业教育是高等教育的重要组成部分，重点培养高端技能型人才，发挥引领作用。培养高端技能型人才的关键在于提升职业素质，实训教学是高等职业教育实现人才培养目标和实施素质教育的重要环节，是提升学生职业素质的主要途径，实训教学效果的好坏，反映出高等职业院校办学特色，直接影响其办学质量。为适应高等职业教育财经类专业财政学课程实训和财政专业综合实训的需要，我们组织编写了《财政综合实训教程》。

本教程共分三个单元。其中，第一单元为基本技能实训，主要是行业岗位认知和单个技能训练；第二单元为职业能力实训，主要是职业岗位群中不同岗位的职业能力的系统训练；第三单元为综合能力实训，主要是为行业综合部门岗位的能力训练，包括工作综合分析、综合数据处理和应用写作能力训练。

本教程采用模块化设计，不仅可以满足专业课程如财政学、政府预算、政府采购等课程实训的需求，还可以满足财政专业综合实训的需求，同时，我们还留有接口，可以与相邻专业实训对接，满足跨专业实训的需求。本教程由金克明、韩宗保、李硕、宋华、郑飞编写，金克明、韩宗宝构思和总撰，董云展主审。本教程在编写过程中得到了河南财政税务高等专科学校财务处、财税系和新中大公司的大力支持，在此深表谢意。

由于初次编写实训教程，难免有不当之处，希望读者批评指正。

2017.1

编　者

目 录 CONTENTS

第一单元　基本技能实训 ……………………………………………… 1

项目一　认知财政部门及其工作职责 ……………………… 3

项目二　财政常见数据的计算 ……………………………… 11

第二单元　职业能力实训 ……………………………………………… 51

项目一　管理平台基础设置 ………………………………… 53

项目二　部门预算编制 ……………………………………… 64

项目三　国库集中支付 ……………………………………… 90

项目四　政府采购管理 ……………………………………… 130

项目五　非税收入管理 ……………………………………… 159

项目六　工资管理系统 ……………………………………… 169

项目七　国有资产管理 ……………………………………… 179

第三单元　综合能力实训 ……………………………………………… 203

项目一　地方财政运行状况分析 …………………………… 205

项目二　税源状况分析 ……………………………………… 218

项目三　财政收入状况分析 ………………………………… 227

项目四　财政支出状况分析 ………………………………… 237

项目五　财政风险状况分析 ………………………………… 244

第一单元

基本技能实训

项目 一 认知财政部门及其工作职责

实训目的

通过实训,学生可以加深对财政相关知识的掌握和理解,并对我国财政部门及其工作职责有一定程度的感性认识。

实训要求

学生应掌握财政的相关理论知识,学习和了解相关的数据收集和整理方法。

实训内容

学生上网查询某地区的财政资料,填制相关表格。

表 1-1-1 _____县(市)财政局领导职责表

职　　务	职　责
局　长	
副局长	

表 1-1-2   _____县(市)财政局机构设置表

负责人	机 构 名 称
财政局内设机构	
财政局二级机构	

表 1-1-3　　　　　　　　　　　　　_____县(市)财政局预算处(股)工作职责表

负责人		编制	
工作岗位			
工作职责			
主要工作流程			

表 1-1-4 _____县(市)财政局国库处(股)工作职责表

负责人		编制	
工作岗位			
工作职责			
主要工作流程			

表 1-1-5 _____县(市)财政局教科文处(股)工作职责表

负责人		编制	
工作岗位			
工作职责			
主要工作流程			

表 1-1-6　　　　　　　　　　县(市)财政局国库支付中心工作职责表

单位名称		编制	
工作岗位			
工作职责			
主要工作流程			

表 1-1-7 _____县(市)财政局非税收入管理局工作职责表

单位名称		编制	
工作岗位			
工作职责			
主要工作流程			

表 1-1-8　　　　　　　　_____县(市)财政局财税监督检查局工作职责表

单位名称		编制	
工作岗位			
工作职责			
主要工作流程			

项目 二 财政常见数据的计算

实训目的

通过实训,学生可以加深对财政税收相关知识的掌握和理解,并对我国政府收支的有关数据有一定程度的感性认识。

实训要求

学生应掌握财政税收的相关理论知识,学习和了解相关的计量分析方法和软件。

实训内容

学生利用某地区的经验数据,填写表格,进行计算和预测。

1. 根据近 10 年来某地区的财政数据,分析本地区购买性支出与转移性支出的变化趋势,并以相关的图表配合文字说明分析变化原因。

表 1-2-1 _____县(市)购买性支出与转移性支出变化情况表

年份	财政总支出（万元）	购买性支出		转移性支出	
		金额(万元)	比重	金额(万元)	比重

图 1-2-1 _____县(市)购买性支出与转移性支出变化情况图

任务 1　_____县(市)购买性支出与转移性支出变化情况说明。

2. 根据近 10 年来某地区的财政数据,分析该地区投资支出的变化趋势,并以相关的图表配合文字说明分析变化原因。

表 1-2-2　　　　　　　　　_____县(市)投资支出变化情况表

年份	财政总支出 (万元)	投资支出 (万元)	投资支出比重

图 1-2-2 _____县(市)投资支出变化情况图

任务 2 _____县(市)投资支出变化情况说明。

3. 根据近 10 年来某地区的财政数据,分析该地区农业支出的变化趋势,并以相关的图表配合文字说明分析变化原因。

表 1-2-3　　　　　　　　　　　　　　_____县(市)农业支出变化情况表

年份	财政总支出 (万元)	农业支出 (万元)	农业支出比重

图 1-2-3　　　　　　　　　　　　　　_____县(市)农业支出变化情况图

任务 3 _____县(市)农业支出变化情况说明。

4. 根据近 10 年来某地区的财政数据,分析该地区文教支出的变化趋势,并以相关的图表配合文字说明分析变化原因。

表 1-2-4　　　　　　　　　　_____县(市)文教支出变化情况表

年份	财政总支出 (万元)	文教支出 (万元)	文教支出比重

图 1-2-4 _____县(市)文教支出变化情况图

任务 4 _____县(市)文教支出变化情况说明。

5. 根据近10年来某地区的财政数据,分析该地区卫生支出的变化趋势,并以相关的图表配合文字说明分析变化原因。

表 1-2-5　　　　　　　　　　　　　　_____县(市)卫生支出变化情况表

年份	财政总支出 (万元)	卫生支出 (万元)	卫生支出比重

图 1-2-5　　　　　　　　　　　　　　_____县(市)卫生支出变化情况图

任务 5   _____县(市)卫生支出变化情况说明。

6. 根据近 10 年来某地区的财政数据,分析该地区行政支出的变化趋势,并以相关的图表配合文字说明分析变化原因。

表 1-2-6   _____县(市)行政支出变化情况表

年份	财政总支出 (万元)	行政支出 (万元)	行政支出比重

图 1-2-6   _____县(市)行政支出变化情况图

任务 6   _____县(市)行政支出变化情况说明。

7. 根据近 10 年来某地区的财政数据,分析该地区财政收入来源产业结构的变化,并以相关的图表配合文字说明分析变化原因。

表 1-2-7 ＿＿＿＿＿＿县(市)财政收入来源产业结构的变化情况表

年份	财政总收入(万元)	第一产业		第二产业		第三产业	
		金额(万元)	比重	金额(万元)	比重	金额(万元)	比重

图 1-2-7 ＿＿＿＿＿＿县(市)财政收入来源产业结构的变化情况图

任务7 _____县（市）财政收入来源产业结构的变化情况说明。

8. 分析近10年以来某地区财政支出规模与结构的变化（按职能分类的结构），并画出相应的饼图或柱状图配合文字说明分析变化原因。

表 1-2-8　　　　　　　　20　　年—20　　年　　市（县）财政支出情况

支出项目	20(万元)	20(万元)	20(万元)	20(万元)	20(万元)
一般预算支出合计					
基本建设支出					
挖潜革新改革支出					
科技三项费					
文体广播支出					
农业投入					
教育支出					
科技支出					
医疗卫生支出					
其他事业支出					
抚恤和社会救济费					
社会保障支出					
行政管理费					
政策性补贴					
其他支出					
城市维护建设费					
专项支出					

图 1-2-8-1 　　　　20　　年　　　市财政支出规模和结构饼状图

图 1-2-8-2 　　　　20　　年—20　　年　　　市（县）财政支出规模变化情况（柱状图）

任务 8 结合数据和图表,分析　　　市(县)财政支出规模和结构变化情况(要求 500 字以上)。

9. 根据近10年以来的财政统计数据计算某地区养老保险支出占财政支出的比重,并以相关的图表配合文字说明分析变化原因。

表1-2-9　　　　　20　　年—20　　年　　　市(县)养老保险支出及财政支出情况

年份	养老保险支出 (万元)	财政总支出 (万元)	养老保险支出占比

图1-2-9　　　　　20　　年—20　　年　　　市(县)养老保险支出占比变化曲线图

任务 9 结合数据表及曲线图,说明养老保险年度变化情况并分析原因。

10. 根据近 10 年以来的财政统计数据计算某地区医疗保险支出占财政支出的比重,以相关的图表配合文字说明并分析变化原因。

表 1-2-10 　　　　　20　年—20　年　市(县)医疗保险支出及财政支出情况

年份	医疗保险支出 (万元)	财政总支出 (万元)	医疗保险支出占比

图 1-2-10　　　　20　　年—20　　年　　　市(县)医疗保险支出占比变化曲线图

任务 10　结合数据表及曲线图,说明医疗保险年度变化情况并分析原因。

11. 根据近 10 年以来的财政统计数据分析我国财政赤字与国债发行之间的变化规律,并以相关的图表配合文字说明分析变化原因。

表 1-2-11　　　　　20　　年—20　　年我国财政赤字及国债发行额及国债余额情况

年份	财政赤字 (万元)	当年国债发行额 (万元)	当年国债余额 (万元)

图 1-2-11　　　　　我国财政赤字、国债发行额、国债余额的变化情况柱状图

任务 11 结合数据表与柱状图,分析我国财政赤字与国债发行额、国债余额之间的关系及原因。

12. 根据近 10 年以来的统计数据分析我国财政赤字、国债发行与 GDP 之间的关系变化规律,并以相关的图表配合文字说明分析变化原因。

表 1-2-12   20   年—20   年我国 GDP、财政赤字、国债发行额及国债余额情况

年份	GDP	财政赤字（万元）	当年国债发行额（万元）	当年国债余额（万元）

图 1-2-12　　　　我国 GDP、财政赤字、国债发行额、国债余额的变化情况柱状图

任务 12　结合数据表与柱状图,分析我国 GDP、财政赤字与国债发行额、国债余额之间的关系及产生原因。

13. 根据近 10 年以来某地区 GDP 与税收收入的数据, 计算加权平均税收弹性系数。另假设近年该地区 GDP 增长率均为 8%, 根据加权平均税收弹性系数测算未来 5 年税收增长率, 并以相关的图表配合文字说明。$\left(\text{注:税收弹性系数} = \dfrac{\Delta T\%}{\Delta GDP\%}\right)$

表 1-2-13   20　年—20　年　　市(县)税收弹性情况

年份	GDP	税收收入 (万元)	税收弹性

图 1-2-13-1   20　年—20　年　　市(县)GDP、税收收入增长率曲线

图 1-2-13-2   20　年—20　年　　市(县)税收弹性变化曲线

任务 13　结合该地区 GDP 增长率、税收收入增长率及税收弹性指标,分析该地区税收收入变化与 GDP 变化的关系,并探讨原因。

14. 根据近10年以来某地区GDP与财政收入的相关性及GDP的平均增长速度,测算未来10年财政收入规模,并以相关的图表配合文字说明分析变化原因。

表1-2-14　　　　　　　　20　　年—20　　年　　　市(县)GDP、财政收入情况

年份	GDP	GDP 增长率	财政收入 (万元)	财政收入 增长率

图1-2-14　　　　　　　　20　　年—20　　年　　　市(县)GDP、财政收入增长率曲线

任务 14 结合该地区 GDP 增长率、财政收入增长率指标,分析该地区财政收入变化与 GDP 变化的关系,初步预测未来 10 年该地区财政收入增长趋势。

15. 根据近 10 年以来某地区 GDP 与财政支出的相关性及 GDP 的平均增长速度,测算未来 10 年财政支出规模,并以相关的图表配合文字说明分析变化原因。

表 1-2-15　　　　　　　20　年—20　年　　市(县)GDP、财政支出情况

年份	GDP	GDP 增长率	财政支出 (万元)	财政支出变化率

图 1-2-15   20   年—20   年   市(县)GDP、财政支出变化率曲线

任务 15   结合该地区 GDP 增长率、财政支出变化率指标,分析该地区财政支出变化与 GDP 变化的关系,初步预测未来 10 年该地区财政支出变化趋势。

16. 根据近 10 年以来某地区财政收入与增值税的相关性及财政收入的平均增长速度,测算未来 10 年增值税规模,并以相关的图表配合文字说明分析变化原因。

表 1-2-16 　　　　　 20　年—20　年　　市(县)财政收入、增值税情况

年份	财政收入 (万元)	财政收入增长率	增值税 (万元)	增值税增长率

图 1-2-16 　　　　　 20　年—20　年　　市(县)财政收入增长率、增值税增长率曲线

任务16 结合该地区财政收入增长率、增值税增长率指标,分析该地区财政收入变化与增值税收入变化的关系并分析原因。

17. 根据近 10 年以来某地区财政收入与消费税的相关性及财政收入的平均增长速度,测算未来 10 年消费税规模,并以相关的图表配合文字说明分析变化原因。

表 1-2-17　　　　　　20　　年—20　　年　　市(县)财政收入、消费税情况

年份	财政收入(万元)	财政收入增长率	消费税(万元)	消费税增长率

图 1-2-17　　　20　　年—20　　年　　　市(县)财政收入增长率、消费税增长率曲线

任务 17　结合该地区财政收入增长率、消费税增长率指标,分析该地区财政收入变化与消费税收入变化的关系并分析原因。

18. 根据近10年以来某地区财政收入与企业所得税的相关性及财政收入的平均增长速度,测算未来10年企业所得税规模,并以相关的图表配合文字说明分析变化原因。

表 1-2-18　　　　　20　　年—20　　年　　　市(县)财政收入、企业所得税情况

年份	财政收入 (万元)	财政收入增长率	企业所得税 (万元)	企业所得税增长率

图 1-2-18　　　　　20　　年—20　　年　　　市(县)财政收入增长率、企业所得税增长率曲线

任务 18 结合该地区财政收入增长率、企业所得税增长率指标,分析该地区财政收入变化与企业所得税收入变化的关系并分析原因。

19. 根据近 10 年以来某地区财政收入与个人所得税的相关性及财政收入的平均增长速度,测算未来 10 年个人所得税规模,并以相关的图表配合文字说明分析变化原因。

表 1-2-19 　　　　　 20　 年—20　 年　　 市(县)财政收入、个人所得税情况

年份	财政收入 (万元)	财政收入增长率	个人所得税 (万元)	个人所得税增长率

图 1-2-19　　20　年—20　年　　市(县)财政收入增长率、个人所得税增长率曲线

任务 19　结合该地区财政收入增长率、个人所得税增长率指标,分析该地区财政收入变化与个人所得税收入变化的关系并分析原因。

20. 根据近10年以来某地区财政支出与政府投资支出的相关性及财政支出的平均增长速度,测算未来10年政府投资支出规模,并以相关的图表配合文字说明分析变化原因。

表 1-2-20　　　　　20　年—20　年　　市(县)财政支出、财政投资性支出情况

年份	财政支出 (万元)	财政支出变化率	财政投资性支出 (万元)	财政投资性支出变化率

图 1-2-20　　　20　年—20　年　　市(县)财政支出变化率、财政投资性支出变化率曲线

任务 20 结合该地区财政支出变化率、财政投资性支出变化率指标,分析该地区财政支出变化与财政投资性支出变化的关系并分析原因。

21. 根据近 10 年以来某地区财政支出与政府基础产业投资支出的相关性及财政支出的平均增长速度,测算未来 10 年政府基础产业投资支出规模,并以相关的图表配合文字说明分析变化原因。

表 1-2-21　　　　20　年—20　年　　市(县)财政支出、政府基础产业投资支出情况

年份	财政支出 (万元)	财政支出变化率	政府基础产业投资 支出(万元)	政府基础产业 投资支出变化率

图 1-2-21　　20　年—20　年　　市(县)财政支出变化率、政府基础产业投资支出变化率曲线

任务 21　结合该地区财政支出变化率、政府基础产业投资支出变化率指标,分析该地区财政支出变化与政府基础产业投资支出变化的关系并分析原因。

22. 根据近 10 年以来某地区财政支出与政府农业投资支出的相关性及财政支出的平均增长速度,测算未来 10 年政府农业投资支出规模,并以相关的图表配合文字说明。

表 1-2-22 　　　　20　年—20　年　　市(县)财政支出、政府农业投资支出情况

年份	财政支出 (万元)	财政支出变化率	政府农业投资支出 (万元)	政府农业投资 支出变化率

图 1-2-22 　　　　20　年—20　年　　市(县)财政支出变化率、政府农业投资支出变化率曲线

任务 22 结合该地区财政支出变化率、政府农业投资支出变化率指标,分析此地区财政支出变化与政府农业投资支出变化的关系并分析原因,预测未来 10 年政府农业投资支出规模。

23. 根据近 10 年以来某地区财政支出与政府科教支出的相关性及财政支出的平均增长速度,测算未来 10 年政府科教支出规模,并以相关的图表配合文字说明分析变化原因。

表 1-2-23　　　　　20　　年—20　　年　　市(县)财政支出、政府科教支出情况

年份	财政支出 (万元)	财政支出变化率	政府科教支出 (万元)	政府科教支出变化率

图 1-2-23　　　　20　年—20　年　　　市(县)财政支出变化率、政府科教支出变化率曲线

任务 23　结合该地区财政支出变化率、政府科教支出变化率指标,分析该地区财政支出变化与政府科教支出变化的关系并分析原因,预测未来 10 年政府科教支出规模。

24. 根据近 10 年以来某地区财政支出与政府社会保障支出的相关性及财政支出的平均增长速度,测算未来 10 年政府社会保障支出规模,并以相关的图表配合文字说明分析变化原因。

表 1-2-24 　　　　20　年—20　年　　市(县)财政支出、政府科教支出情况

年份	财政支出 (万元)	财政支出变化率	政府社会保障支出 (万元)	政府社会保障 支出变化率

图 1-2-24 　　　　20　年—20　年　　市(县)财政支出变化率、政府社会保障支出变化率曲线

任务 24 结合该地区财政支出变化率、政府社会保障支出变化率指标,分析该地区财政支出变化与政府社会保障支出变化的关系并分析原因,预测未来 10 年政府社会保障支出规模。

25. 根据近 10 年以来某地区财政支出与公共卫生支出的相关性及财政支出的平均增长速度,测算未来 10 年政府公共卫生支出规模,并以相关的图表配合文字说明分析变化原因。

表 1-2-25   20　年—20　年　　市(县)财政支出、公共卫生支出情况

年份	财政支出 (万元)	财政支出变化率	公共卫生支出 (万元)	公共卫生支出变化率

图 1-2-25   20   年—20   年   市(县)财政支出变化率、公共卫生支出变化率曲线

任务 25 结合该地区财政支出变化率、公共卫生支出变化率指标,分析此地区财政支出变化与公共卫生支出变化的关系并分析原因,预测未来 10 年公共卫生支出规模。

第二单元

职业能力实训

项目 一 管理平台基础设置

一、功能概述

工作管理平台是实训软件 Gsoft 产品的统一门户平台,提供了集中权限管理、集中用户管理、统一登录、智能审批预警等功能。

(一) 单点登录

用户可以将该平台作为日常操作的主界面,登录该平台后,可以更方便地进入其他子系统,不需多次验证口令、切换账套。

(二) 软件模块智能下载更新

通过工作管理平台,用户可以实现在任何地点智能下载所需模块。如果服务器处有新版本软件更新,平台也将在第一时间自动进行相应的匹配更新,无须用户干预,真正实现免安装、免维护。

(三) 统一用户管理、统一数据维护

工作管理平台提供对系统基础数据的统一定义、修改,用户可以根据需要进入维护,保证基础数据的统一性和维护的简便性。

工作管理平台还提供跨账套进行集中权限维护的功能。

(四) 用户个性平台

用户可以根据自身的需要,对平台界面中的功能、项目、图片等内容进行调整设置。同时,系统也提供了外部程序的挂接功能,用户可以将常用的应用放入平台中,形成自身特有的日常管理平台。

二、实训目的

通过操作,学生应熟悉工作管理平台界面及功能,熟悉如何登录系统,掌握对用户定义和权限的分配,以及掌握如何建立核算单位账套。

三、实训要求

管理平台基础设置是学习和使用公共财政管理系统的基础。

建议本章节讲课 1 课时,上机操作练习 1 课时。

四、实训内容

(一) 建立核算单位账套

软件安装完成后,首先要进行操作的模块是"核算单位管理",在此,用户可以建立账套、修改账套中的年度信息、修改年度中的模块信息等。

核算单位即账套,相类似于电子账簿。建立一个核算单位,就是启用一本新的电子账簿。对于小型数据库如 Sybase SQL Anywhere 等,在每个会计年度进行年结时都会自动在 USERxx 下生成一个目录,如 2012、2013 等;对于大中型数据库,则是在指定的设备或数据库管理系统中建立一个数据库,如 USER012012、USER2013 等。每一个年度完成后,新年度的数据自动生成。账务处理进入下一年的账本。

实训软件可为多个独立核算的单位进行财务核算,即"多账套处理"。核算单位管理就是专门

为了实现、方便核算单位管理这一功能而专门制作的。通过本模块，每个核算单位可以选出已经安装在其计算机中的其他功能模块，如账务、报表、工资等；任何一个核算单位要使用任何一个功能模块，都必须先在此进行注册，因为软件需要在此建立一些电子账簿所必需的基本内容，如所属行业、初始科目、财务主管等信息。

1. 实训准备

学生应基本了解一般财政部门财政核算和管理要求；确定一般财政部门财政业务适用的应用方案。

2. 实训目的及要求

通过软件的操作让学生了解行政事业单位账套的建立、账套数据的备份、恢复软件操作过程，同时，为后期模块实训做准备。

3. 实训内容

1）建立核算单位账套

账套号：<0＋三位流水号>；账套名称：<学号＋姓名＋账套号>练习账套；

行业：总预算；

单位负责人：学生姓名；财务主管：老师姓名；

建账日期：2013.01.01；

选择使用模块（全选）：财政业务数据中心、预算编制系统、指标管理系统、拨款管理系统、国库集中支付系统、工资统发管理系统、政府采购管理系统、资产管理系统、账务处理系统、报表中心、非税收入管理系统（银行版）、非税收入管理系统（单位版）、非税收入管理系统（财政版）、项目管理系统。

2）制定集中备份方案

针对本账套数据做个整体备份方案，包含该账套使用的所有模块。

3）集中恢复软件操作

针对本账套数据做个原始基础数据恢复，包含该账套使用的所有模块。

4. 实训指导

登录平台及进入核算单位模块。

单击桌面快捷方式"公共财政管理软件 Gsoft"，登录公共财政管理软件，出现如图 2-1-1 界面。

图 2-1-1　登录界面

在"用户编码"对应栏选择或输入:0000(系统管理员),然后在"密码"对应栏输入密码:123456 (初始密码),然后点"确定",出现如图 2-1-2 界面。

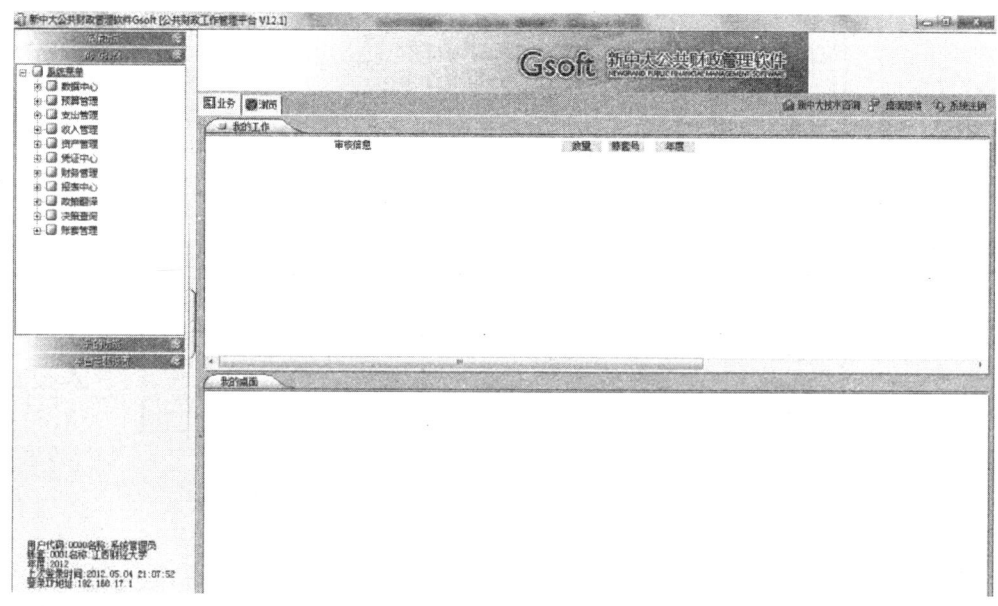

图 2-1-2　主界面

在图 2-1-2 左边界面"My Gsoft|账套管理|账套管理",进入到如图 2-1-3"账套管理"界面。

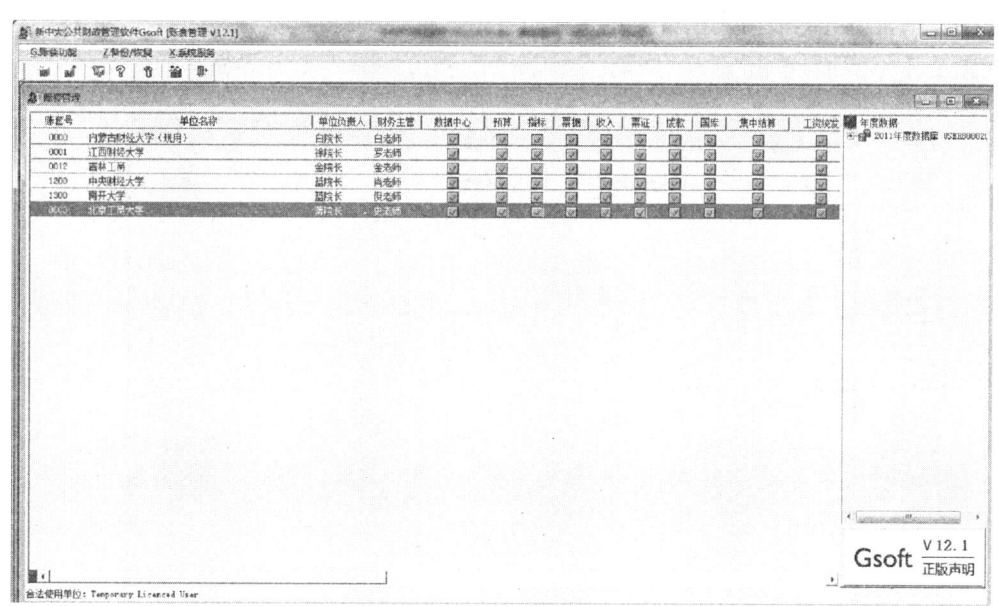

图 2-1-3　账套管理界面

1) 建立核算单位账套

具体操作

在图 2-1-3 界面,单击"账套功能|新建账套",弹出如图 2-1-4 窗口。

在图 2-1-4 中,根据前面实训资料—建立核算单位账套内容,分别输入或选择,然后单击"存入",系统将按建账信息自动生成对应的数据库。

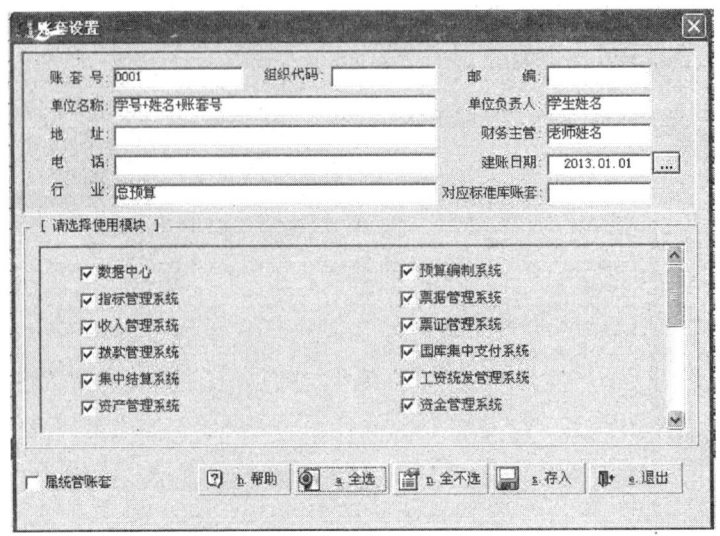

图 2-1-4　账套设置

💠 **注意**

后台数据库端生成的数据库名称规则:user<账套号><年度>,例如,账套号为 0001 的 2013 年度后台数据库名称是:user00012013。

2) 制定集中备份方案

具体操作

集中数据备份开始前请先在桌面建立相应备份文件夹,命名建议(账套号+姓名+学号)。

在图 2-1-3 界面,单击"备份/恢复|集中备份",弹出如图 2-1-5 界面。

图 2-1-5　集中备份方案

在图 2-1-5 中,单击"增加",弹出如图 2-1-6 窗口,进入"新增方案"界面。

在方案名称对应框内,输入方案名称(建议输入"学号+姓名+账套号",方便学生辨认自己备份账套),备份年份输入 2013,把所有账套前的☑去掉,然后单击"选择账套",弹出图 2-1-7,从"未选入"

窗口中选择需要备份账套,然后单击" > "将备份账套选入"已选入"窗口,并单击"确认"。

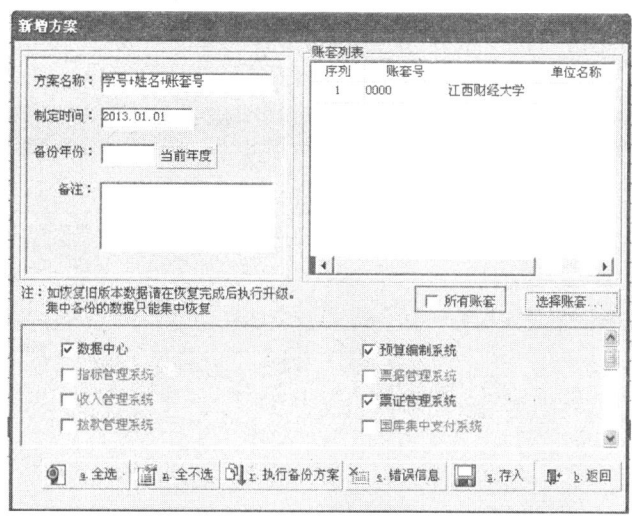

图 2-1-6　新增方案

选择完毕后,单击"执行备份方案"按钮,系统弹出图 2-1-8,单击"继续"。

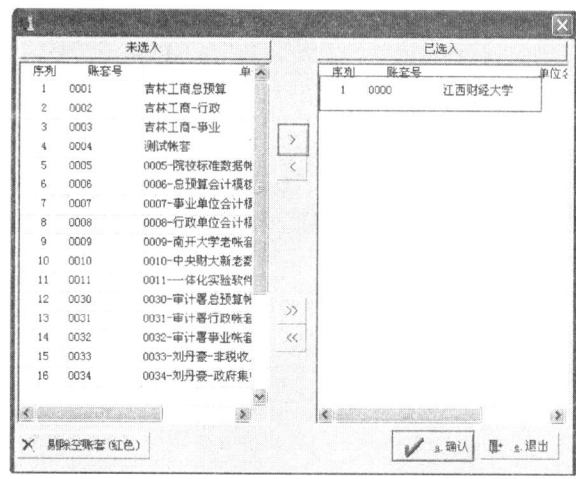

图 2-1-7　备份账套选择

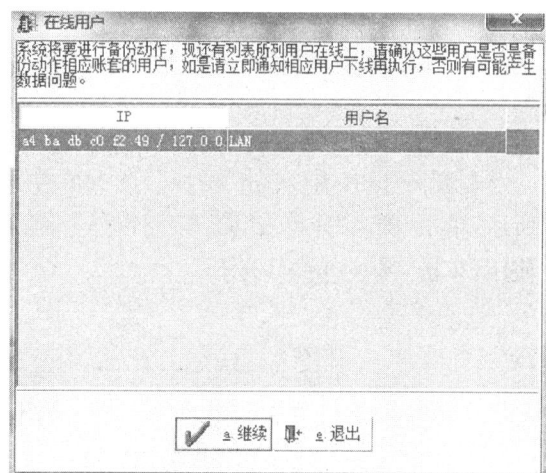

图 2-1-8　在线用户

在弹出的备份路径窗口(见图 2-1-9),单击"浏览"选择备份前新建的文件夹,然后单击"确认",直至系统弹出提示窗口"备份完成"。

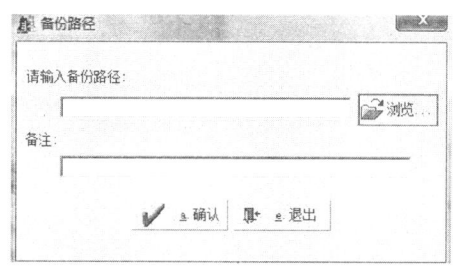

图 2-1-9　备份路径

3) 集中恢复软件操作

具体操作

在图 2-1-3 界面,单击"备份/恢复|集中恢复",弹出如图 2-1-10 窗口。

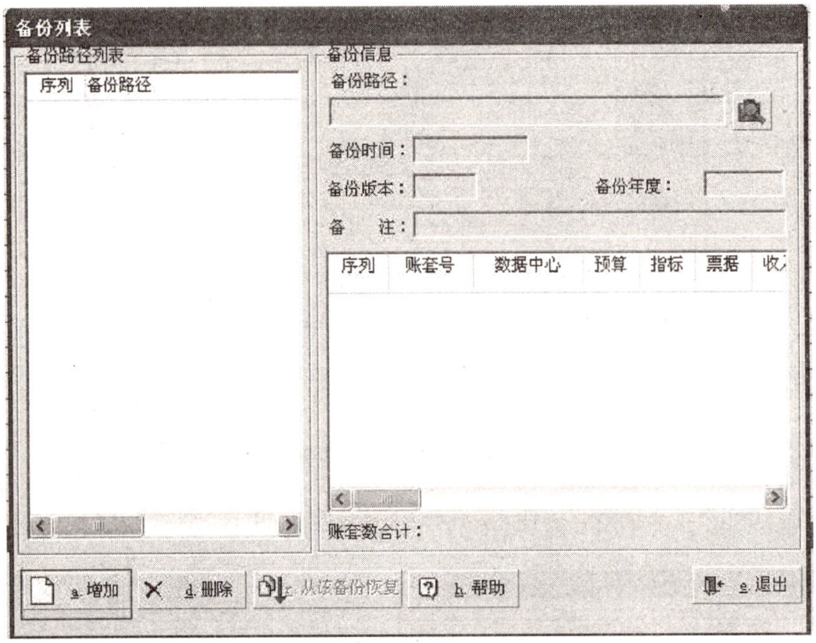

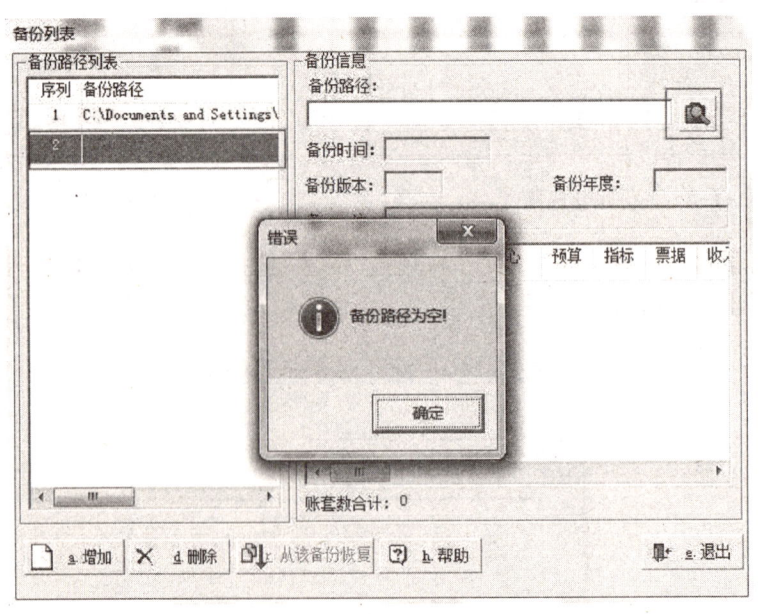

图 2-1-10 备份列表

在图 2-1-10 中,单击"增加",选中新增序列,弹出"备份路径为空!"的错误提示,如图 2-1-11 所示,单击"确定"并单击"🔍"按钮选择备份路径后,选择完路径此时从该备份中恢复按钮将可以使用,单击"🗁ᴸ 从该备份恢复"按钮。

图 2-1-11 错误提示界面

在弹出的新窗口(见图 2-1-12)中分别选择备份账套和对应目标账套,单击"选择"。

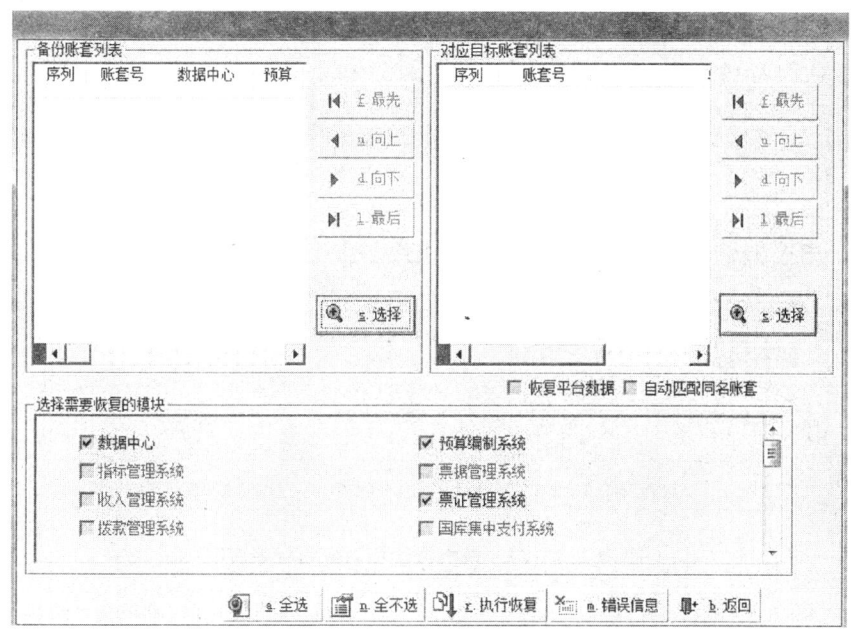

图 2-1-12　账套列表

在弹出的未选入窗口中选中备份账套,单击" > "将备份账套推送至已选入窗口,单击"确认"保存结果,如图 2-1-13(1)所示。对应目标账套列表操作相同,注意将需要恢复的账套选中才可以执行操作。

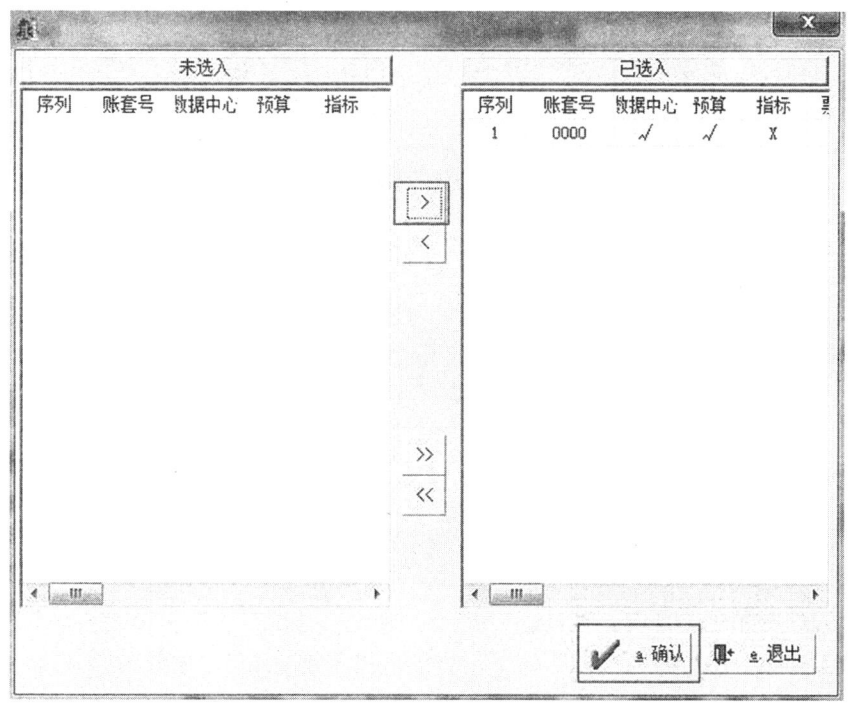

图 2-1-13(1)　备份账套选入

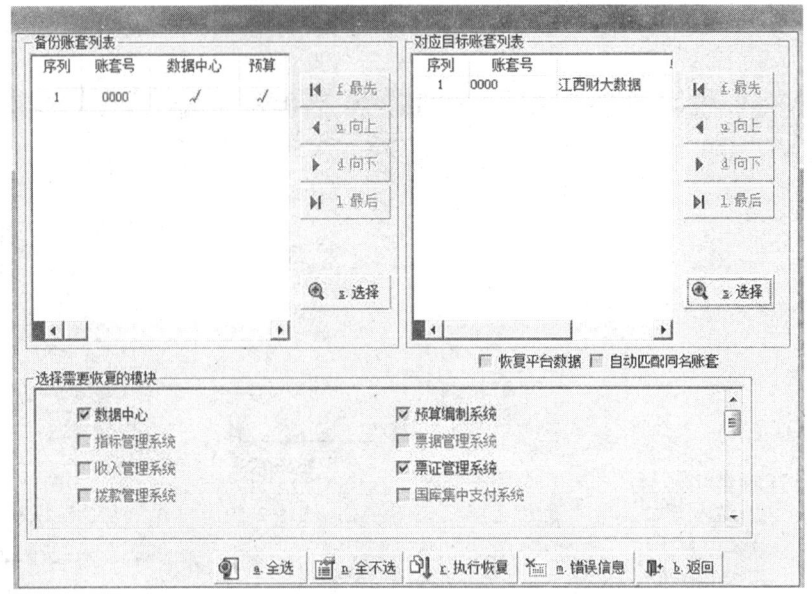

图 2-1-13(2)　备份账套和对应目标账套

在选择完备份账套和对应目标账套后,单击图 2-1-13(2)中的"执行恢复"按钮,在弹出的新窗口中,单击"继续"按钮,如图 2-1-14 所示,直至"恢复完成"。注意中间过程不可终止。

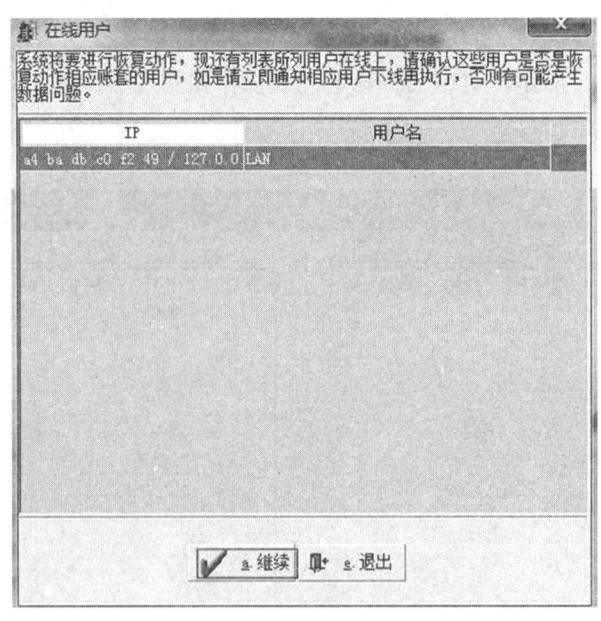

图 2-1-14　在线用户列表

（二）操作员定义及权限分配

操作员管理的主要功能是在系统中设置操作人员,并对每个操作人员的操作权限进行规定设置。执行权限管理的角色为系统管理员。

财政管理工作是分多种角色来承担的。从整体角度来看,财政角色分为财政局、预算单位、国库、银行、人民代表大会。从财政单位内部来看,财政业务角色又按照不同的科室、不同的职位分为不同的角色。因此,为了方便教学,我们将财政单位业务角色进行简化,划分为领导角色和业务办理角色,如图 2-1-15 所示。

操作员名单及权限表		
操作员编码	操作员姓名	模块权限
CGY001	张采购	采购、报表
GKK001	王主管	指标、拨款、国库、采购、报表、资产
GKK002	任经办	指标、拨款、国库、采购、报表、资产
GKK003	陈文员	资产、报表
GKK004	何文员	指标、拨款、国库、采购、报表、资产
GZTF01	李会计	工资统发
YSK001	张主管	预算、报表
YSK003	李经办	预算、报表
YSK004	赵申报	预算、报表
PZY001	陈经办	非税、报表
PZY002	刘主管	非税、报表
FSGAJ1	公安执收	非税、报表
9999	账套管理	账套管理

注意:以上用户密码均为 123456,不建议改密码。

图 2-1-15　财政业务角色划分

1. 操作员录入

具体操作

在平台界面单击"系统功能|操作员管理"菜单,系统进入操作员列表窗口,如图 2-1-16 所示。

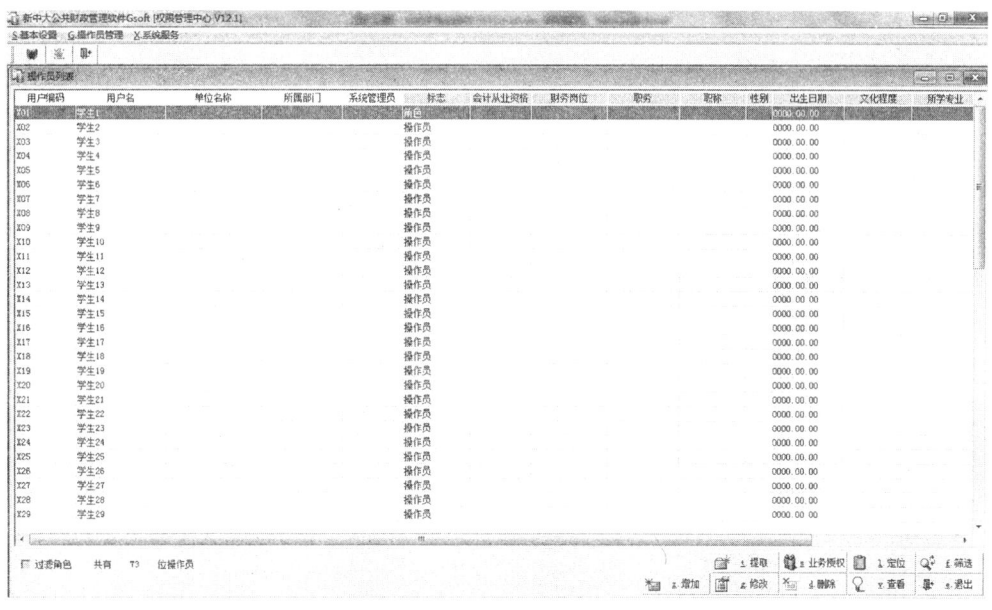

图 2-1-16　操作员列表

在图2-1-16中,单击"增加"按钮出现操作员增加窗口,如图2-1-17所示。

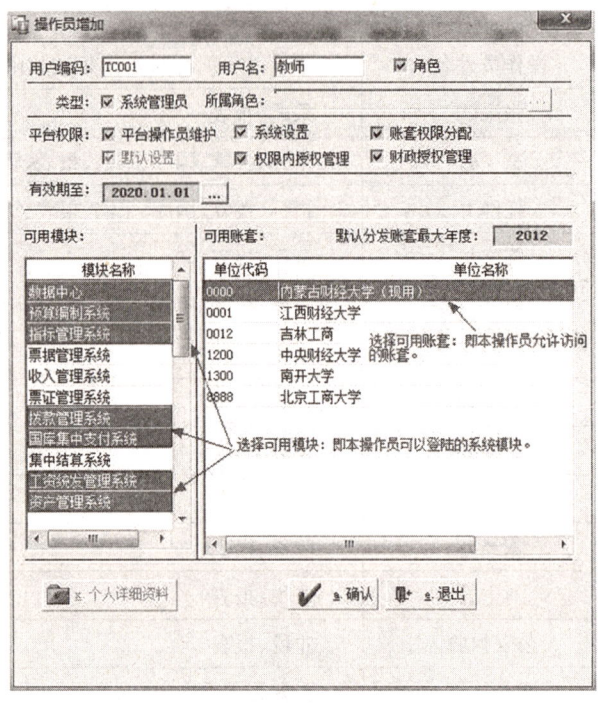

图 2-1-17　操作员增加

在图2-1-17中,按照前面实训资料所述的操作员名单及权限表,输入相应的用户编码、用户名,选择相应的模块和账套。

🕐 **注意**

如果希望某一个用户看到某个特定账套就必须选择相应"可用账套";如果希望某用户在特定账套中可以查看某些特定模块就必须选择相应"可用模块"。

2. **操作员权限的分配**

具体操作

操作系统的操作员登记完毕后,可对操作员的权限进行分配。其具体操作如下:在图2-1-16中单击相应的操作员,然后单击"业务授权"按钮,然后在图2-1-18中选择相应的账套,单击"确认"按钮,进入具体账套具体模块赋权界面,如图2-1-19所示。

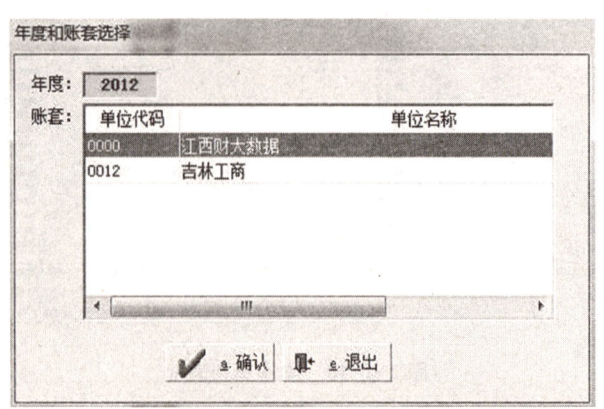

图 2-1-18　年度和账套选择

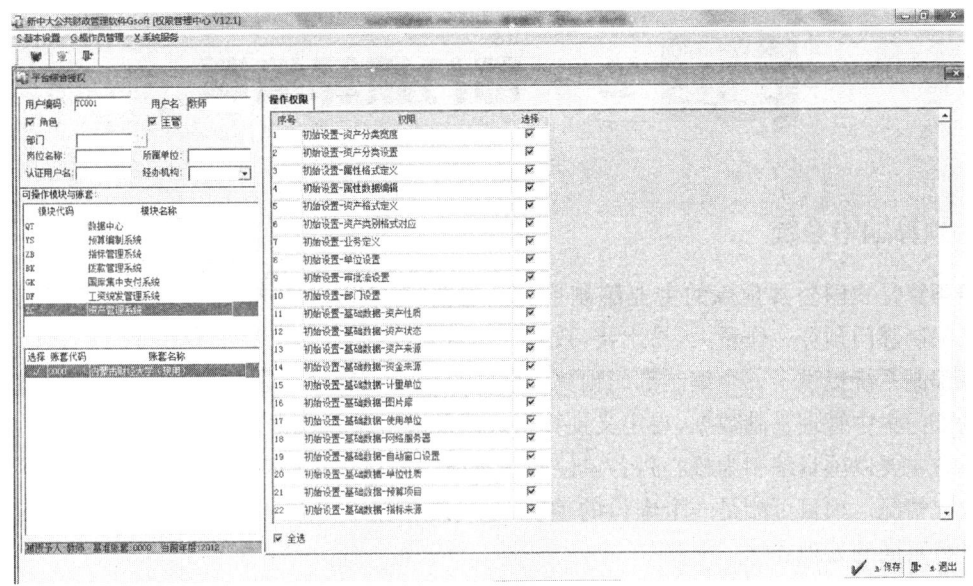

图 2-1-19　账套模块赋权

在图 2-1-19 中,可以定义该操作员的具体模块权限,按照实训资料的权限表,分别为各操作员指定相应的模块权限。先选择"可操作模块与账套",其中可操作账套可以多选,而可操作模块只能单选,并在选中模块的同时勾选右框中的权限明细,最后单击"保存"。

⊛ 注意

针对某一个用户,在某个账套中某些特定模块中操作的细节权限必须在这里进行相应的勾选才可正常使用。

项目 二 部门预算编制

一、预算编审系统

部门预算是我国公共预算的主要编制形式。目前,各个单位基本上以手工方式编制部门预算。手工编制部门预算工作量大,易出错,致使工作效率低下。

预算编制系统提供了一个编制部门预算的软件平台。该软件除了具备基本的编制功能外,还可以帮助部门集中管理基础数据,自定义预算报表以及进行预算数据传出、传入转换。

本系统主要以项目编制为核心将各单位的预算通过项目进行归集整理,直观地反映了预算部门所有收支情况。项目可能是一个虚设的项目,也可能是某个专项项目,可以根据用户的具体应用需求进行不同的处理。

(一) 系统业务处理总流程

系统业务处理总流程(以下简称总流程)完全符合两上两下的编制程序,如图2-2-1所示。

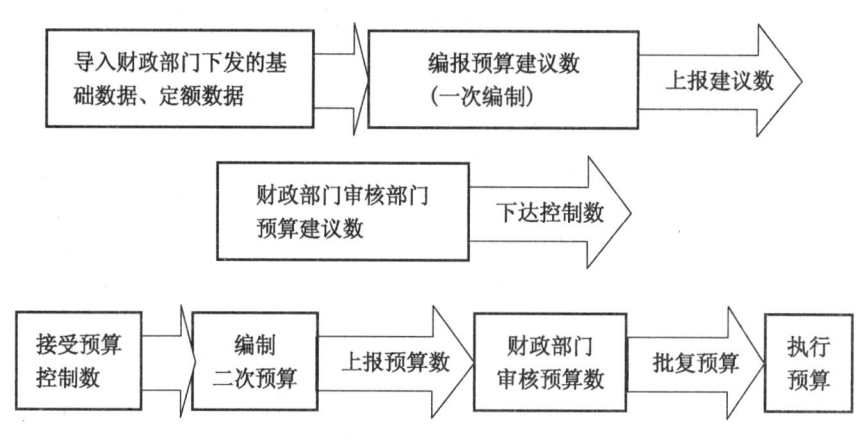

图 2-2-1 系统业务处理总流程

总流程说明:

(1) 财政部门统一设置好基础数据、定额数据,并下发给各单位。

(2) 各预算编制单位根据基础数据、定额数据编制初步收入预算建议数、支出预算建议数,经过单位主管人员审核后,再层层上传给财政部门。

(3) 财政管理部门审核单位预算建议数,下达预算控制数,并下传。

(4) 各预算编制单位在控制数范围内编制正式预算,并层层上传给财政部门。

(5) 财政部门审核各部门预算,通过人民代表大会批准批复各单位各项预算,并将批复数回传给各单位。

(二) 单位预算编制流程

单位包括政府各一级部门、其所属基层单位及二级单位。在本系统中,单位要首先编制预算建议数,系统称为一次编制。单位还要根据财政业务部门或上级单位下达的预算额度编制二次预算(即调整预算)。一次编制流程与二次编制流程相同,具体如图2-2-2所示。

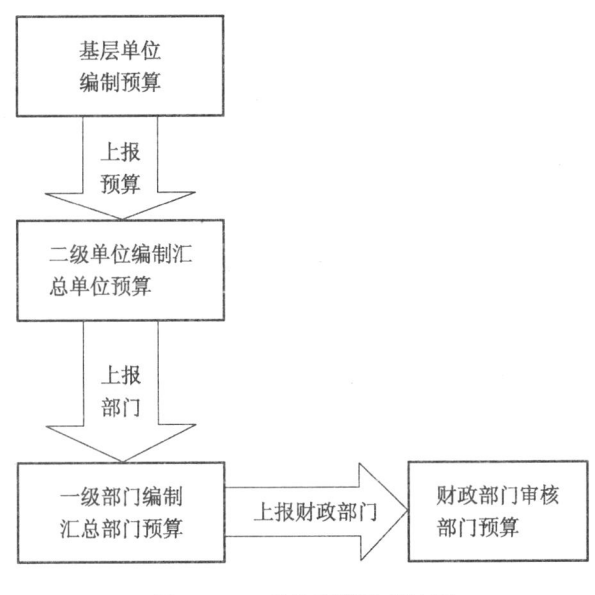

图 2-2-2　单位预算编制流程

二、一次编制及审核、控制数下达

预算编制包括两上两下的过程,一上环节包括:一次申报,即从预算单位上报基础数据、支出收入预算的申报;一次下达,即由财政专管员对各预算单位上报的数据进行审核并下达控制数等。本实训主要是针对一次申报和一次下达进行实训练习操作。

(一) 实训准备

财务预算管理部门已经对全年的预算基础工作做好准备,包括项目类型、基础数据、定额标准等已经配置完毕,预算编审系统初始化准备工作已经确认完毕。

预算单位申报人员按照预算管理部门统一制定的并要求上报的预算信息,开始进行一次申报工作。

(二) 实训目的及要求

(1)学生应掌握部门预算编制业务流程。

(2)学生应掌握部门预算编审系统操作方法。

(3)学生应理解业务流程中各个岗位之间的传递关系。

(三) 实训内容

学生对系统的一上编制的各个环节,都能按照该类型业务操作流程进行操作。

学生根据实训资料,完成对一上环节不同操作员在各个模块的操作处理,如图 2-2-3 所示。

流程关键节点说明:

(1)预算单位根据财政局规定同意制定预算编制规则并导入财政局下发的基础数据、定额数据。

(2)预算编制单位根据基础数据、定额数据编制初步收入预算建议数,支出预算建议数,经过单位主管人员审核后,再层层上传给财政部门(上报预算建议数)。

(3)财政局各主管科室审核单位预算建议数,下达预算控制数,并下传(下达预算控制数)。

(4)各预算编制单位在控制范围内编制正式预算,并层层上传给预算管理部门(上报预算正式数)。

(5)财政局各主管科室审核各部门预算,通过人民代表大会批准各单位各项预算,并将批复数回传给各单位(下达预算正式数)。

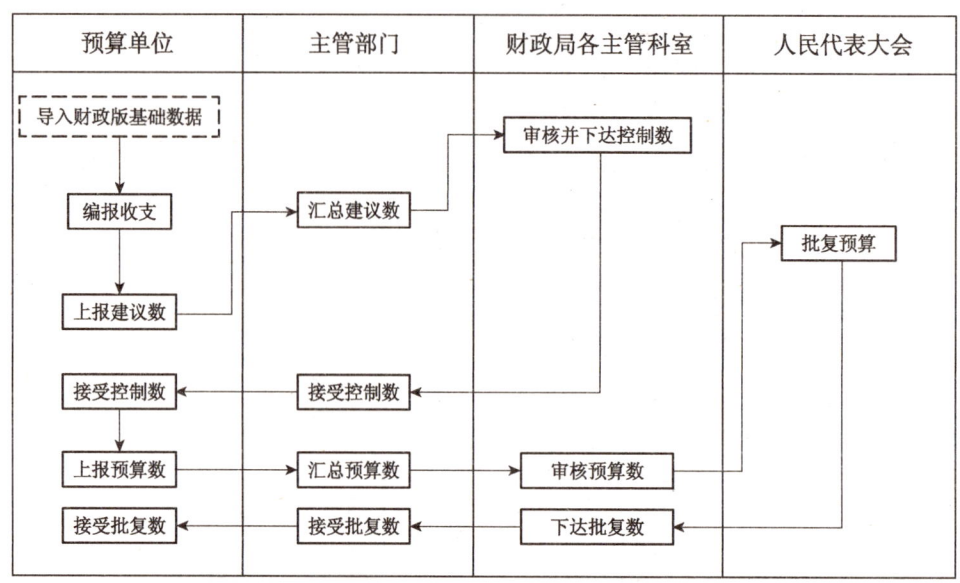

图 2-2-3　操作流程图

（四）实训资料

某公安局(本部)明年预算数据如下,请按要求编制其明年度部门预算。

1. 单位基础数据情况

1) 行政单位编制

干部人员:四套班子正职4人;担任部门正职的正处级人员10人;担任部门副职的副处级干部20人;科员36人;办事员25人。

2) 事业单位编制

预算内事业编制干部人员:28人。

离休人员:正局级3人,副局级6人,正处级5人,副处级10人。

3) 该公安局(本部)占有资产情况

机动车占有情况:特种预算内小轿车15辆,一般小轿车20辆。

中型客车:特种预算内5辆,一般预算内中型客车2辆。

4) 一般设备情况

台式机32台,笔记本16台。

复印机:10台。

打印机:20台。

空调:10台。

享受通讯费人员:正局级4人,副局级8人,正处级5人,副处级10人。

单位基础数据情况具体如图2-2-4所示。

2. 支出预算编制

针对安全保卫不断加强的需要,需要采购南京依维柯办案用车10辆,本次采购不纳入政府采购程序。每辆车单价20万元。假设财政部门在预算编制的审核过程中,不对采购的预算有所删减调整。

本单位需要增加办公用小轿车20辆,品牌为北京现代索纳塔,每辆单价15万元。本次采购需要纳入政府采购程序。假设财政部门在预算编制的审核过程中,不对采购的预算有所删减调整。

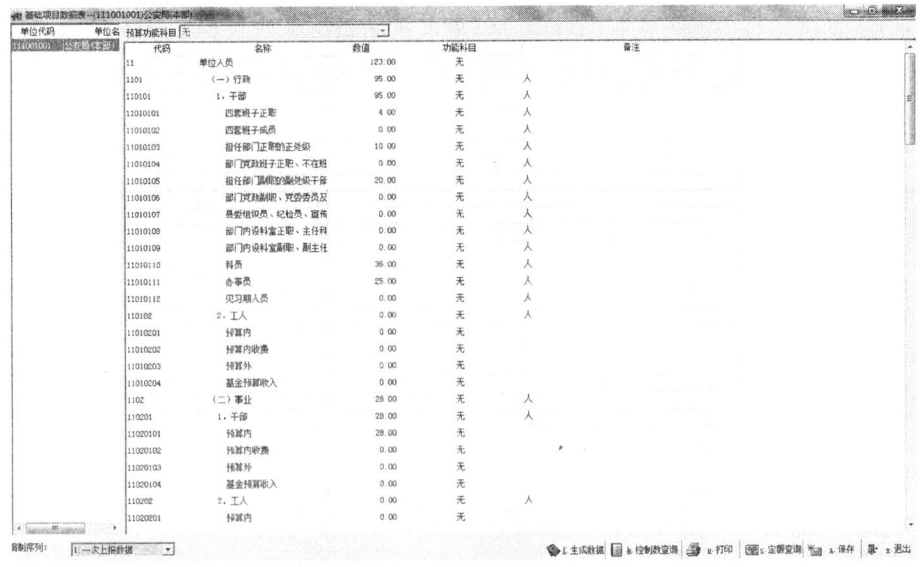

图 2-2-4　基础数据录入

专项支出采购 HP 打印机 30 台,需要纳入政府采购程序。打印机单价每台 3 000 元。假设财政部门在预算编制的审核过程中,不对采购的预算有所删减调整。

3. 收入预算编制

本单位 2013 年度计划预算外行政事业收费——车辆管理费 2 000 000 元。假设财政部门在预算编制的审核过程中,不对公安局(本部)2013 年的预算有所删减调整。

(五) 实训指导

1. 主管确认进度

(1) 系统注销后,首先以 ysk001 张主管的身份进入公共财政管理软件 Gsoft[公共财政工作管理平台],选择"系统菜单"→"预算管理"→"预算编制",进入软件的预算编制系统。

(2) 选择"基础设置"菜单→"初始化完成",弹出"初始化已经完成"对话框,如图 2-2-5 所示,单击"确认"。

图 2-2-5　初始化界面

(3) 选择"系统管理"菜单→"编制进度"→"进度确认",保证所有预算单位编辑序列为"一上编制",单击"保存",图 2-2-6 自动关闭,然后预算单位可以进行预算申报操作。

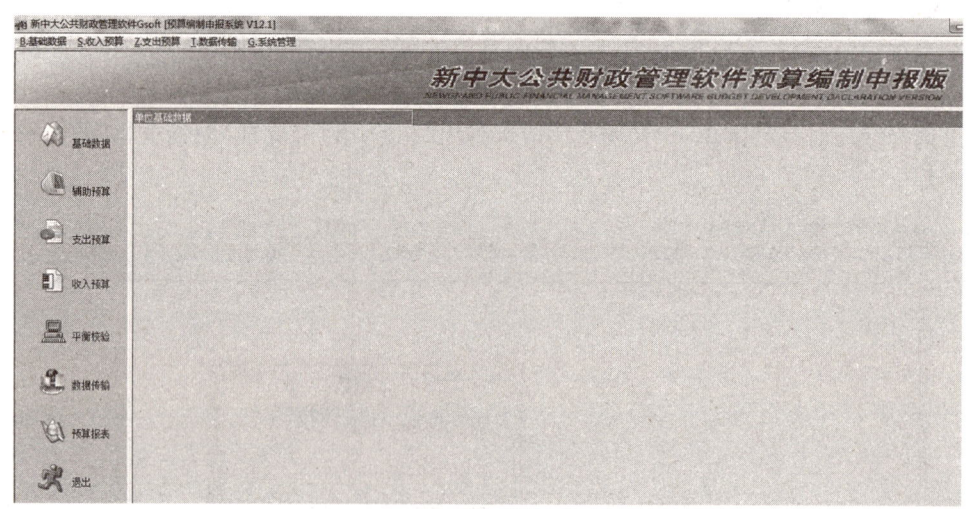

图 2-2-6　进度确认界面

2. 申报一次上报部门预算数据

系统注销后,以 ysk004 赵申报身份进入公共财政管理软件 Gsoft[公共财政工作管理平台]。选择"系统菜单"→"预算管理"→"预算编制"进入软件的预算编制申报系统,如图 2-2-7 所示。

图 2-2-7　预算编制申报

1) 基础数据的录入

在图 2-2-7 预算编制申报版界面的左列图标菜单中选择"基础数据",在右边的工作区域中单击"单位基础数据",进入基础项目数据表,如图 2-2-8 所示。选中(111001000)公安局(本部),在表中进行基础数据的录入。基础数据见实训资料。

数据录入完成后,单击"保存"按钮保存基础数据→"退出"。

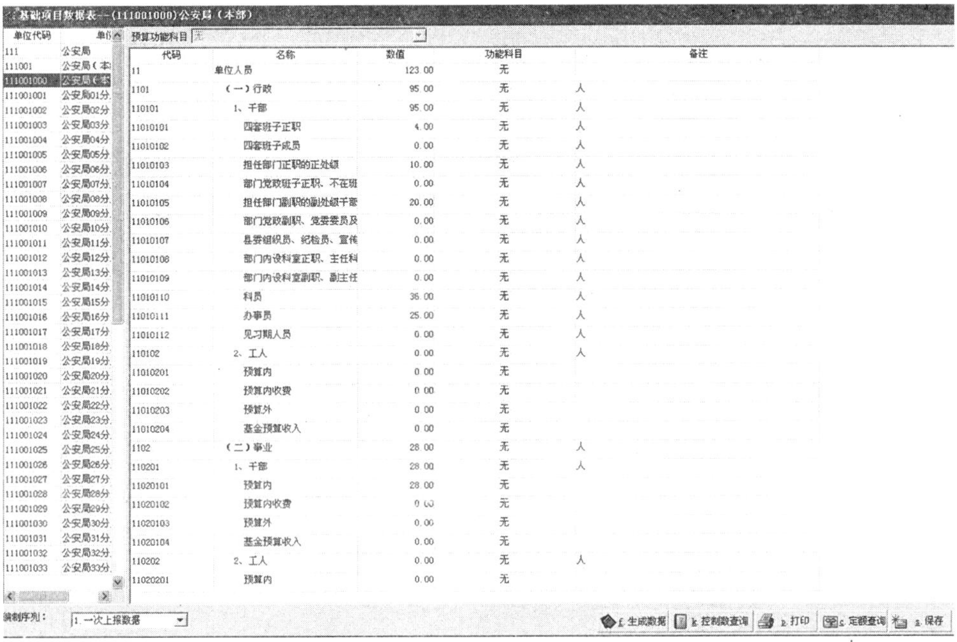

图 2-2-8　基础项目数据表

2) 支出预算的编制

在图 2-2-7 预算编制申报界面的左列图标菜单中选择"支出预算",在右边的工作区域中单击"支出预算录入表",进入支出预算界面,如图 2-2-9 所示。选中(111001000)公安局(本部)进行支出预算编制。

🕐 注意

录入界面中带 * 为专项支出,没带 * 为基本支出。

图 2-2-9　支出预算界面

专项支出采购 HP 打印机 30 台,需要纳入政府采购程序,单价 3 000 元。使用预算内资金 60 000 元,预算外收费 30 000 元,合计预算金额 90 000 元。

具体操作 1

选择"办公设备购置"栏下的"一次性支出",单击菜单栏中的"增加",出现图 2-2-10 界面,按要求进行各种数据的录入。待数据录入完毕后,单击"确认"按钮进行确认,详细操作如图 2-2-10 所示。

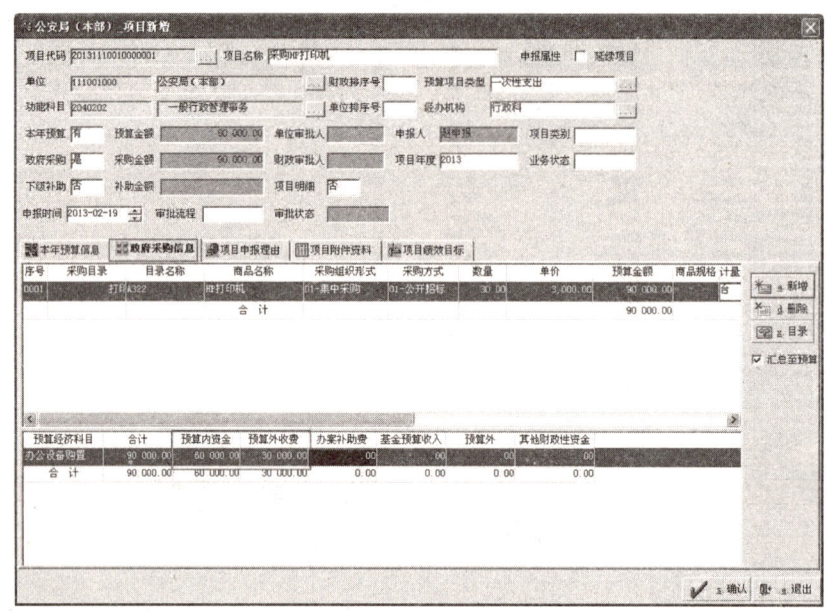

图 2-2-10　HP 打印机项目采购

(1) HP 打印机项目采购录入过程:单击"项目代码"旁"…"按钮,系统弹出"单位选择"窗口,单击" 自动生成"按钮,完成项目代码自动生成工作;手工输入项目名称:"采购 HP 打印机";单击功能科目后的" … "按钮选择"2040202 一般行政管理事务";同上,经办机构选择"999001002 行政科";政府采购选择"是"。

(2) 单击" 政府采购信息"按钮出现新窗口,单击" 新增"按钮,在弹出的"采购目录选择"中,选择:"A322 打印机";手工输入商品名称:"HP 打印机";采购组织形式下拉选择:"01 集中采购";采购方式下拉选择:"01 公开招标";手工输入数量:"30";手工输入单价:"3 000";滚动条右移手工输入计量单位:"台"。

(3) 手工输入预算内资金:"60 000";预算外收费"30 000";单击"确认"保存完毕,单击"退出"。

针对安全保卫不断加强的需要,需要采购南京依维柯办案用车 10 辆,本次采购不纳入政府采购程序。分别使用预算内资金 1 000 000 元,预算内收费 500 000 元,办案补助费 500 000 元(单价200 000 元)。

具体操作 2

选择"专用设备购置"栏下的"一次性支出",单击菜单栏中的"增加",出现图 2-2-11 界面,按要求进行各种数据的录入。待数据录入完毕后,单击"确认"按钮进行确认,详细操作如图 2-2-11 所示。

(1) 南京依维柯办案用车录入过程:单击"项目代码"旁"…"按钮,系统弹出"单位选择"窗口,单击" 自动生成"按钮,完成项目代码自动生成工作;手工输入项目名称:"南京依维柯办案用车";单击功能科目后的" … "按钮选择"2040202 一般行政管理事务";同上,经办机构选择"999001002 行政科"。

(2) 手工输入预算内资金:"1 000 000",预算外收费:"500 000",办案补助费:"500 000",单击"确认"保存,单击"退出"。

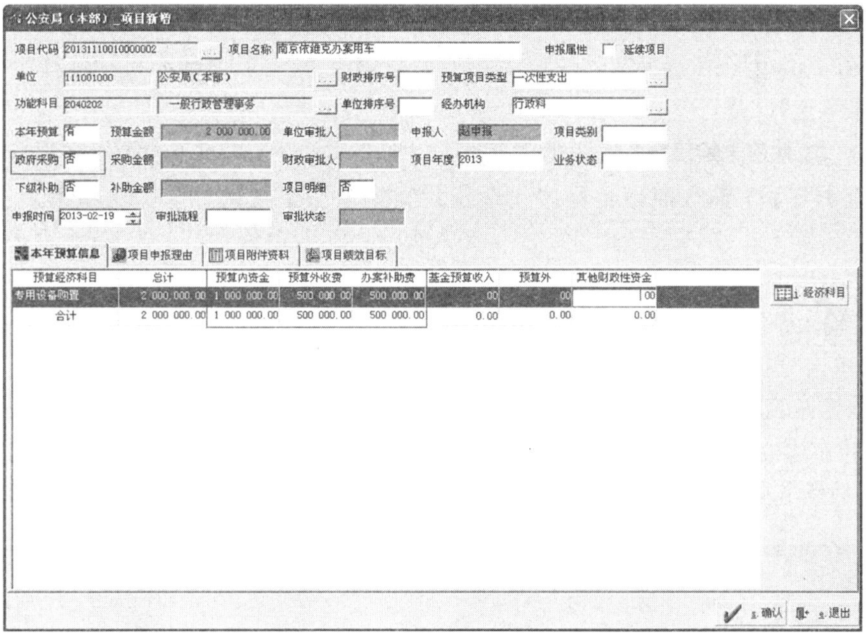

图 2-2-11　南京依维柯办案用车采购

本单位需要增加办公用小轿车 20 辆,品牌为北京现代索纳塔,价格 150 000 元,本次采购需要纳入政府采购,其中使用预算内资金 2 000 000 元,预算外收费 500 000 元,办案补助费 500 000 元。

具体操作 3

选择"交通工具购置"栏下的"一次性支出",单击菜单栏中的"增加",出现图 2-2-12 界面,按要求进行各种数据的录入。待数据录入完毕后,单击"确认"按钮进行确认,详细操作如图 2-2-12 所示。

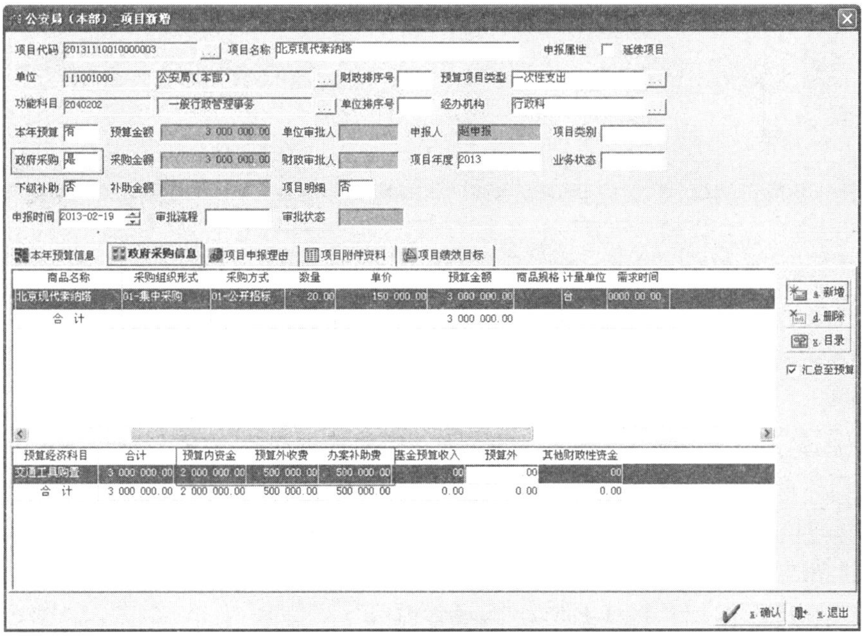

图 2-2-12　北京现代索纳塔采购

(1)北京现代索纳塔采购录入过程:单击"项目代码"旁"　…　"按钮,系统弹出"单位选择"窗口,单击"🖳自动生成"按钮,完成项目代码自动生成工作;手工输入项目名称:"北京现代索纳塔";单击功能科目后的"……"按钮选择"2040202 一般行政管理事务";同上,经办机构选择"999001002 行政科";政府采购选择"是"。

(2) 单击"📋政府采购信息"按钮出现新窗口,单击"📋 新增",在弹出的"采购目录选择"中,选择:"A81 汽车";手工输入商品名称:"北京现代索纳塔";下拉选择采购组织形式:"01 集中采购";下拉选择采购方式:"01 公开招标";手工输入数量:"20";单价:"150 000";滚动条右移手工输入计量单位:"台"。

(3) 手工输入预算内资金:"2 000 000",预算外收费:"500 000",办案补助费:"500 000",单击"确认"保存,单击"退出"。

在支出预算界面选中项目名称为"职务工资"所在行的预算功能科目下拉选择"2040201 行政运行",同理,下拉右边的滚动条,选中项目名称为"办公经费"所在行的预算功能科目下拉选择"2040201 行政运行",然后点击左上角"存入"按钮,保存支出预算的录入数据后,单击"退出",如图 2-2-13 所示。

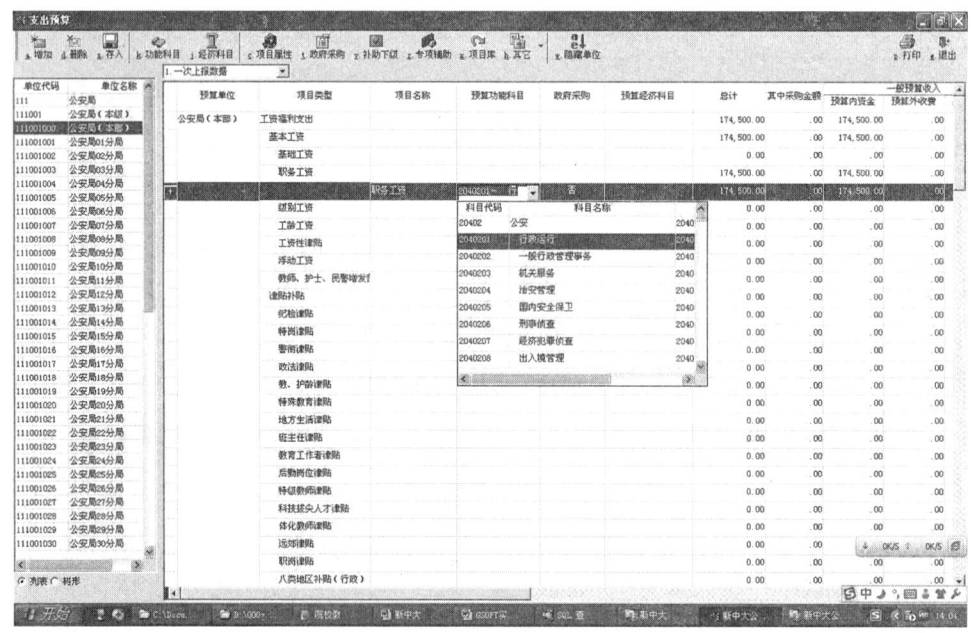

图 2-2-13 支出预算

3) 收入预算的编制

本单位在 2013 年度计划预算外行政事业收费——车辆管理费 2 000 000 元。

具体操作 4

(1) 在图 2-2-7 预算编制申报版界面的左列图标菜单中选择"收入预算",在右边的工作区域中单击"收入预算录入表",进入"收入预算录入"界面,如图 2-2-14 所示。

(2) 选中(111001000)公安局(本部),选择"预算外行政事业性收费"科目,在界面右下角中单击"增加"按钮,在主表中的"预算外行政事业性收费"下增加一栏"新增项目",其中项目代码默认以红色显示。单击"新增项目"将其更改为"车辆管理费"。

(3) 单击表头的"行政收费"选项卡,单击该界面左下角的"增行"按钮,在弹出的"行政收费项目"对话框中选择"1110008 非机动车管理收费",并进行确认。再在"2013 预算数"栏下输入"20 00 000",单击"保存",然后单击"退出"。

图 2-2-14　收入预算录入

4) 一上完成状态确认

在图 2-2-7 预算编制申报版界面,选择菜单"系统管理"→"进度确认",如图 2-2-15 所示,选中相应的预算单位,勾选状态"完成",单击"保存"后,单击"退出"。

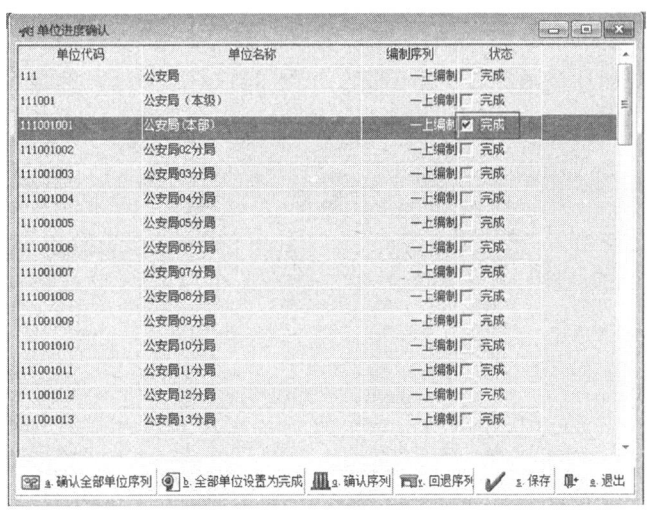

图 2-2-15　单位进度确认

💮 **注意**

如果勾选了完成表明部门预算数的申报工作已经完成,此时部门预算数将不允许修改,除非除去勾选。

3. **主管确认进度**

(1) 系统注销后,以 ysk001 张主管身份进入公共财政管理软件 Gsoft［公共财政工作管理平台］。选择"系统菜单"→"预算管理"→"预算编制"进入软件的预算编制系统。

(2) 在选择菜单"系统管理"→"编制进度"→"进度确认"后,选中相应的预算单位,单击右下角的"确认序列"按钮,编制序列由"一上编制"转为"一下编制",再单击"保存"按钮,保存完毕后单击"退出",如图 2-2-16 所示。

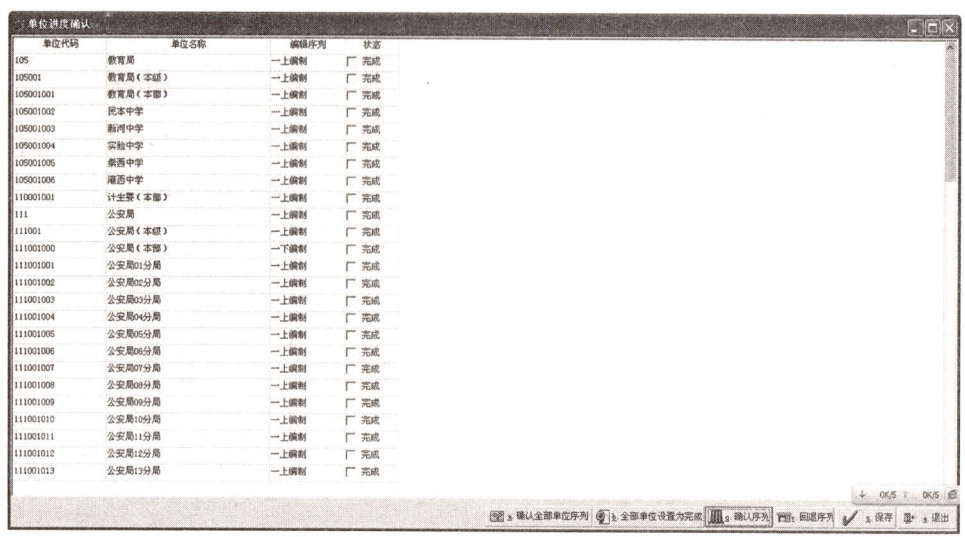

图 2-2-16　一上编制单位进度确认

4. 经办审核部门一上数据

系统注销后,以 ysk003 李经办身份进入公共财政管理软件 Gsoft[公共财政工作管理平台]。选择"系统菜单"→"预算管理"→"预算编制"进入软件的预算编制系统。

1) 支出预算一上审核

在"支出预算"下拉菜单中选择"支出预算一上审核数",弹出"支出预算审核数"界面,如图2-2-17。在界面的左列部门树中选择"公安局(本部)",查阅审核无误后,选择"审批"—"全部项目审核",然后单击"退出"按钮。

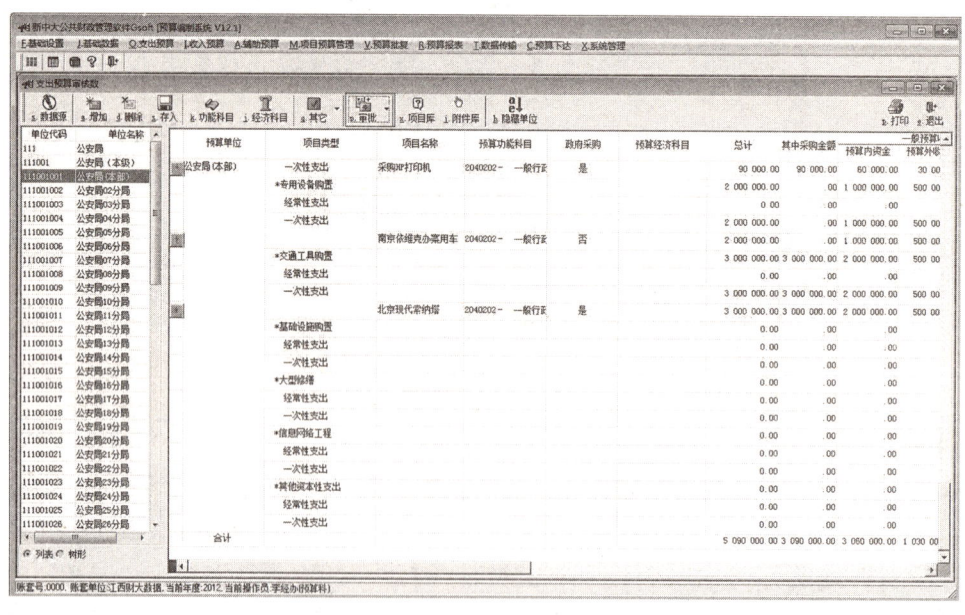

图 2-2-17　支出预算一上审核数

⚠️ **注意**

如果选择预算单位后,右边界面没有数据显示,则可以单击左上角的"数据源",生成预算单位的支出预算表,然后接着审核操作。

2) 收入预算—上审核

在"收入预算"下拉菜单中选择"收入预算—上审核数",弹出"收入预算控制"界面,如图2-2-18所示。在界面的左列部门树中选择"公安局(本部)",查阅审核无误后,选择"审核"—"t审核",最后单击"退出"。

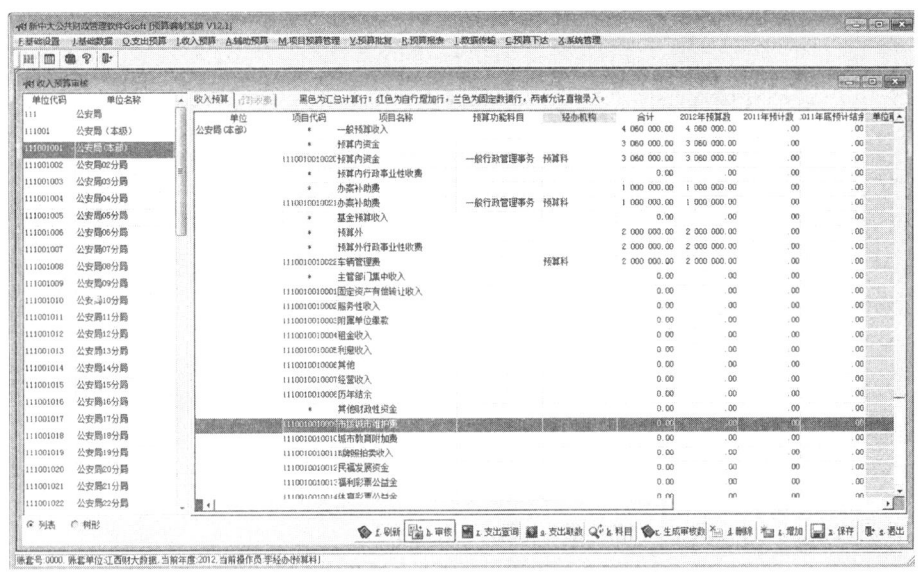

图 2-2-18 收入预算—上审核数

⚓ 注意

如果选择预算单位后,右边界面没有数据显示,则可以单击左上角的"生成审核数",生成预算单位的收入预算表然后接着审核操作。

3) 基础数据—上审核

在"基础数据"下拉菜单中选择"基础数据—上审核数",弹出"基础项目数据审核表——111001000 公安局(本部)"表,如图 2-2-19 所示。在左边的列表中选择单位名称"公安局(本部)",再单击表右下角的"生成预算审核数"按钮,出现公安局部门预算的基础数据表,李经办对其进行审核。审核无误后,单击"保存",保存完毕后单击"退出"。

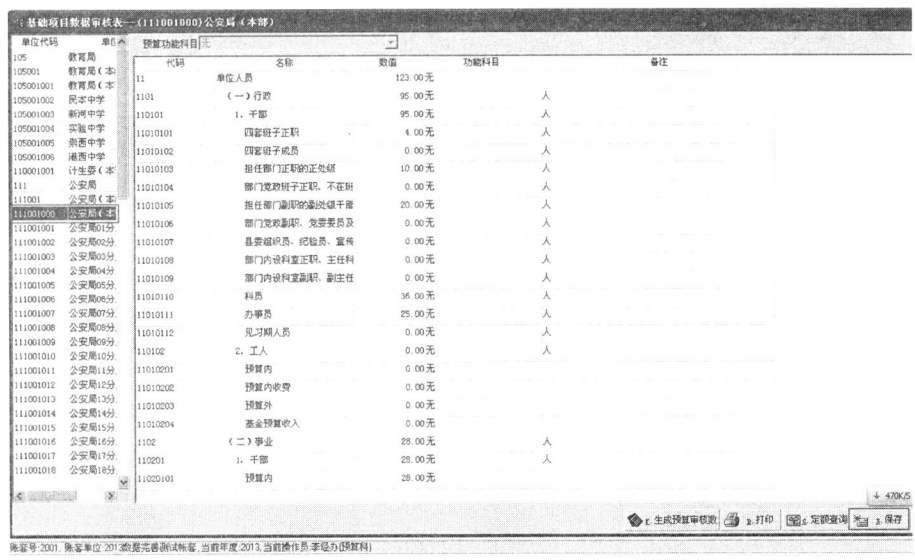

图 2-2-19 基础数据—上审核数

5．主管审核下达控制数

系统注销后，以 ysk001 张主管身份进入公共财政管理软件 Gsoft［公共财政工作管理平台］。选择"系统菜单"→"预算管理"→"预算编制"进入软件的预算编制系统。

1）支出预算控制数

在"支出预算"下拉菜单中选择"支出预算控制数"，弹出"支出预算——111001000 公安局（本部）"表，如图 2-2-20 所示。在左边的列表中选择单位名称"公安局（本部）"，再单击表左上角的"数据源"按钮，出现公安局部门预算的支出预算表。

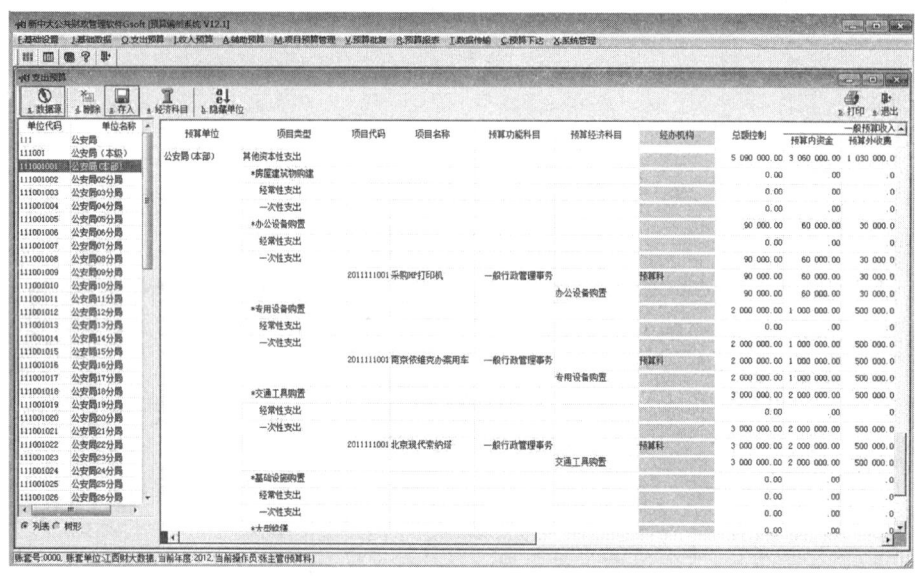

图 2-2-20　支出预算控制数

在支出预算控制数窗口中选中专项支出费用，如项目类型为××办公设备购置、××专用设备购置、××交通工具购置，对应的"总额控制"数字分别选中再按住鼠标右键选择"下达控制"，鼠标移开后数字就会变成红字，说明针对此处的控制数下达完毕，单击"存入"按钮，保存完毕单击"退出"，如图 2-2-21 所示。

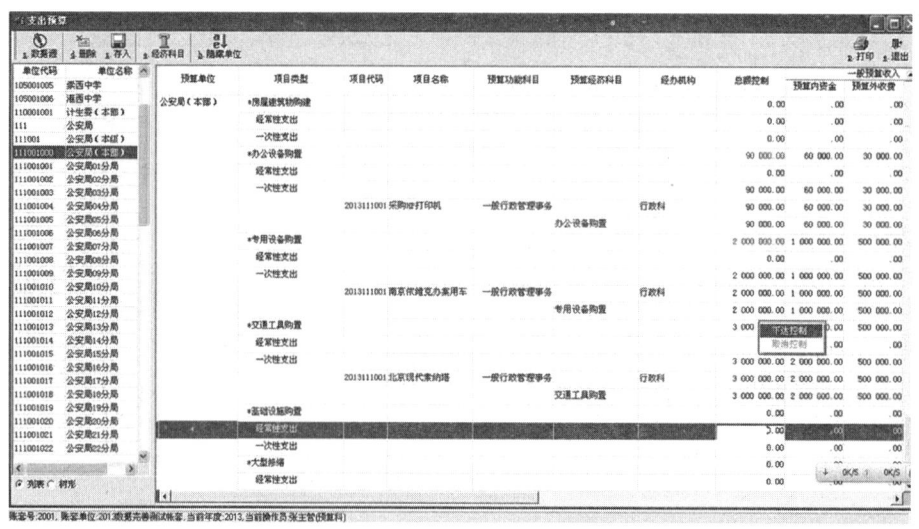

图 2-2-21　支出控制数下达

💧 **注意**

只有下达"下达控制"后的预算控制数才可以参与"控制数据审核"。

2) 收入预算控制数

在预算编制界面,单击菜单栏"收入预算",在下级菜单中选择"收入预算控制数",出现图 2-2-22 单位收入预算控制窗口。从左边单位列表选择预算单位,然后单击"生成预算控制数"按钮,系统生成收入预算控制数,再单击"保存",保存完毕后单击"退出"。

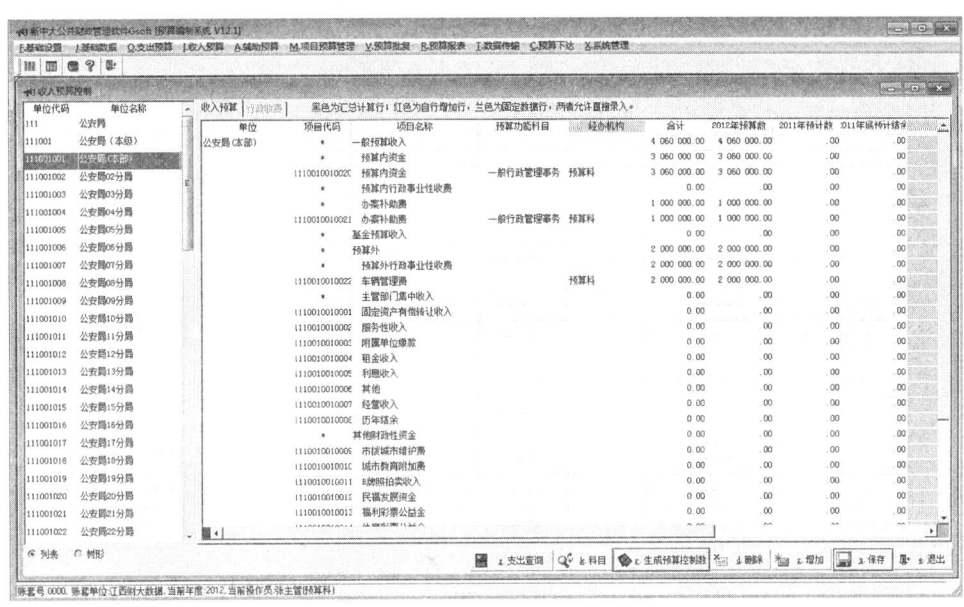

图 2-2-22　单位预算收入控制

💧 **注意**

若控制数据已存在且无误,就可以不用单击"生成预算控制数"按钮,否则将覆盖原来的控制数据,请慎重操作,此处的收入预算控制数不用做"下达操作"。

3) 基础数据控制数

在预算单位(部门)上报的通过审核的基础数据建议数基础上,财政预算管理部门对各预算单位基础数据进行编制,从而形成单位预算基础数据控制数。

在进行单位预算基础数据的控制操作时,单击菜单栏"基础数据",在下级菜单中选择"基础数据控制数",出现如图 2-2-23 所示的单位基础项目控制窗口。从左边单位列表选择预算单位,然后单击"生成预算控制数"按钮系统生成基础项目数据控制数,再单击"保存",保存完毕后单击"退出"。

💧 **注意**

若控制数据已存在且无误,就可以不用单击"生成预算控制数"按钮,否则将覆盖原来的控制数据,请慎重操作。

4) 支出预算控制数审核

支出预算控制数据审核是财政预算管理部门对预算单位下达支出预算控制额度进行的确认核对。即对已编制好的支出控制数据进行审核操作。经审核后的支出预算数据方可进行下一步的控制数据操作。

操作时单击菜单栏"支出预算",在下级菜单中选择"支出预算控制数审核",弹出如图 2-2-24 所示的窗口。单击"全部审核",然后单击"退出"。

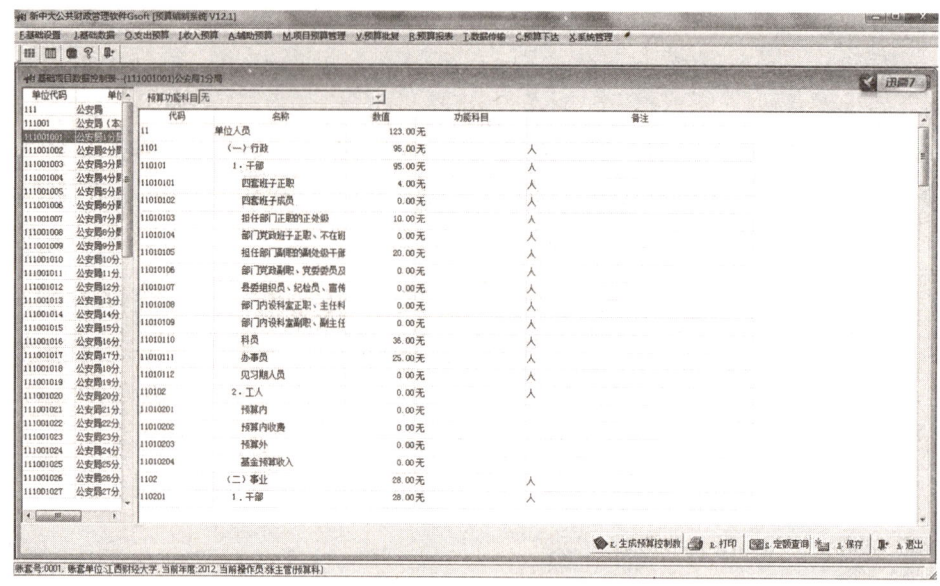

图 2-2-23　基础项目数据控制表

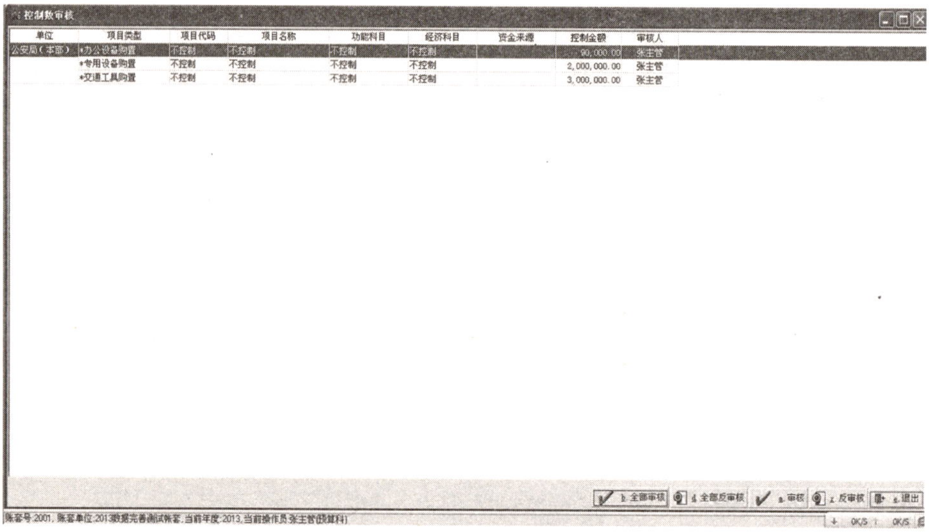

图 2-2-24　支出预算数据控制数审核

💧 注意

在此处，审核员可以对数据进行逐条核查，单击"审核"按钮逐条审核；也可以全部核查后单击"全部审核"按钮一次性将未审核的数据全部审核。一旦审核，审核人的名字将出现在"审核人"一栏内，表示已经审核。一经审核的数据是不允许修改的，如果需要修改，必须单击"反审核"取消审核。

5）收入预算控制数审核

收入预算控制数据审核是财政预算管理部门对预算单位下达收入预算控制额度进行的确认核对。即对已编制好的收入控制数据进行审核操作。经审核后的收入预算数据方可进行下一步的控制数据操作。

操作时单击菜单栏"收入预算"，在下级菜单中选择"收入预算数控制数审核"，弹出如图2-2-25所示的窗口。单击"全部审核"按钮，然后单击"退出"。

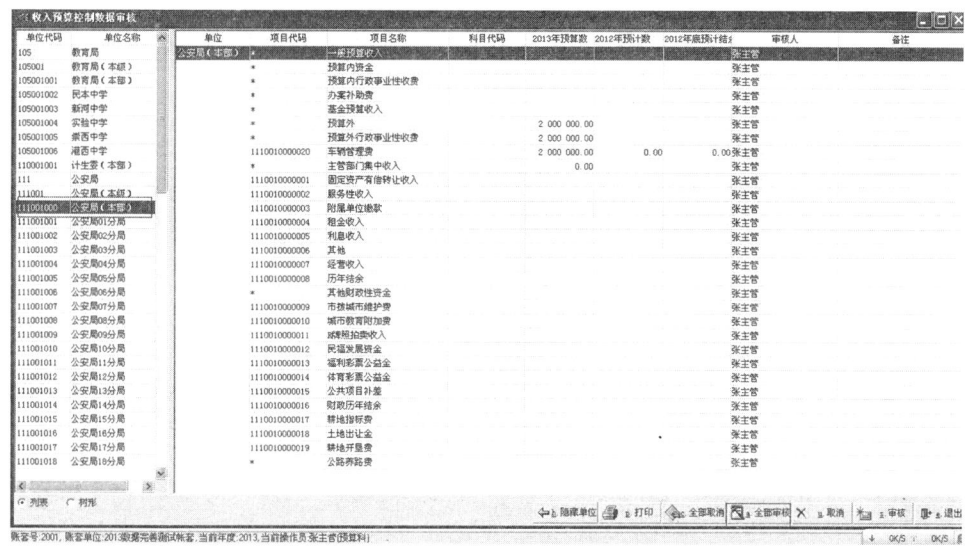

图 2-2-25　收入预算数据控制数据审核

🌐 **注意**

在此处,审核员可以对数据进行逐条核查,单击"审核"按钮逐条审核;也可以全部核查后单击"全部审核"按钮一次性将未审核的数据全部审核。一旦审核,审核人的名字将出现在"审核人"一栏内,表示已经审核。一经审核的数据是不允许修改的,如果需要修改,必须"取消"审核。

三、二上编审及批复

一上编制完成后,预算单位需要在下达的控制数范围内进行对一上编制数据进行修改,按照预算主管部门审批的意见调整本单位的预算数据,然后再次上报给预算主管部门,经过专管员和主管部门审核后,就上报给人民代表大会,在人民代表大会中通过后就形成批复数据,当作明年各单位预算执行的依据。

(一)实训准备

一上编制环节结束,预算单位开始预算二次申报数据填报工作。

(二)实训目的及要求

学生根据试验资料,完成对二上编制不同操作员在各个模块的操作处理。

(三)实训内容

(1)学生根据实训资料,完成对二上编制不同操作员在各个模块的操作处理。

(2)学生根据实训资料,完成对预算单位的预算批复操作处理。

(3)学生根据实训资料,完成预算转指标的操作处理。

(四)实训指导

1. 主管确认进度

(1)系统注销后,以 ysk001 张主管身份进入公共财政管理软件 Gsoft[公共财政工作管理平台]。选择"系统菜单"→"预算管理"→"预算编制"进入软件的预算编制系统。

(2)在选择菜单"系统管理"→"编制进度"→"进度确认"后,选中相应的预算单位,单击右下角的"确认序列"按钮,编制序列由"一下编制"转为"二上编制",再单击"保存",如图 2-2-26 所示。

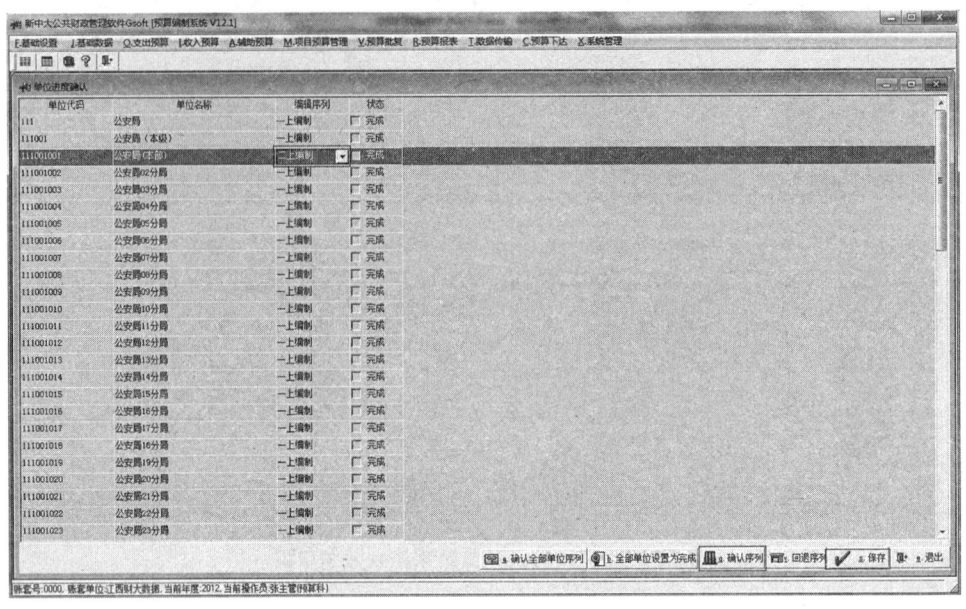

图 2-2-26　一下编制进度确认界面

2. 申报进行二次数据上报

系统注销后,以 ysk004 赵申报身份进入公共财政管理软件 Gsoft[公共财政工作管理平台]。选择"系统菜单"→"预算管理"→"预算编制"进入软件的预算编制申报系统。

1) 支出预算二次上报

在界面的左列图标菜单中选择"支出预算",在右边的工作区域中单击"支出预算录入表",弹出"选择数据导入序列"对话框,在下拉列表中选择"9.一上审核数",单击"确认",生成支出预算的二次上报数据。赵申报可根据部门实际情况进行修改但必须在支出预算控制数范围内,再单击"存入",保存完毕后单击"退出",如图 2-2-27 所示。

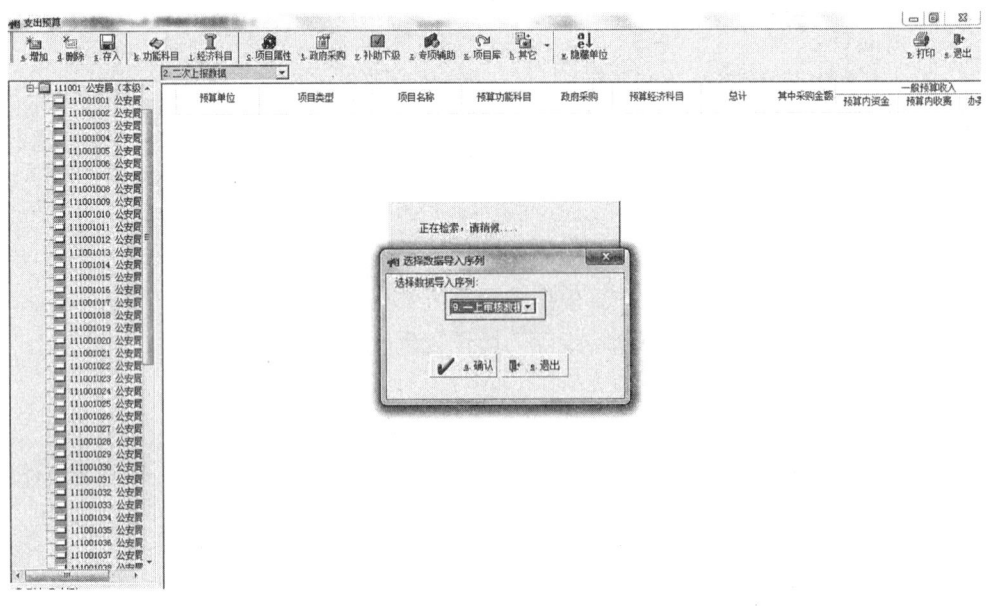

图 2-2-27　一上审核支出预算导入界面

2）基础数据二次上报

在界面的左列图标菜单中选择"基础数据"，在右边的工作区域中单击"单位基础数据"，弹出"选择数据导入序列"对话框，如图2-2-28所示。在下拉列表中选择"9.一上审核数"，单击"确认"，生成基础数据的二次上报数据。赵申报可根据部门实际情况进行修改但必须在控制数范围内，再单击"保存"，保存完毕后单击"退出"。

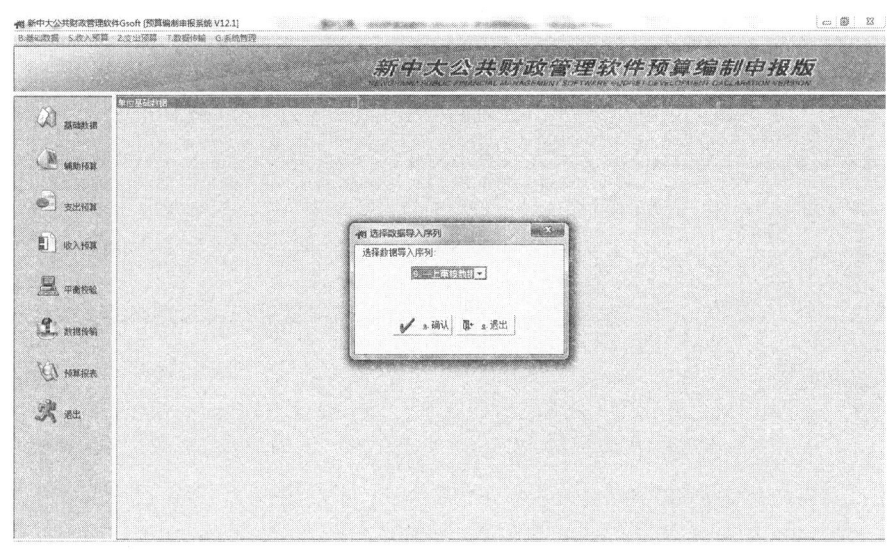

图2-2-28　一上审核基础数据导入界面

3）收入预算二次上报

在界面的左列图标菜单中选择"收入预算"，在右边的工作区域中单击"收入预算录入表"，弹出"选择数据导入序列"对话框，在下拉列表中选择"9.一上审核数"，单击"确认"，生成收入预算的二次上报数据表。赵申报可根据部门实际情况进行修改但必须在控制数范围内，再单击"保存"，保存完毕后单击"退出"，如图2-2-29所示。

图2-2-29　一上审核收入预算导入界面

4）二上完成状态确认

选择菜单"系统管理"→"进度确认"，如图2-2-30所示。选中相应的预算单位，勾选状态"完成"，然后单击"保存"。

3. 主管确认进度

（1）系统注销后，以ysk001张主管身份进入公共财政管理软件Gsoft［公共财政工作管理平台］。选择"系统菜单"→"预算管理"→"预算编制"进入软件的预算编制系统。

（2）在选择菜单"系统管理"→"编制进度"→"进度确认"后，选中相应的预算单位，单击右下角的"确认序列"，编制序列由"二上编制"转为"二上审核"，再单击"保存"按钮，如图2-2-31所示。

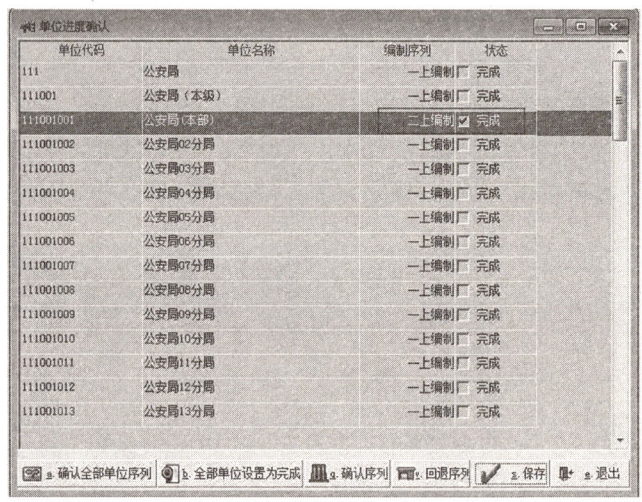

图2-2-30 单位进度确认界面

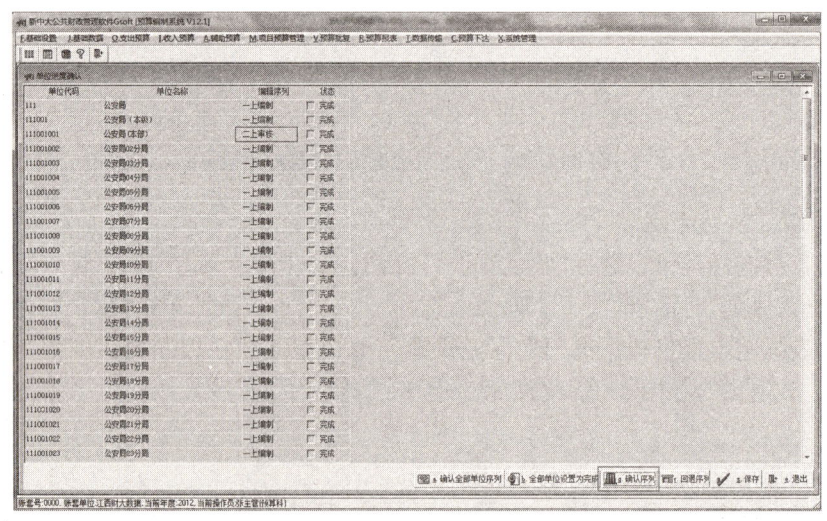

图2-2-31 二上编制进度确认界面

4. 经办二次审核数据

系统注销后，以ysk003李经办身份进入公共财政管理软件Gsoft［公共财政工作管理平台］。选择"系统菜单"→"预算管理"→"预算编制"进入软件的预算编制系统。

1）支出预算二上审核

在"支出预算"下拉菜单中选择"支出预算二上审核数"，弹出"支出预算二上审核数"界面，如图2-2-32所示。在界面的左列部门中选择"公安局（本部）"，再单击左上角的"数据源"，生成公安局的支出预算表。审核无误后，选择"审批"→"全部项目审核"，完成审核后单击"退出"。

⚠ 注意

如果预算审核数没有生成时，单击"数据源"，否则可以省去此操作。

2）收入预算二上审核

在"收入预算"下拉菜单中选择"收入预算二上审核数"，弹出"二上收入预算审核数"界面，如

图2-2-33 所示。在界面的左列部门中选择"公安局(本部)",再单击右下角的"生成审核数",生成公安局的收入预算表。审核无误后,选择"审核"→"t 审核"按钮,完成审核后单击"退出"。

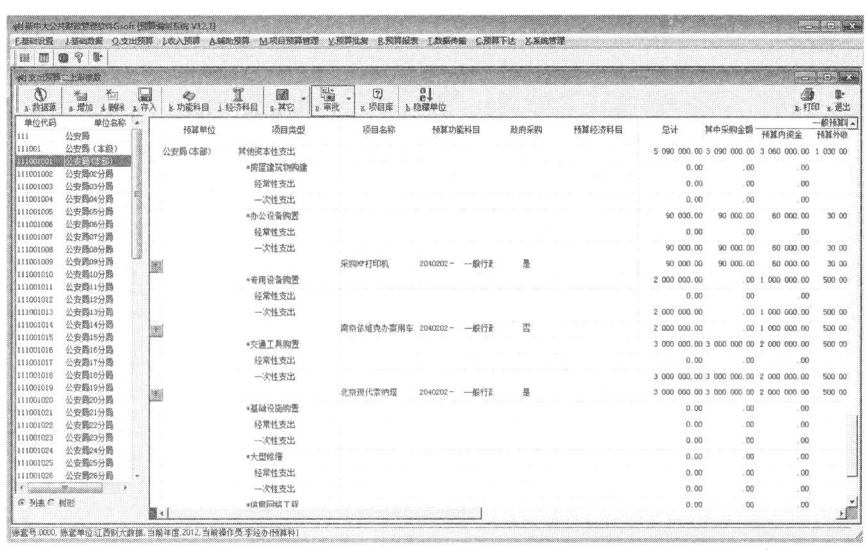

图 2-2-32 支出预算二上审核

图 2-2-33 收入预算二上审核

⊙ 注意

如果预算审核数没有生成时,单击"生成预算审核数"按钮,否则可以省去此操作。

3) 基础数据二上审核

在"基础数据"下拉菜单中选择"基础数据二上审核数",弹出"基础项目数据审核表-111001000 公安局(本部)",如图 2-2-34 所示。在左边的列表中选择单位名称"公安局(本部)",再单击右下角的"生成预算审核数",出现公安局部门预算的基础数据表,由李经办对其进行审核。审核无误后,单击"保存",然后单击"退出"。

⊙ 注意

如果预算审核数没有生成时,单击"生成预算审核数",否则可以省去此操作。

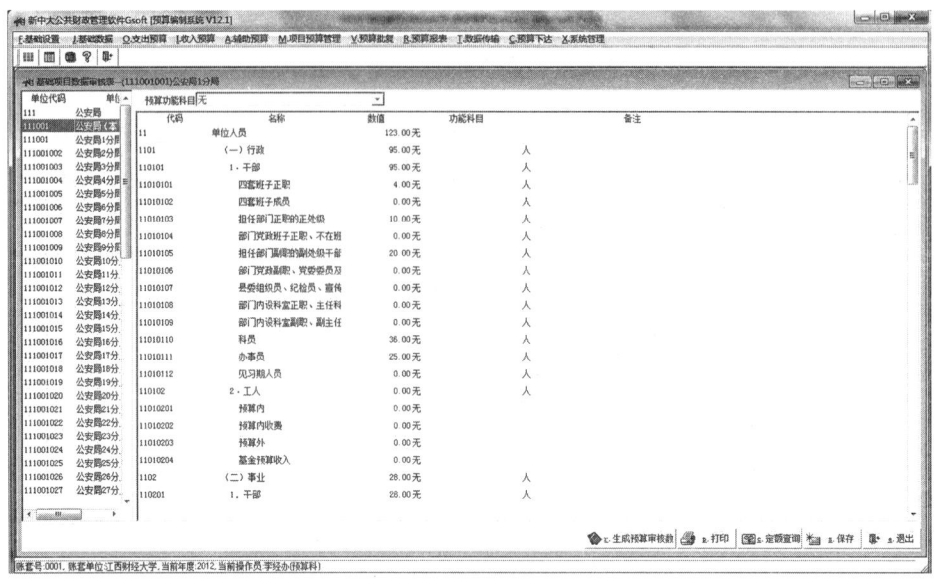

图 2-2-34　基础数据二上审核

5. 主管确认进度

（1）系统注销后，以 ysk001 张主管身份进入公共财政管理软件 Gsoft［公共财政工作管理平台］。选择"系统菜单"→"预算管理"→"预算编制"进入软件的预算编制系统。

（2）在选择菜单"系统管理"→"编制进度"→"进度确认"后，单击右下角的"确认序列"按钮，编制序列由"二上审核"转为"批复编制"，再单击"保存"，如图 2-2-35 所示。

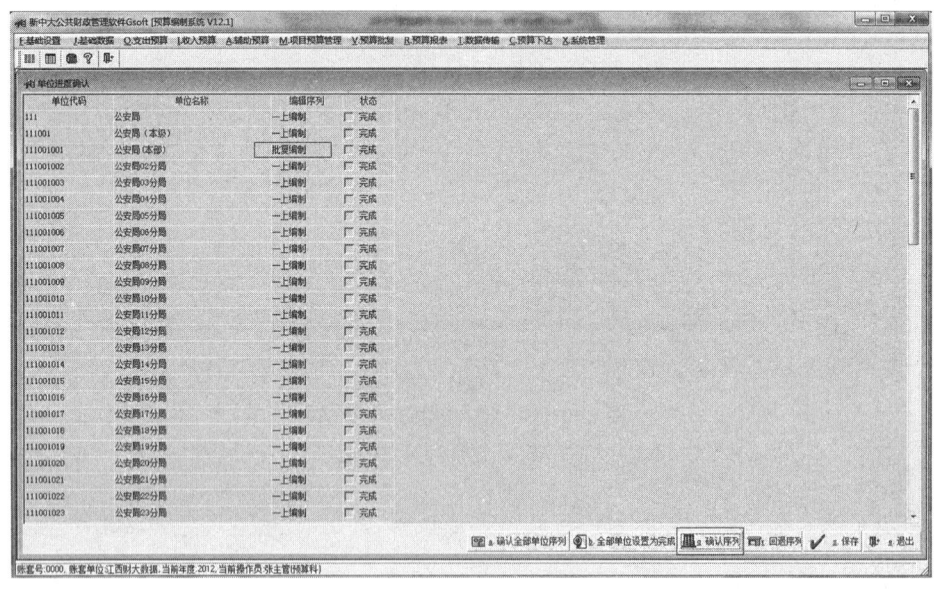

图 2-2-35　二上审核进度确认

6. 经办批复部门预算

（1）系统注销后，以 ysk003 李经办身份进入公共财政管理软件 Gsoft［公共财政工作管理平台］。选择"系统菜单"→"预算管理"→"预算编制"进入软件的预算编制系统。

（2）选择"预算批复"下拉菜单中的"收入预算"，生成"收入预算批复"表，在左边的列表中选择单位名称"公安局（本部）"，再单击表右下角的"生成预算批复数"按钮，在弹出的"选择批复数据导入序列"对话框中选择"10.二上审核数"，单击"确认"，出现公安局部门收入预算的数据表，由李经办对其进行审核。审核无误后，单击"保存"，保存完毕后单击"退出"，如图 2-2-36 所示。

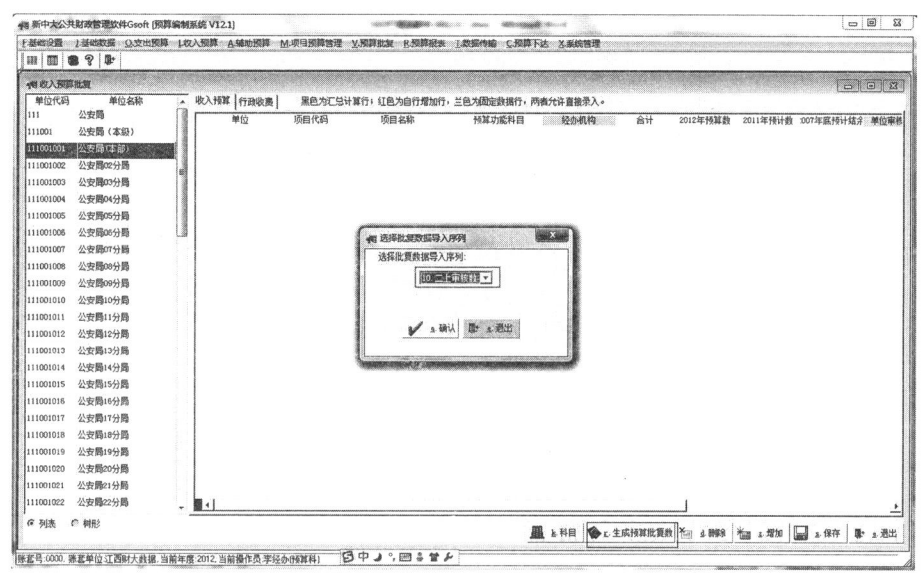

图 2-2-36　收入预算批复数据导入

（3）选择"预算批复"下拉菜单中的"支出预算"，生成"支出预算批复"表，在左边的列表中选择单位名称"公安局（本部）"，再单击左上角的"数据源"按钮，在弹出的"选择批复数据导入序列"对话框中选择"10.二上审核数"，单击"确认"，出现公安局部门支出预算的数据表，由李经办对其进行审核。审核无误后，单击"存入"，保存完毕后单击"退出"，如图 2-2-37 所示。

图 2-2-37　支出预算批复数据导入

7. 主管审核部门批复预算

系统注销后，以 ysk001 张主管身份进入公共财政管理软件 Gsoft［公共财政工作管理平台］。

选择"系统菜单"→"预算管理"→"预算编制"进入软件的预算编制系统。

1) 收入批复审核

选择"预算批复"下拉菜单中的"收入批复审核",弹出"收入预算审核"窗口,选择左边收入批复审核单位"单位代码 111001000 公安局(本部)"进行收入预算批复审核,审核无误后,单击"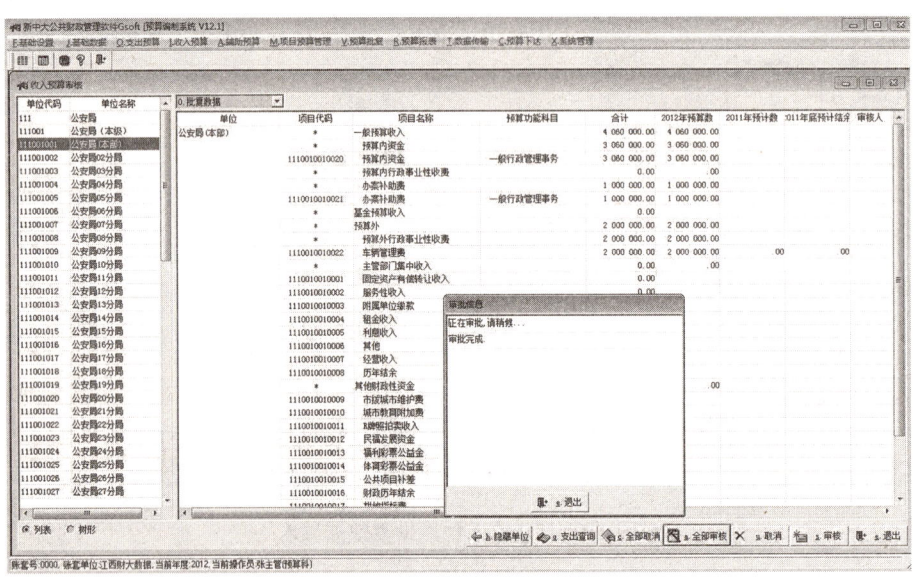全部审核"按钮,审核完毕单击"退出",然后单击"退出",如图 2-2-38 所示。

图 2-2-38 收入预算审核

2) 支出批复审核

选择"预算批复"下拉菜单中的"支出批复审核",弹出"支出预算审核"窗口,选择左边支出批复审核单位"单位代码 111001000 公安局(本部)"进行支出预算批复审核,审核无误后,单击"全部审核"按钮,审核完毕单击"退出",然后单击"退出",如图 2-2-39 所示。

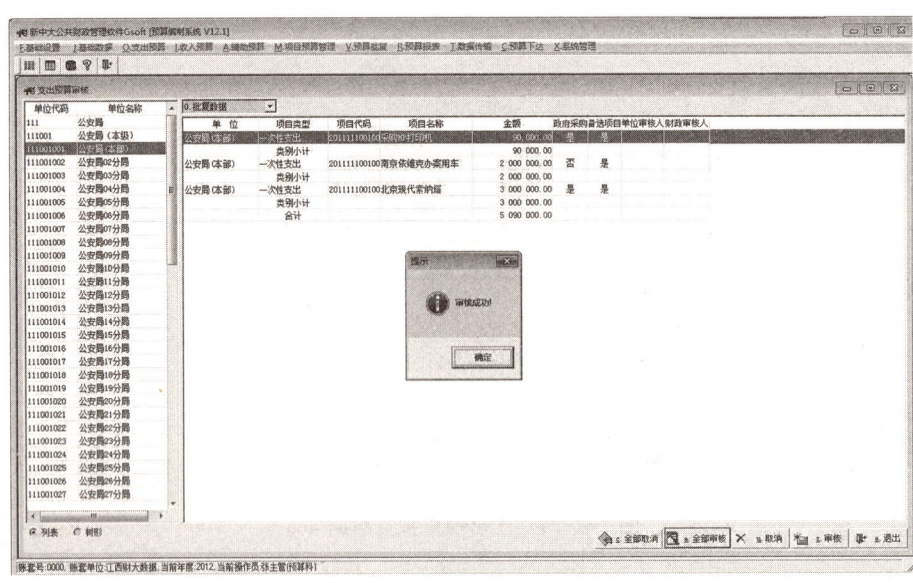

图 2-2-39 支出预算审核

8. 生成部门预算报表

以下报表主要供老师监控学生实训模拟过程及查阅学生实训模拟结果,也可以作为学生成绩评定的依据。

系统注销后,以 ysk001 张主管身份进入公共财政管理软件 Gsoft[公共财政工作管理平台]。选择"系统菜单"→"预算管理"→"预算编制"进入软件的预算编制系统。

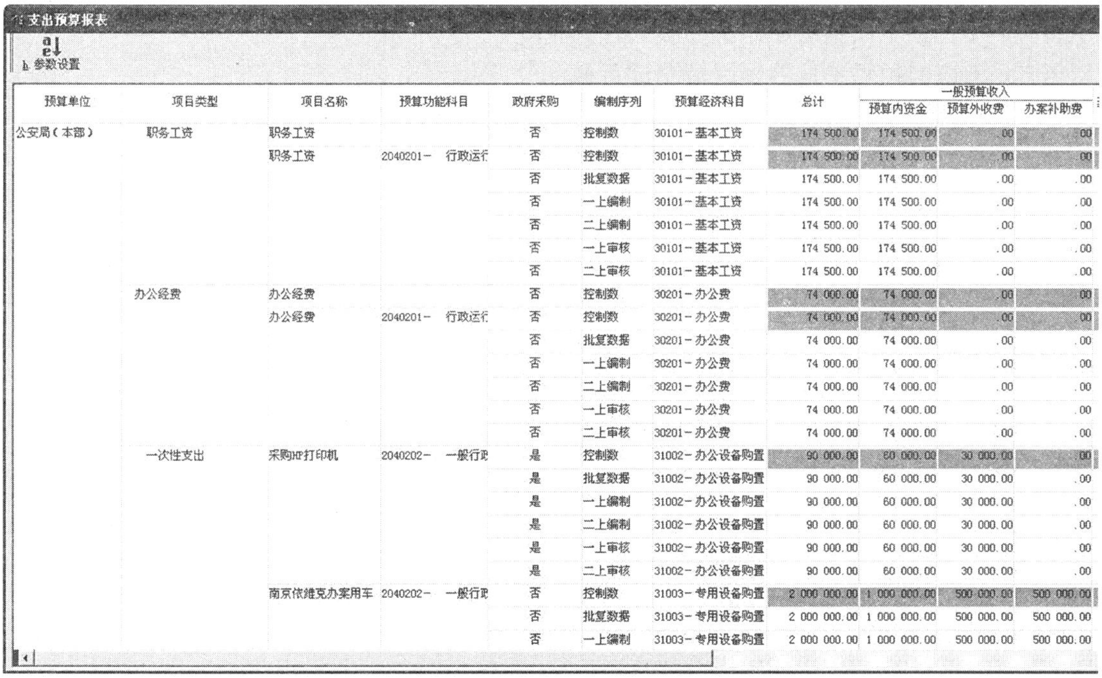

1) 支出预算查询

单击"预算报表"下拉菜单中的"收支预算报表查询"→"支出预算列表",系统弹出图 2-2-40"查询条件"对话框,单击"确认",系统弹出图 2-2-41"支出预算报表",图中展示了所有的单位在不同编制序列下的支出预算情况,学生可以根据自己对应预算单位的编制情况进行截图,以提交实训报告方便老师查阅。查看完毕后就可以单击"退出"。

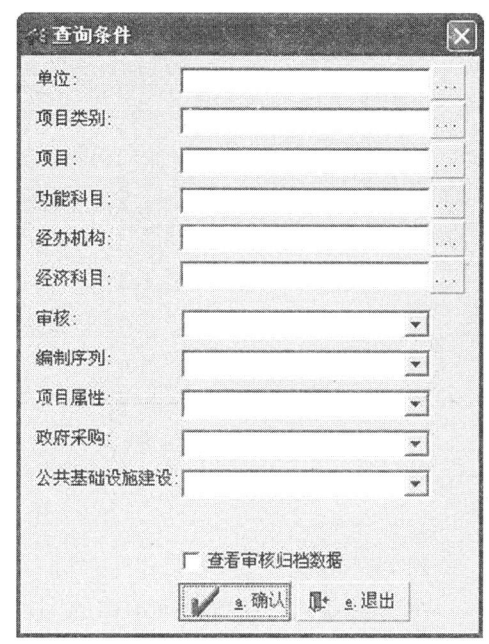

图 2-2-40 查询条件

图 2-2-41 支出预算报表

补充说明:通过查阅学生对应的预算单位对应的编制序列可以监控学生操作到了哪一个环节,如图 2-2-42 所示,公安局(本部)已经完成了所有操作,公安局 01 分局和公安局 02 分局分别完成了"一上编制"和"一上审核",至此就能够很好地比较学生支出预算模拟实训的进度。

预算单位	项目类型	项目名称	预算功能科目	政府采购	编制序列	预算经济科目	总计	一般预算收入		
								预算内资金	预算外收费	办案补助费
公安局（本部）	一次性支出	北京现代索纳塔	2040202-	一般行政	是	批复数据	31004-交通工具购置	3 000 000.00	2 000 000.00	500 000.00	500 000.00
					是	一上编制	31004-交通工具购置	3 000 000.00	2 000 000.00	500 000.00	500 000.00
					是	二上编制	31004-交通工具购置	3 000 000.00	2 000 000.00	500 000.00	500 000.00
					是	一上审核	31004-交通工具购置	3 000 000.00	2 000 000.00	500 000.00	500 000.00
					是	二上审核	31004-交通工具购置	3 000 000.00	2 000 000.00	500 000.00	500 000.00
公安局01分局	职务工资	职务工资	2040201-	行政运行	否	一上编制	30101-基本工资	120 000.00	120 000.00	.00	.00
					否	一上审核	30101-基本工资	120 000.00	120 000.00	.00	.00
	办公经费	办公经费	2040201-	行政运行	否	一上编制	30201-办公费	40 000.00	40 000.00	.00	.00
					否	一上审核	30201-办公费	40 000.00	40 000.00	.00	.00
公安局02分局	海岛补贴	海岛补贴			否	一上编制	30102-津(补)贴	413 280.00	413 280.00		
					否	一上审核	30102-津(补)贴	413 280.00	413 280.00		
	价格补贴	价格补贴			否	一上编制	30102-津(补)贴	98 892.00	98 892.00		
					否	一上审核	30102-津(补)贴	98 892.00	98 892.00		
	地区工作津贴	地区工作津贴			否	一上编制	30102-津(补)贴	59 040.00	59 040.00		
					否	一上审核	30102-津(补)贴	59 040.00	59 040.00		
	交通补贴	交通补贴			否	一上编制	30102-津(补)贴	10 332.00	10 332.00		
					否	一上审核	30102-津(补)贴	10 332.00	10 332.00		
	冷饮费	冷饮费			否	一上编制	30102-津(补)贴	49 200.00	49 200.00		
					否	一上审核	30102-津(补)贴	49 200.00	49 200.00		

图 2-2-42　支出预算报表

2）收入预算查询

单击"预算报表"下拉菜单中的"收支预算报表查询"→"收入预算列表"，系统弹出图 2-2-43"查询条件"对话框，单击项目类别"…"按钮，选择"0301 预算外行政事业性收费"，单击"确认"，系统弹出图 2-2-44"收入查询明细表"，图中展示了所有的单位在不同编制序列下的收入预算情况，学生可以根据自己对应的预算单位的编制情况进行截图，以提交实训报告方便老师查阅。查看完毕后就可以单击"退出"。

补充说明：通过查阅学生对应的预算单位对应的编制序列可以监控学生操作到了哪一个环节，如图 2-2-45 所示，公安局（本部）已经完成了所有操作，公安局 01 分局完成了"一次编制""一次审核"和"控制数"，至此就能够很好地比较学生收入预算模拟实训的进度。

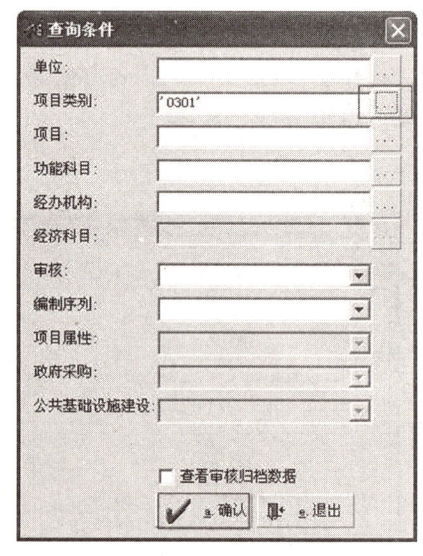

图 2-2-43　查询条件

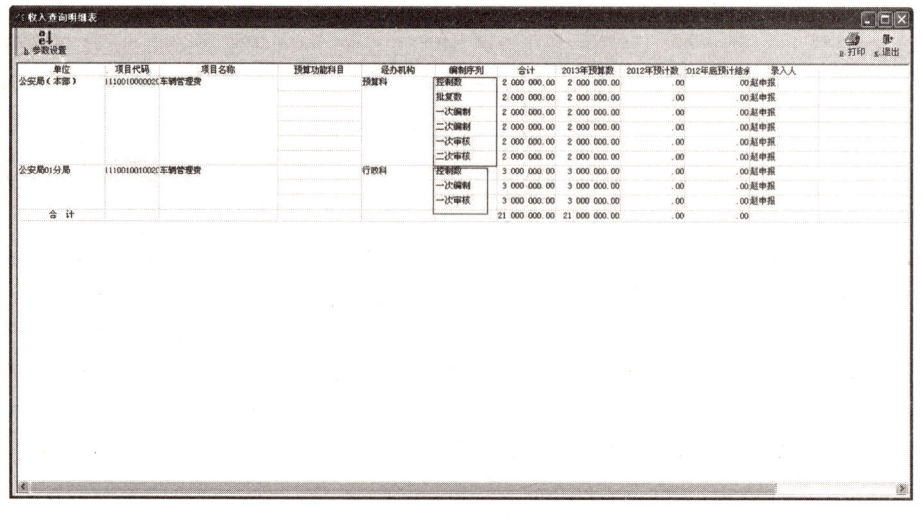

图 2-2-44　收入预算报表

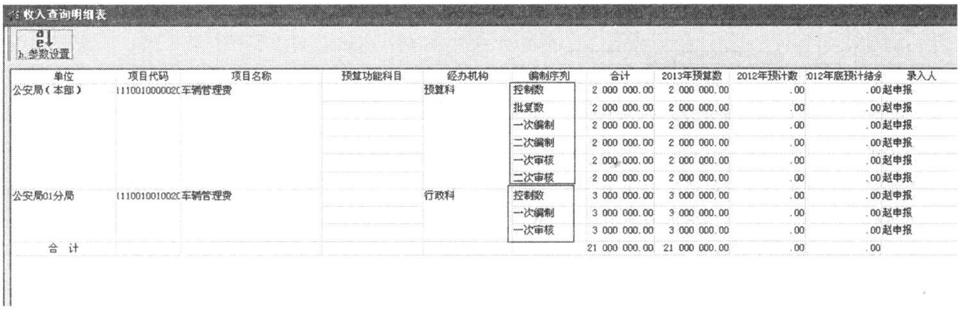

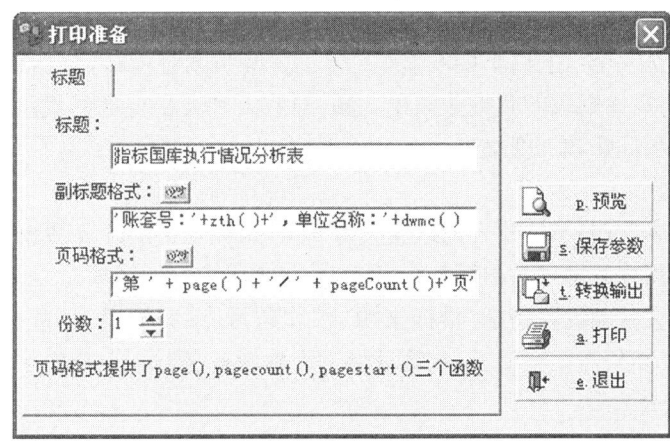

图 2-2-45 收入查询明细表

9. 报表导出功能描述

如图 2-2-46 所示,单击"打印",系统弹出"打印准备"窗口。

图 2-2-46 打印准备

在图 2-2-46 界面单击"转换输出",系统弹出"窗口内容转换成文件"窗口,如图 2-2-47 所示。选中"Excel",勾选"文件头带列标题",单击"..."选择文件存放位置和手工输入文件名。单击"确认"完成报表导出,用户可以在设置的存放位置找到该文件。

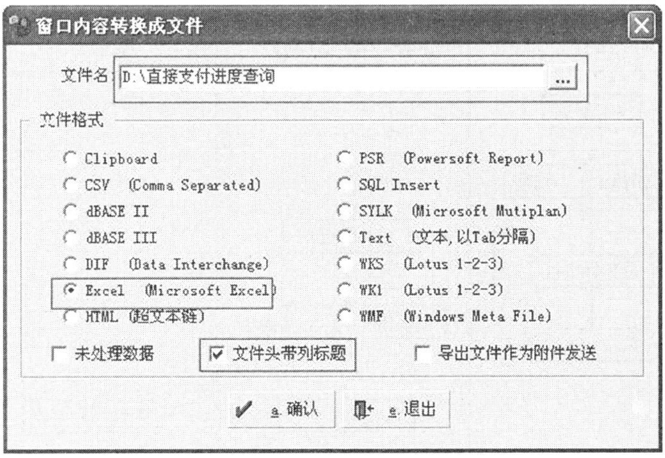

图 2-2-47 转换文件

项目 三 国库集中支付

财政国库集中收付改革是继部门预算改革之后,又一项涉及整个财政管理的基础性重大改革,是财政部门规范预算单位收支行为,加强财政性资金管理所采取的强力措施。

财政支付中心根源于政府财政预算,预算批复下达后,形成各预算单位实际可用的指标,指标用于控制各单位支付的额度和用途。

根据单位所需支付的金额性质,一部分通过财政拨款途径把款项支出拨付给各预算单位,一部分通过财政集中支付途径把款项代为各预算单位支付。

一、指标编制及下达

"指标管理系统"是一个承上启下的系统:上与预算编制系统衔接,根据批复后的预算情况自动形成当年指标,下与具体财政的收支业务相关联,对收入和支出业务的发生进行实时控制,并根据实际执行情况生成指标账和进度报告。

(一)实训准备

预算编审工作结束后,各单位收到财政批复下来的本年度支出预算数据,通过数据接口方式或者手工录入方式将预算数据导入指标系统,作为全年支出控制的依据。

财政集中支付相关基础设置包括:指标来源、预算科目、预算类型、经费类型、专项用途、结算方式等已经设置完毕(如果需要调整,以主管身份进入财政业务数据中心模块设置,本实训主管操作员是 GKK001 王主管)。

(二)实训目的及要求

学生应了解政府指标下达业务流程及其模式,并熟练掌握政府指标管理模块的软件系统操作。

(三)实训内容

如图 2-3-1 所示,根据实训资料完成总指标、总指标下达、明细指标、明细指标下达、分月用款计划制定等操作。

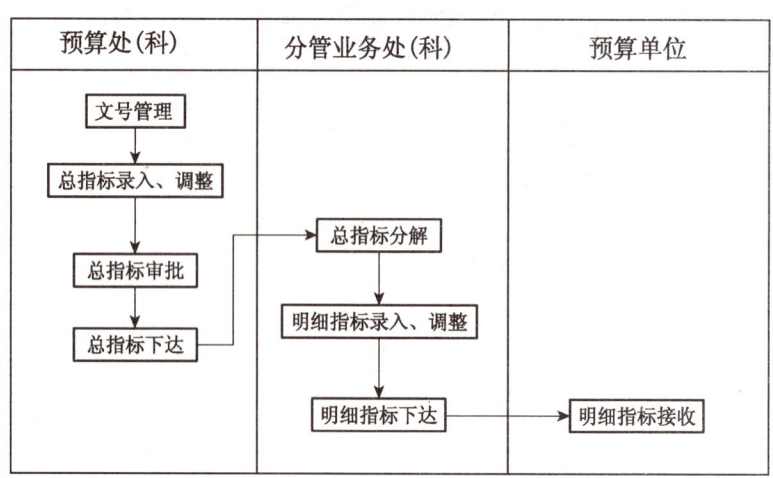

图 2-3-1 流程图

流程关键节点说明：

（1）预算处（科）负责全部指标的总体管理，并向各业务（科）下达分配指标。

（2）业务处（科）室负责将预算处下达的总指标分解。

（3）业务处（科）室负责将明细指标下达到具体的预算单位并监督其执行。

（四）实训资料

以下是两笔财政指标下达业务信息，作为实训课程练习备用。

例1 民政局收到财政批复下达的预算，本单位可用于商品和服务支出的总指标为 1 200 000 元；

功能科目为：2080202 一般行政管理事务；

预算类型：0101 预算内资金；

指标来源：03 本年预算；

经费类型：13 商品和服务支出；

本月拨解的明细指标关联经济科目：30219 装备购置费。

例2 公安局（本部）收到财政批复下达的预算，本单位可用于商品和服务支出的总指标为 2 100 000 元；

功能科目为：2040202 一般行政管理事务；

预算类型：0101 预算内资金；

指标来源：03 本年预算；

经费类型：13 商品和服务支出；

本月拨解的明细指标关联经济科目：30219 装备购置费。

（五）实训指导

1．总指标录入及审批阶段

（1）首先以 gkk004 何文员的身份登录系统，进入公共财政管理软件 Gsoft〔公共财政工作管理平台〕。选择"系统菜单"→"预算管理"→"指标管理"进入软件的指标管理系统。

（2）选择"总指标"菜单→"总指标录入"，在如图 2-3-2 界面上进行年度总指标的录入工作。

具体操作1

单击文号后面的"..."按钮；选择"0002 财字〔2013〕001 号"；单击功能科目选择"2080202 一般行政管理事务"；输入金额"1 200 000"；单击预算性质选择"预算内"；单击预算类型选择"0101 预算内资金"；单击指标来源选择"03 本年预算"；单击经办机构"999 预算科"；单击经费类型选择"13 商品和服务支出"。

录入完毕，单击"确认"，完成保存后单击"退出"。

💫 **注意**

系统提示"是否将本单据各基础数据带入下一张单据中"，单击"否"。系统自动出现新的一张空白录入单，按同样的方法输入另外一条总指标信息。

具体操作2

单击文号后面的"..."按钮，选择"0002 财字〔2013〕001 号"；单击功能科目选择"2040202 一般行政管理事务"；输入金额"2 100 000"；单击预算性质选择"预算内"；单击预算类型选择"0101 预算内资金"；单击指标来源选择"03 本年预算"；单击经办机构"999 预算科"；单击经费类型选择"13 商品和服务支出"。

录入完毕，单击"确认"，完成保存后单击"退出"，如图 2-3-3 所示。

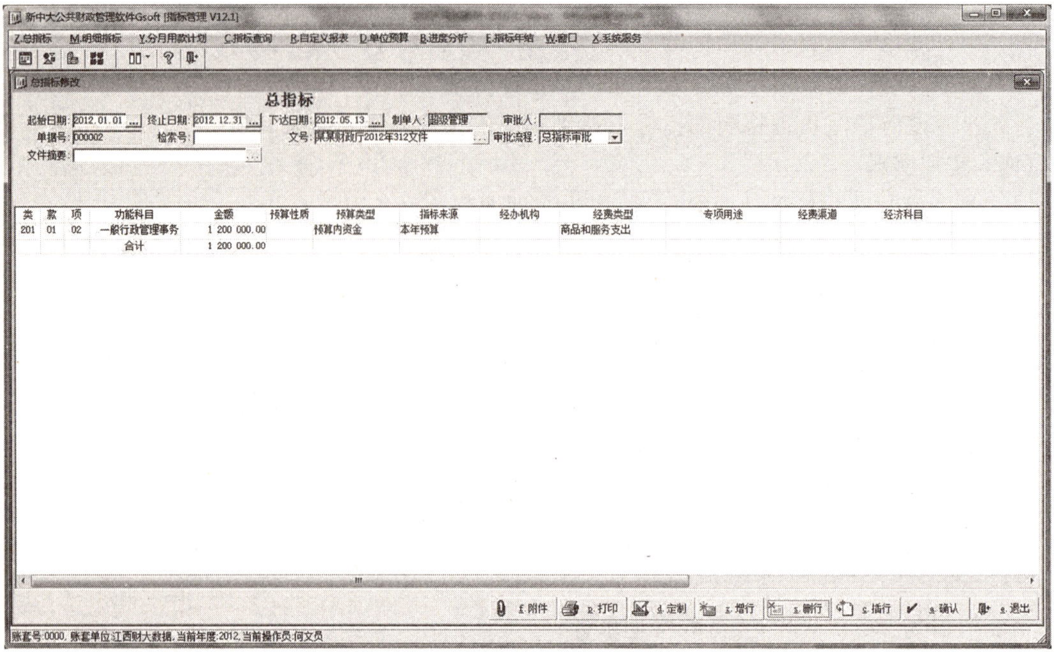

图 2-3-2　民政局总指标录入

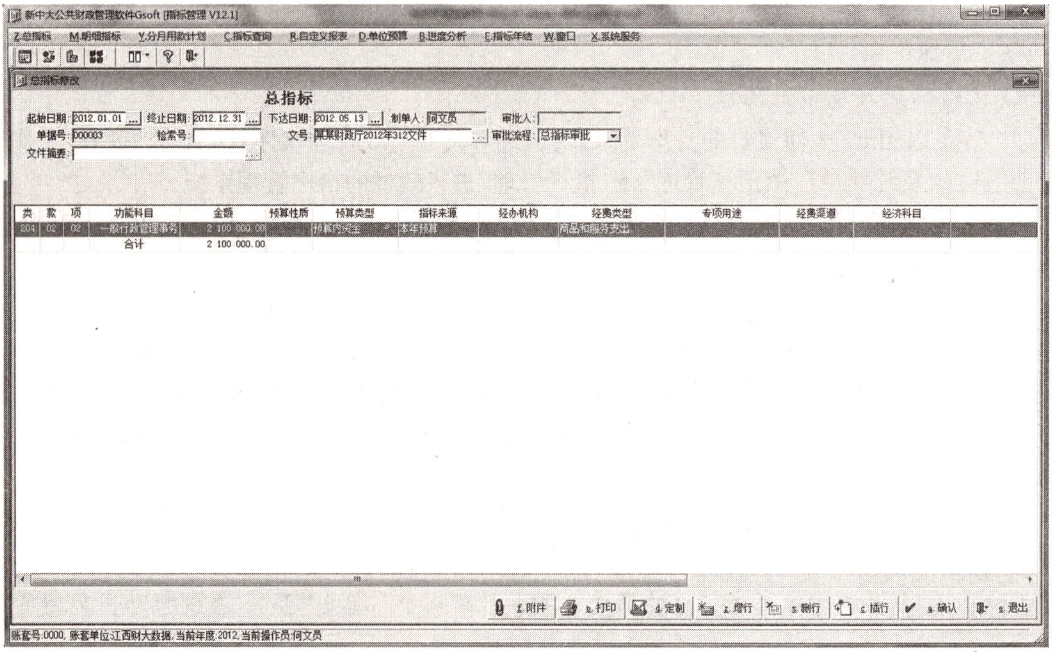

图 2-3-3　公安总指标录入

（3）由 gkk002 任经办对录入的总指标进行初次审核。更换操作员为任经办身份登录系统后，进入软件的指标管理系统。选择"总指标"菜单→"总指标审批"→"逐张审批"，系统弹出条件筛选窗口，选择条件后单击"确认"，系统打开待审批的"总指标审批"窗口，如图 2-3-4 所示。

图 2-3-4　任经办总指标审批

（4）在图 2-3-4 窗口单击"审批"进入"总指标审批"的详细界面，如图 2-3-5 所示。

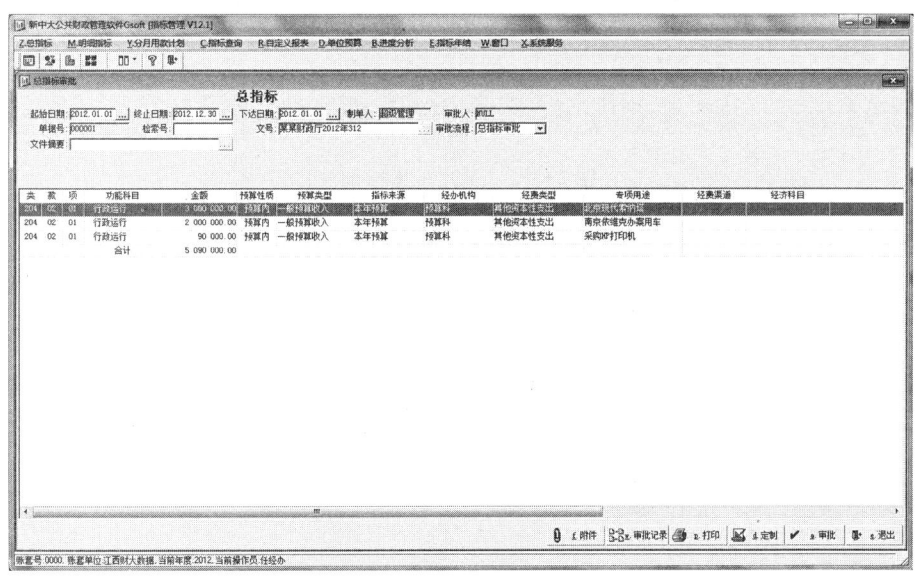

图 2-3-5　总指标逐张审批界面

（5）在图 2-3-5 窗口选择要审批的单据，单击窗口下方的"审批"，系统会弹出"审批意见"窗口，如图 2-3-6 所示。录入审批意见，单击"确认"完成单据审批然后单击"退出"整个界面。

　🕙 注意

系统弹出"逐张审批"和"成批审批"两个菜单项。两个审批操作目的相同，但对于大量的需要审批的总指标，利用"成批审批"功能效率更高。

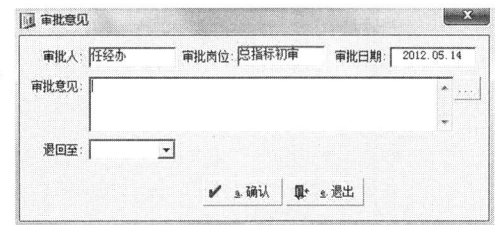

图 2-3-6　审批意见窗口

(6) 更换操作员,以 gkk001 王主管的身份对录入的总指标进行复审,审批方法同上。

2. 下达总指标录入及审批阶段

(1) 以 gkk004 何文员的身份登录系统后,进入公共财政管理软件 Gsoft[公共财政工作管理平台]。选择"系统菜单"→"预算管理"→"指标管理"进入软件的指标管理系统。

(2) 选择"总指标"菜单→"下达总指标录入",在如图 2-3-7 界面上进行年度下达总指标的录入工作。

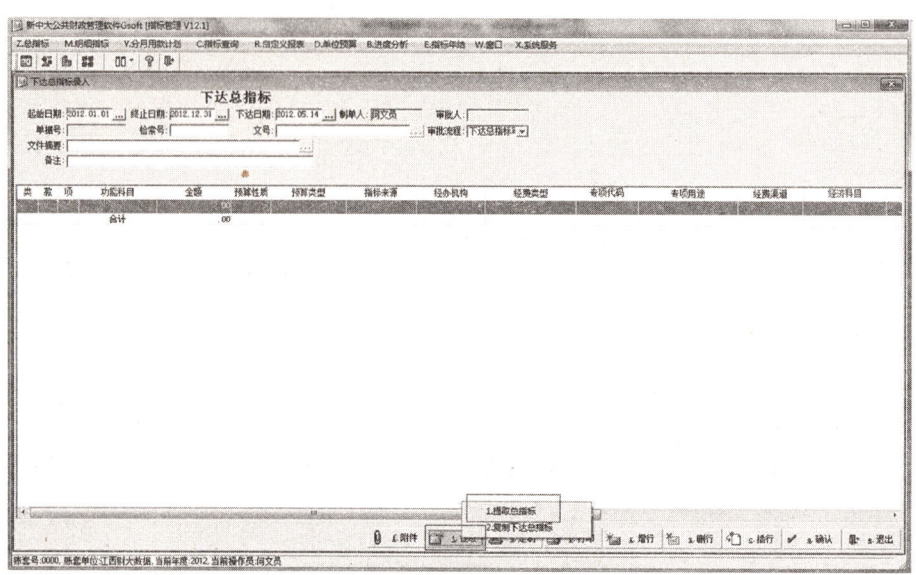

图 2-3-7 下达总指标录入

具体操作 3

在图 2-3-7 中,单击"提取",在弹出选择窗,选择"提取总指标",系统弹出条件筛选窗口,选择条件后单击"确认",选择前面录入的总指标。单击"提取"将前面录入的两条总指标提取到下达总指标录入界面,如图 2-3-8 所示,然后单击"确认",系统自动填充下达总指标。

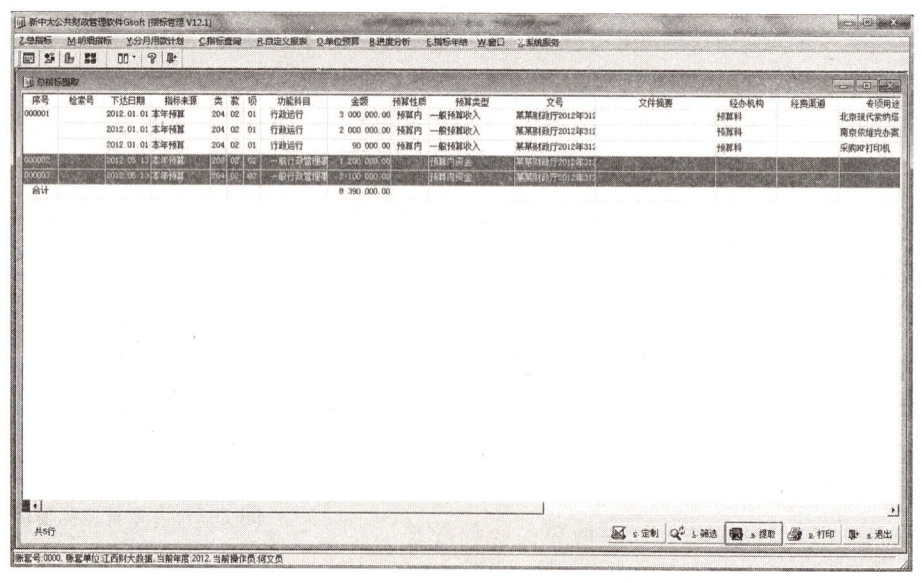

图 2-3-8 提取总指标

在下达总指标录入界面,单击"确认"系统提示"下达总指标成功"对话框。单击"确定",然后单击"退出"整个页面。

（3）由 gkk002 任经办对提取的下达总指标进行初次审核。更换操作员为任经办身份登录系统后,并进入软件的指标管理系统。选择"总指标"菜单→"下达总指标审批"→"逐张审批",系统弹出条件筛选窗口,选择条件后单击"确认",系统打开待审批的"下达总指标审批"窗口,如图 2-3-9 所示。

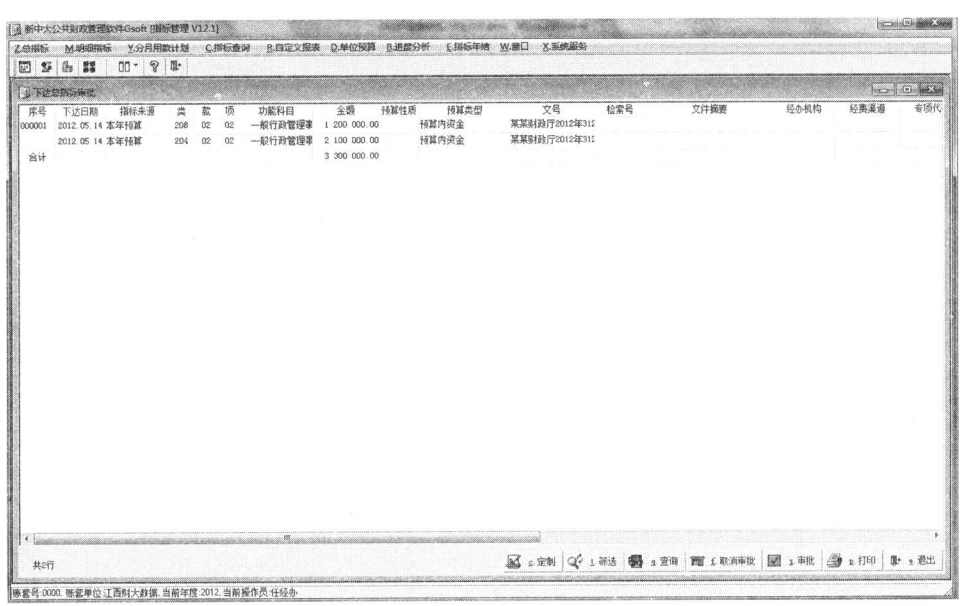

图 2-3-9　下达总指标审批

（4）在图 2-3-9 窗口单击"审批"进入"下达总指标审批"的详细界面,如图 2-3-10 所示。

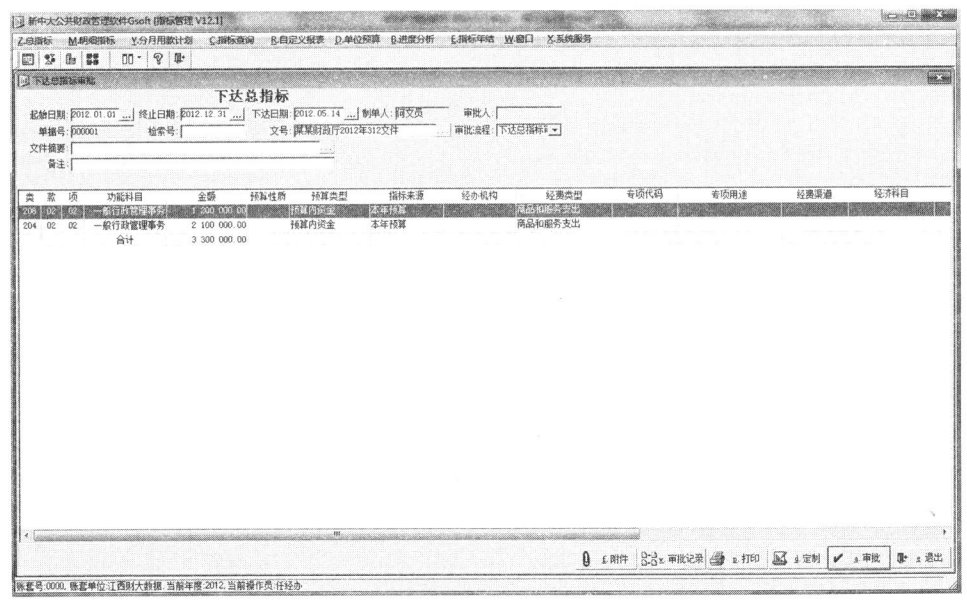

图 2-3-10　下达总指标审批

（5）在图 2-3-10 窗口选择要审批的单据,单击窗口下方的"审批"按钮,系统会弹出"审批意见"窗口,如图 2-3-11 所示。

录入审批意见,单击"确认"完成单据审批。

⏱ **注意**

系统弹出"逐张审批"和"成批审批"两个菜单项。两个审批操作目的相同,但对于大量的需要审批的总指标,利用"成批审批"功能效率更高。

(6)更换操作员,以 gkk001 王主管的身份对提取方式录入的下达总指标进行复审,审批方法同上。

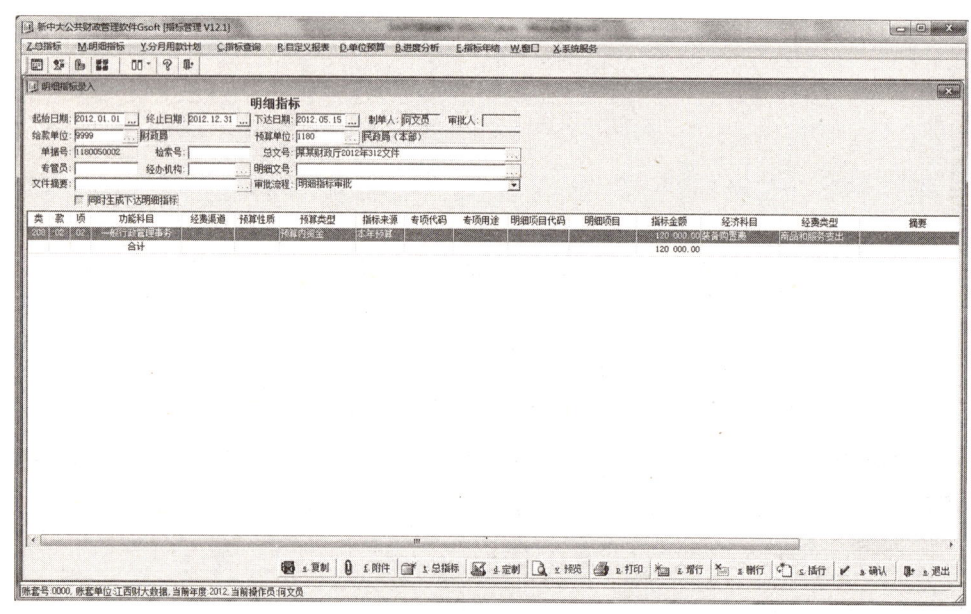

图 2-3-11 审批意见

3. 明细指标录入及审批阶段

(1)以 gkk004 何文员的身份登录系统后,进入公共财政管理软件 Gsoft[公共财政工作管理平台]。选择"系统菜单"→"预算管理"→"指标管理"进入软件的指标管理系统。

(2)选择"明细指标"菜单→"明细指标录入",在如图 2-3-12 界面上录入各预算单位的明细指标。

图 2-3-12 民政局明细指标录入

具体操作 4

在图 2-3-12 中,单击预算单位后"▦"按钮选择"1180 民政局",单击"总文号"后对应的▦按钮选择"0002 财字〔2013〕001 号";系统弹出"指标列表"选择金额为 1 200 000 民政局下达的总指标,单击"确认",将该笔下达总指标提取到明细指标录入界面。

单击经济科目选择"30219 装备购置费",然后单击"确认",系统提示"明细指标保存成功",保存完毕后即可退出。

⏱ **注意**

提取总指标之后一般需要核对明细指标具体金额,如果不修改金额,那就表示把该单位全年指标一次性全额拨付;如果这次明细仅仅是总指标的 1/10,那下次系统自动只能最多提取其余未拨付那部分。

具体操作 5

在图 2-3-12 中,单击预算单位后"▦"按钮选择"1101 公安局(本部)",单击"总文号"后对应的▦按钮选择"0002 财字〔2013〕001 号";系统弹出"指标列表"选择金额为 2 100 000 公安局下达的总指标,单击"确认",将该笔下达总指标提取到明细指标录入界面。

单击经济科目选择"30219 装备购置费",然后单击"确认",系统提示"明细指标保存成功",保存完毕后即可退出,如图 2-3-13 所示。

✿ 注意

如果是连续录入,需要单击"总指标"才能出现"指标列表"。

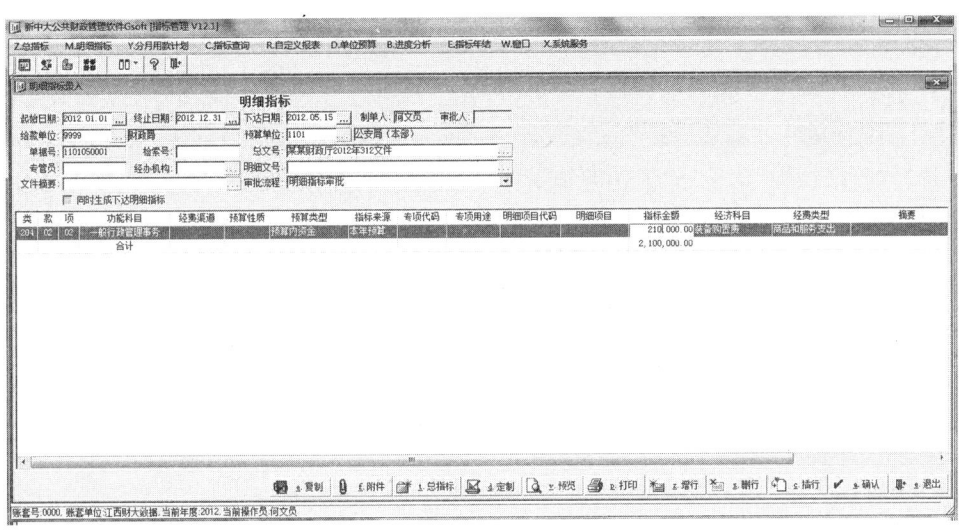

图 2-3-13　公安局明细指标录入

以 gkk002 任经办身份对录入的明细指标进行初次审核。更换操作员为任经办身份登录系统后,进入软件的指标管理系统。

具体操作 6

单击"明细指标"菜单→"明细指标审批"→"逐张审批",系统弹出"条件选择"窗口,选择条件后单击"确认",系统打开待审批的"明细指标审批"窗口,如图 2-3-14 所示。

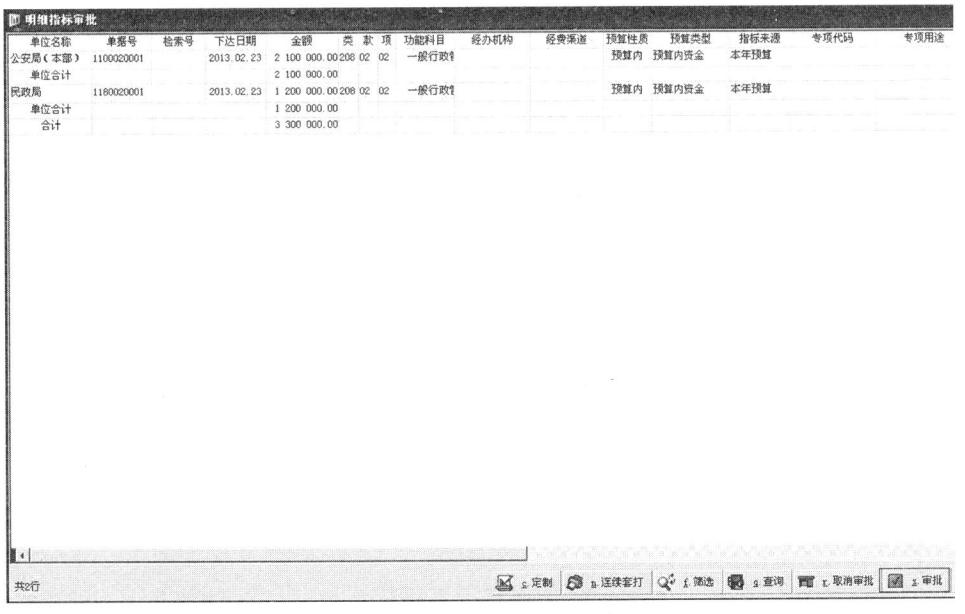

图 2-3-14　明细指标审批

单击"审批"进入"明细标审批"的详细界面,再选择要审批的单据,单击窗口下方的"审批",系统会弹出"审批意见"窗口,录入审批意见,如图 2-3-15 所示。

单击"确认"完成单据审批。

例 2 公安局(本部)明细指标具体操作同上。

(3)更换操作员,以 gkk001 王主管的身份对任经办初审之后的两条明细指标进行复审,审批方法同上。

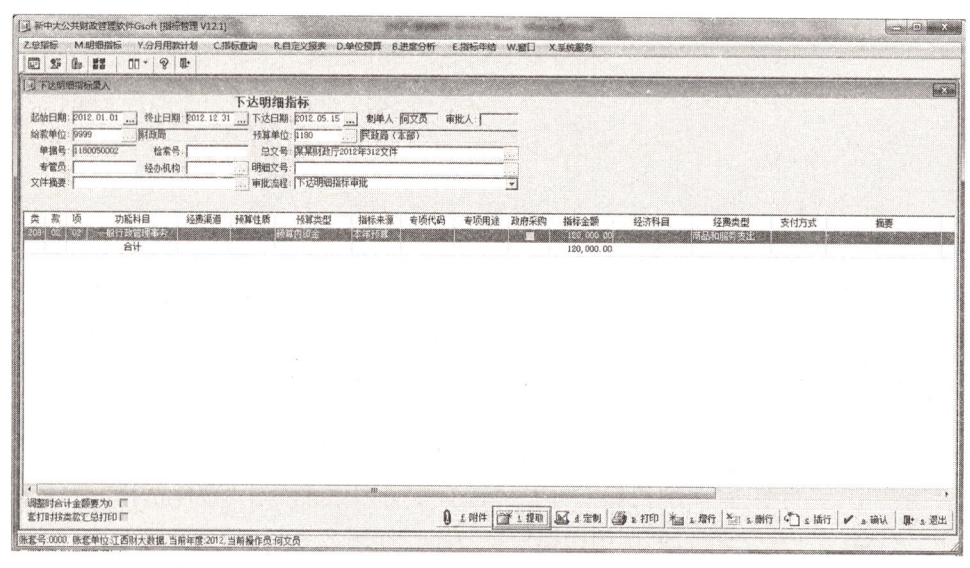

图 2-3-15 审批意见

4. 下达明细指标录入及审批阶段

(1)以 gkk004 何文员的身份登录系统后,进入公共财政管理软件 Gsoft[公共财政工作管理平台]。选择"系统菜单"→"预算管理"→"指标管理"进入软件的指标管理系统。

(2)选择"明细指标"菜单→"下达明细指标录入"→"下达明细指标录入",在如图 2-3-16 界面录入各预算单位的明细指标。

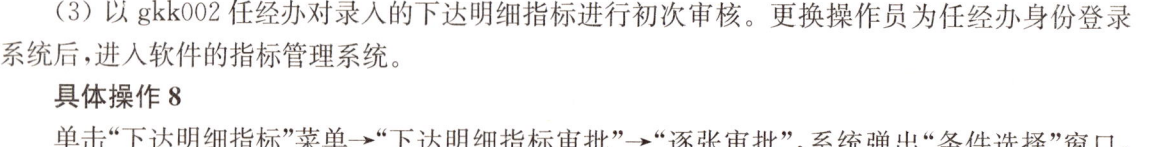

图 2-3-16 民政局下达明细指标录入

具体操作 7

在图 2-3-16,单击预算单位后"▦"按钮选择"1180 民政局",单击"总文号"后对应的▦按钮选择"0002 财字〔2013〕001 号"。

如图 2-3-17 所示,单击"提取",选中"明细指标",系统弹出"条件选择"窗口,单击"确认",系统弹出"提取明细指标"选中金额为 1 200 000 民政局下达的总指标,单击"提取"将该笔下达总指标提取到下达明细指标录入界面。

单击"确认"进行保存,保存完毕后即可退出。

例 2 公安局(本部)具体操作同上。

(3)以 gkk002 任经办对录入的下达明细指标进行初次审核。更换操作员为任经办身份登录系统后,进入软件的指标管理系统。

具体操作 8

单击"下达明细指标"菜单→"下达明细指标审批"→"逐张审批",系统弹出"条件选择"窗口,选择条件后单击"确认",系统打开待审批的"下达明细指标审批"窗口,如图 2-3-18 所示。

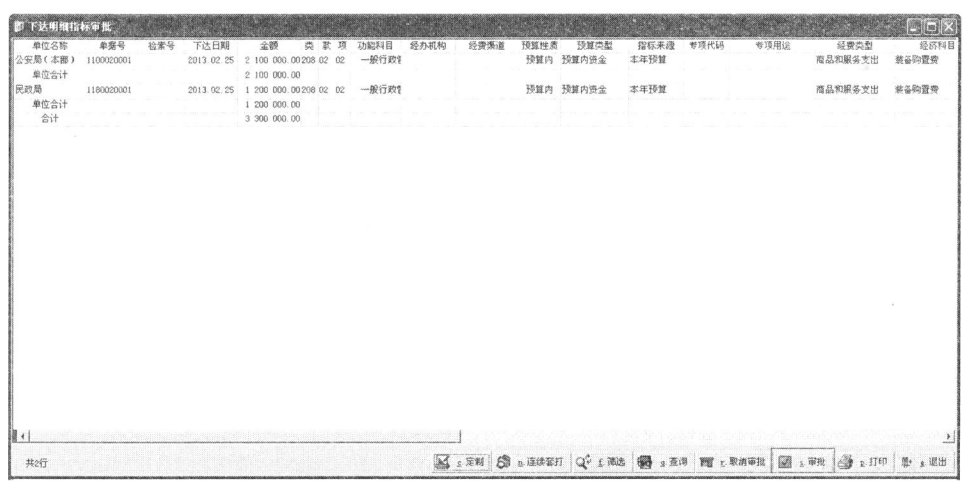

图 2-3-17　公安局下达明细指标

图 2-3-18　下达明细指标

如图 2-3-18 界面,单击"审批"进入"下达明细标审批"的详细界面,再选择要审批的单据,单击窗口下方的"审批"按钮,系统会弹出"审批意见"窗口,录入审批意见,如图 2-3-19 所示。

单击"确认"完成单据审批。

例 2　公安局(本部)下达明细指标具体操作同上。

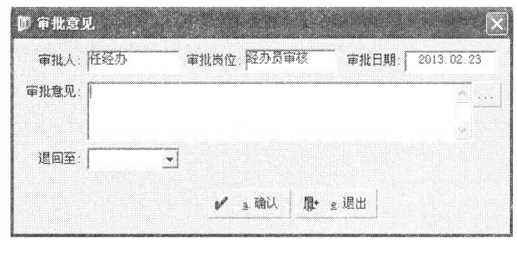

图 2-3-19　审批意见

(4)更换操作员,以 gkk001 王主管的身份对任经办初审之后的两条下达明细指标进行复审,审批方法同上。

5. 分月用款计划录入及审批阶段

(1)首先以 gkk004 何文员的身份登录系统,进入公共财政管理软件 Gsoft[公共财政工作管理平台]。选择"系统菜单"→"预算管理"→"指标管理"进入软件的指标管理系统。

（2）选择"分月用款计划"菜单→"计划录入"，在图 2-3-20 界面上进行分月用款计划的录入工作。

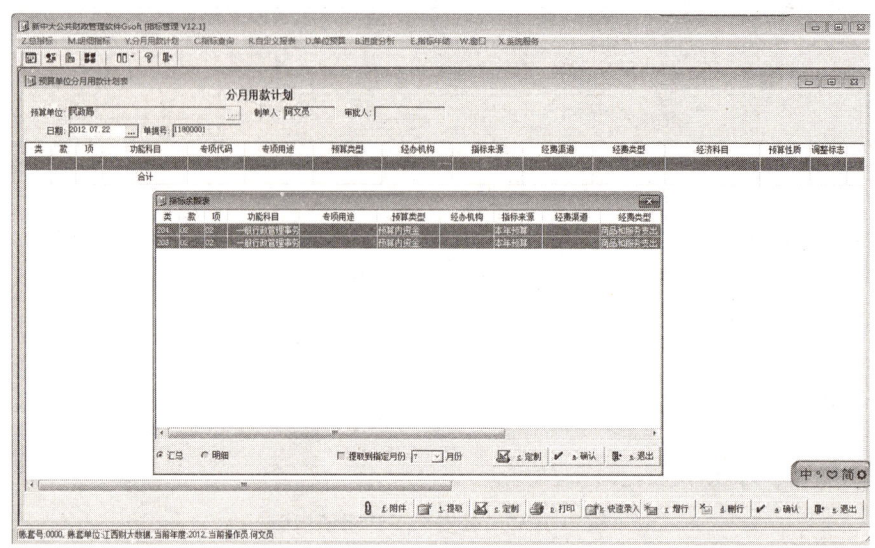

图 2-3-20　分月用款计划录入

具体操作 9

单击"预算单位"选择"1180 民政局"；单击"提取"系统弹出"指标余额表"窗中，选中相应指标余额，单击"确认"，保存完毕后单击"退出"。

具体操作 10

公安局分月用款计划同上操作。

（3）由 gkk002 任经办对录入的分月用款计划进行初次审核。更换操作员为任经办身份登录系统，进入软件的指标管理系统。选择"分月用款计划"菜单→"计划审批"→"逐张审批"，系统弹出条件筛选窗口，选择条件后单击"确认"，系统打开待审批的"预算单位分月用款计划表"窗口，如图 2-3-21 所示。

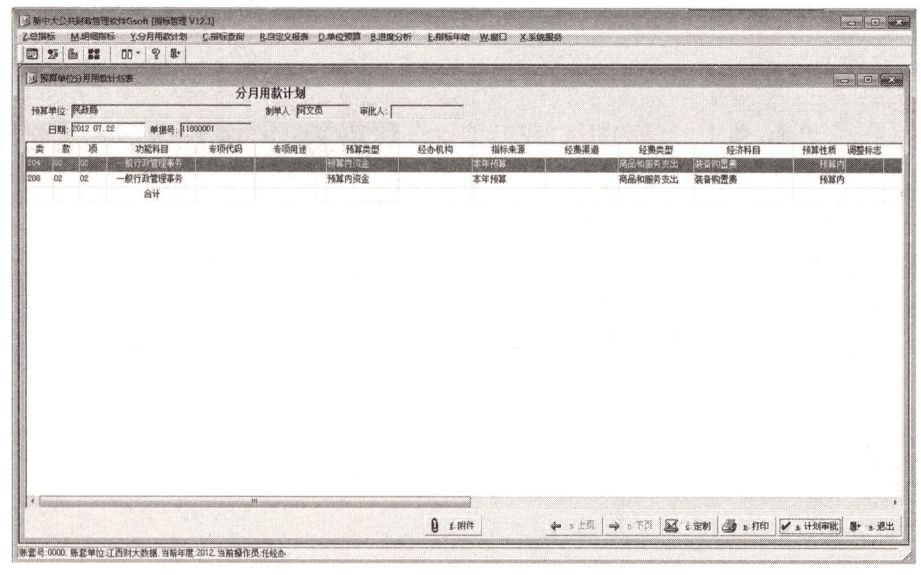

图 2-3-21　预算单位分月用款计划表

在图 2-3-21 窗口单击"计划审批",系统自动流转至下一张单据,继续单击"计划审批"直至完成所有单据审批。

注意

系统弹出"逐张审批"和"成批审批"两个菜单项。两个审批操作目的相同,但对于大量的需要审批的总指标,利用"成批审批"功能效率更高。

至此所有的指标操作流程完成。

6. 生成指标执行情况表

以下报表主要供老师监控学生实训模拟过程及查阅学生实训模拟结果,也可以作为学生成绩评定的依据。

系统注销后,以 gkk001 王主管身份进入公共财政管理软件 Gsoft[公共财政工作管理平台]。选择"系统菜单"→"预算管理"→"指标管理"进入软件的指标管理系统。

1) 指标管理进度查询

单击"指标查询"→"9.指标国库执行情况分析表"系统弹出"条件选择"窗口,如图2-3-22所示。

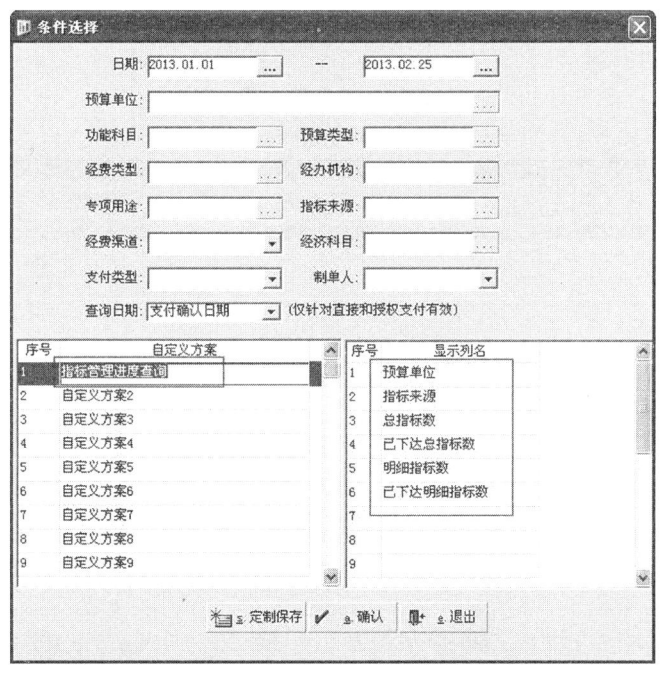

图 2-3-22 条件选择

注意

如果打开的"条件选择"窗口没有红框中的内容时,需要自己输入自定义方案"指标管理进度查询"和显示列名,然后单击"确认"。

单击"确认"系统弹出"指标国库执行情况分析表",如图 2-3-23 所示,系统展示总指标数、已下达总指标数、明细指标数、已下达明细指标数。

2) 分月用款计划查询

单击"分月用款计划"→"4.计划查询",系统弹出"条件选择"窗口,如图 2-3-24 所示。单击"确认",系统弹出"分月用款计划列表",将所有录入数据展示出来。

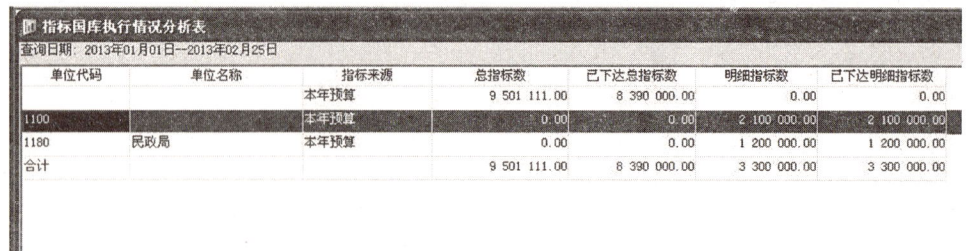

图 2-3-23　指标国库执行情况分析表

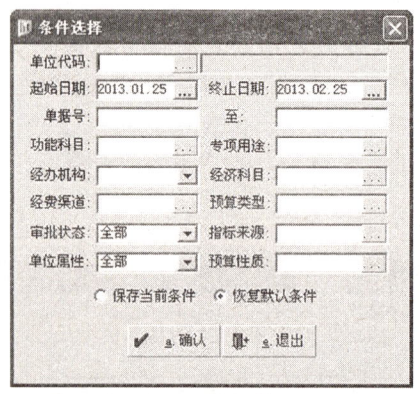

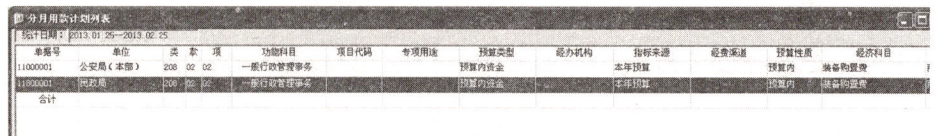

图 2-3-24　条件选择

7. 报表导出功能描述

在图 2-3-25 窗口,单击"打印",系统弹出"打印准备"窗口。

如图 2-3-26 界面所示,单击"转换输出",系统弹出"窗口内容转换成文件"窗口,选中"Excel",勾选"文件头带列标题",单击"..."按钮,选择文件存放位置和手工输入文件名。单击"确认"完成报表导出,用户可以在设置的存放位置找到该文件,如图 2-3-26 所示。

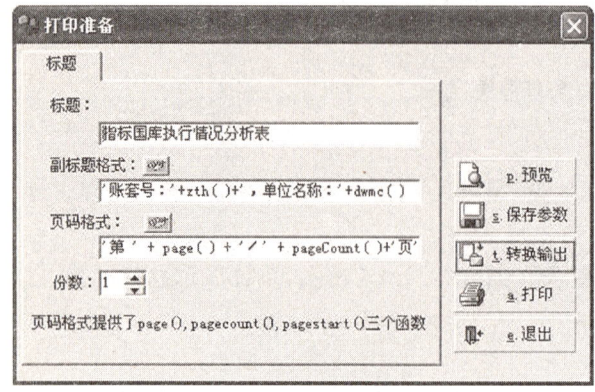

图 2-3-25　打印准备

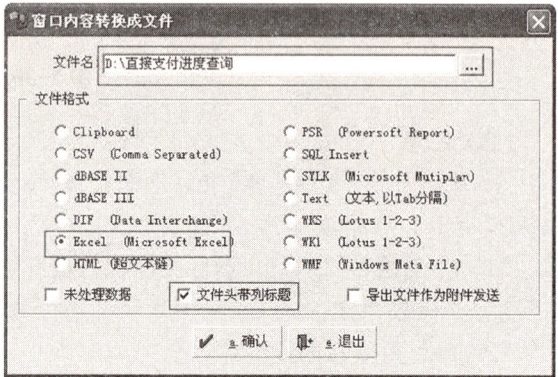

图 2-3-26　转换文件

二、拨款申请及拨付

"拨款管理"是财政预算执行过程中常用的一种资金管理模式,在预算指标、计划的控制下,根据预算单位的实际用款进度情况,由预算单位或业务科室提出预算拨款申请,经过审批后,根据审批核定金额将资金直接拨付到单位账户。其主要功能包括:拨款申请管理、资金划拨管理、拨款调整、总预算会计确认、拨款报表查询。

(一)实训准备

针对各预算单位的预算指标已经编审并下达完毕,预算单位根据业务用途选择通过财政预算拨款进行支付。

(二)实训目的及要求

学生应了解政府拨款申请及拨付业务流程及其模式,并熟练掌握政府拨款管理模块的软件系统操作。

(三)实训内容

学生根据实训资料,完成拨款申请及拨付的流程模拟,如图 2-3-27 所示。

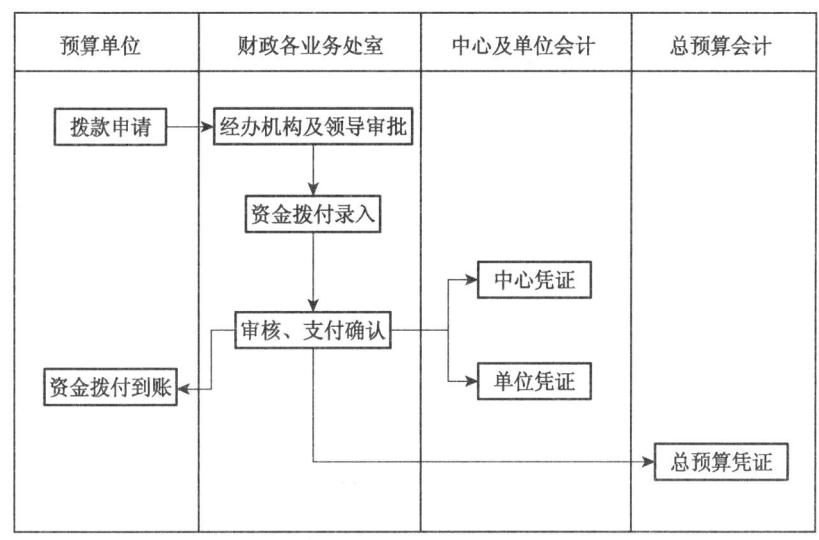

图 2-3-27　拨款申请及拨付流程图

流程关键节点说明:

(1)预算单位向各业务处(科)室提出拨款申请。

(2)各经办机构拨付凭证录入。

(3)财政各业务处室对各经办机构的拨付凭证进行审核并做支付确认。

(四)实训资料

以下是一笔财政拨款从申请到支付过程的业务信息,作为实训课程练习备用。

民政局因日常办公需要,现需采购台式电脑 30 台,台式电脑的市场价为每台 6 000 元,特向财政局提出拨出专项专款的申请,申请金额为:180 000 元。

功能科目为:2080202 一般行政管理事务。

预算类型:0101 预算内资金。

指标来源:03 本年预算。

经费类型:13 商品和服务支出。

经济科目:30219装备购置费。

财政局经过审批,认为采购数量过多,将数量改为20台,拨付总额为:120 000元。

1. 拨款申请单录入

(1)以gkk004何文员身份登录系统,进入公共财政管理软件Gsoft[公共财政工作管理平台]。选择"系统菜单"→"支出管理"→"拨款管理"进入软件拨款管理系统。

具体操作

(2)单击"拨款申请"菜单→"拨款申请上录入",弹出条件筛选窗口,选择条件后单击"确认",然后在弹出的"拨款申请书列表"界面单击"增加",在图2-3-28界面上进行拨款申请单据的录入。

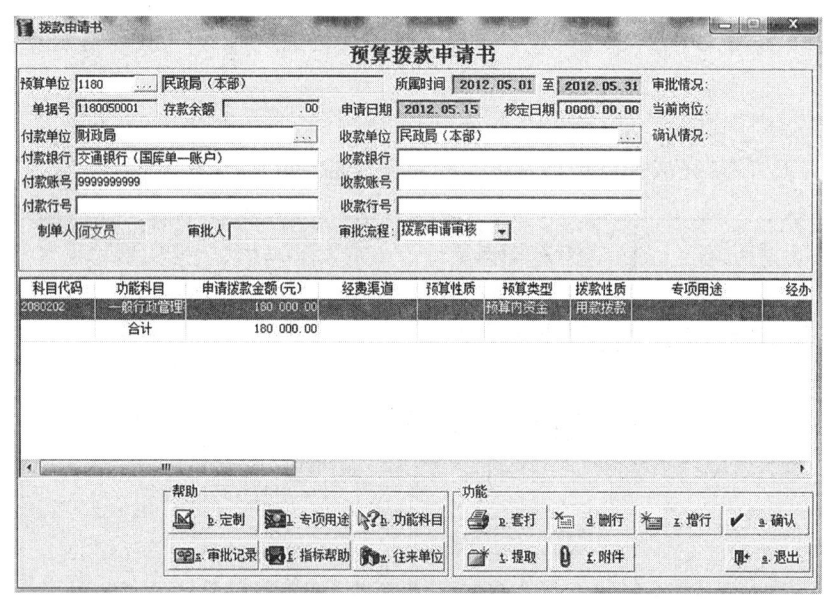

图2-3-28 预算拨款申请书

单击预算单位选择:"1180民政局";单击付款单位"……"按钮,选择"4.国库多账户选择",选中账户后单击"确认"。

单击功能科目选择:"2080202一般行政管理事务";输入金额:"180 000"。

单击预算类型:"0101预算内资金";单击指标来源:"03本年预算";单击经费类型:"13商品和服务支出";单击经济科目:"30219装备购置费"。

录入完毕,单击"确认",保存退出。

(3)由gkk002任经办对录入的拨款申请进行初次审核。更换操作员为任经办身份登录系统,进入软件的拨款管理系统。选择"拨款申请"菜单→"申请审批"→"单张审批",系统弹出条件筛选窗口,选择条件后单击"确认",系统打开待审批的"拨款申请书列表"窗口。如图2-3-29所示。

(4)在图2-3-29窗口单击"批复"进入"拨款申请书"的审核界面,如图2-3-30所示。

(5)在图2-3-30窗口单击"确认",系统弹出"审批意见"窗口,输入审批意见完成初步审批环节,如图2-3-31所示。

🕐 **注意**

系统弹出"单张审批"和"成批批复"两个菜单项。两个审批操作目的相同,但对于大量的需要审批的拨款申请,利用"成批批复"功能效率更高。

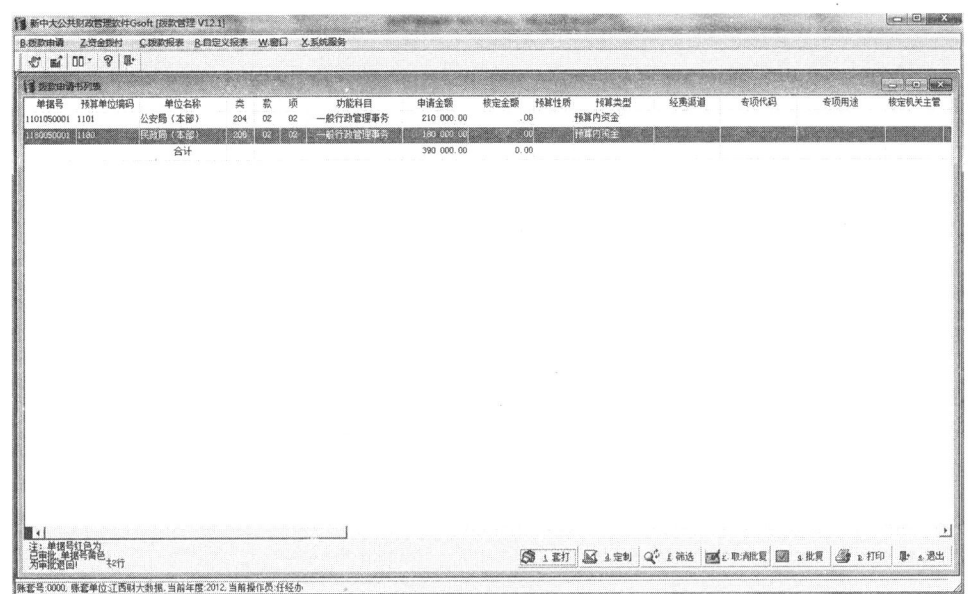

图 2-3-29　拨款申请书审批

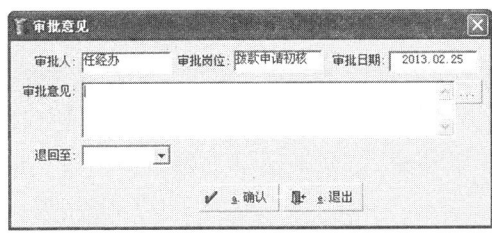

图 2-3-30　拨款申请书审核界面

图 2-3-31　审核意见窗口

（6）更换操作员，以 gkk001 王主管身份对录入的拨款申请进行复审，审批方法同上。

2. 拨款凭证录入

（1）以gkk004何文员身份登录系统，进入公共财政管理软件Gsoft[公共财政工作管理平台]。选择"系统菜单"→"支出管理"→"拨款管理"进入软件的拨款管理系统。

具体操作

（2）单击"资金拨付"→"资金拨付录入"→"申请单生成拨款凭证"弹出条件筛选窗口，选择条件后单击"确认"，弹出"拨款申请书列表"界面，如图2-3-32所示；选中需要生成凭证的申请单，单击"生成拨款凭证"，系统弹出"审批流程选择"，单击"确认"，出现图2-3-33界面。在该界面进行拨款凭证单据账户信息的录入。

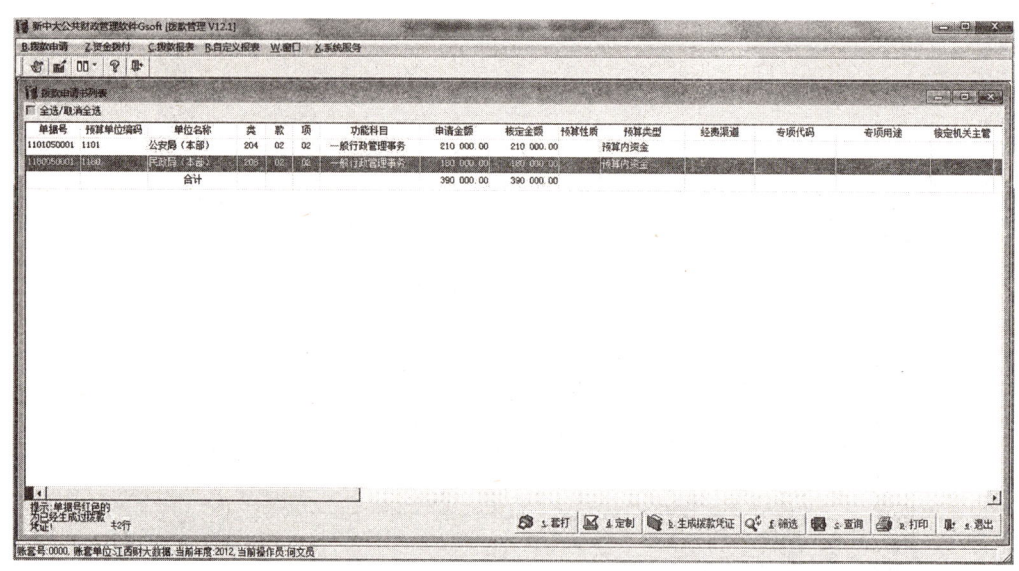

图 2-3-32　拨款申请书列表

在图2-3-33中，系统自带账号信息，直接单击"确认"，否则输入账号信息（如果基础设置里单位信息包含账号信息，这里会带出默认的账号信息）。系统提示"已生成1张拨款凭证，请审核！"，单击"确定"退出。

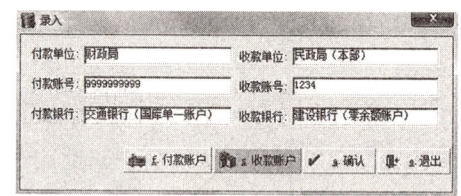

图 2-3-33　拨款凭证单据录入

（3）由gkk002任经办对录入的拨款凭证进行初次审核。更换操作员为任经办身份登录系统后，进入软件的拨款管理系统。选择"资金拨付"菜单→"资金拨付审批"→"单张审批"，系统弹出条件筛选窗口，选择条件后单击"确认"，系统打开待审批的"预算拨款凭证列表"窗口，如图2-3-34所示。

（4）在图2-3-34窗口选中需审批信息，单击"审批"进入"预算拨款凭证审批"审核界面，如图2-3-35所示。

（5）在图2-3-35窗口单击"审批"，完成初步审批环节。

🛇 注意

系统弹出"单张审批"和"成批审批"两个菜单项。两个审批操作目的相同，但对于大量的需要审批的拨款申请，利用"成批审批"功能效率更高。

（6）更换操作员，以gkk001王主管身份对录入的拨款凭证进行复审，审批方法同上。

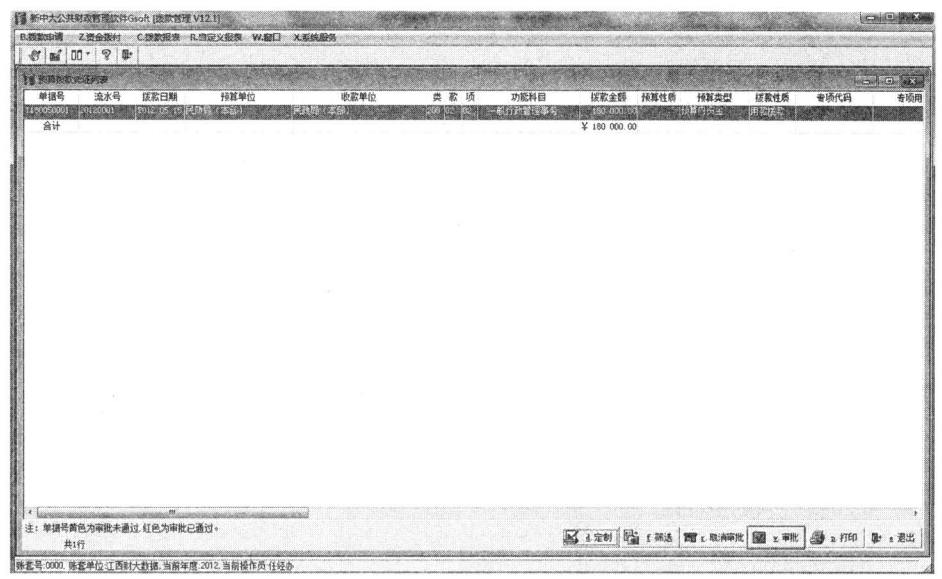

图 2-3-34　预算凭证拨款列表

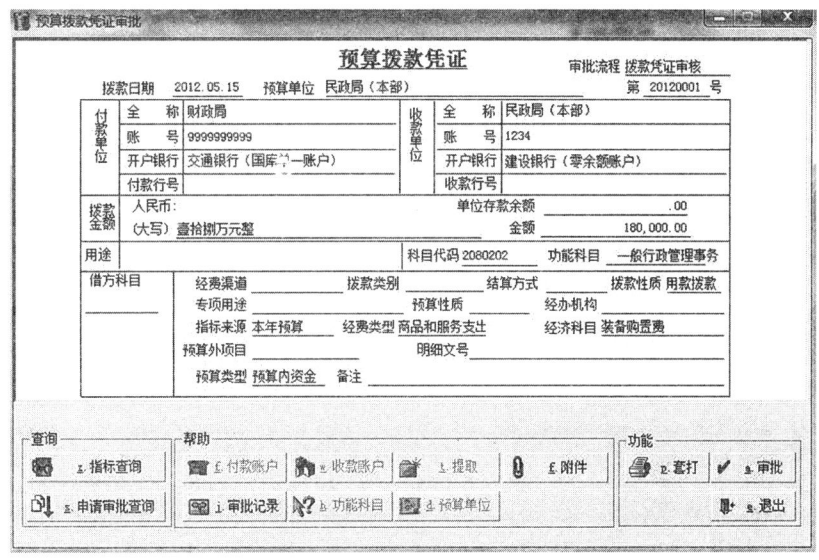

图 2-3-35　拨款凭证审核界面

3. 拨款凭证支付确认

（1）以 gkk001 王主管身份登录系统,进入公共财政管理软件 Gsoft[公共财政工作管理平台]。选择"系统菜单"→"支出管理"→"拨款管理"进入软件的拨款管理系统。

（2）选择"资金拨付"→"资金拨付支付确认"→"单张支付确认",弹出条件筛选窗口。选择条件后单击"确认",然后在弹出的"预算拨款凭证列表"界面,选中需要支付确认的拨款凭证,单击"支付确认",出现如图 2-3-36 界面。在该界面进行拨款凭证单据支付确认操作。

在图 2-3-36 中,单击"支付确认"按钮,出现如图 2-3-37 提示框,完成支付确认操作。

🕹 注意

系统弹出"单张支付确认"和"成批支付确认"两个菜单项。两个支付操作目的相同,但对于大量的需要支付的拨款凭证,利用"成批支付确认"功能效率更高。

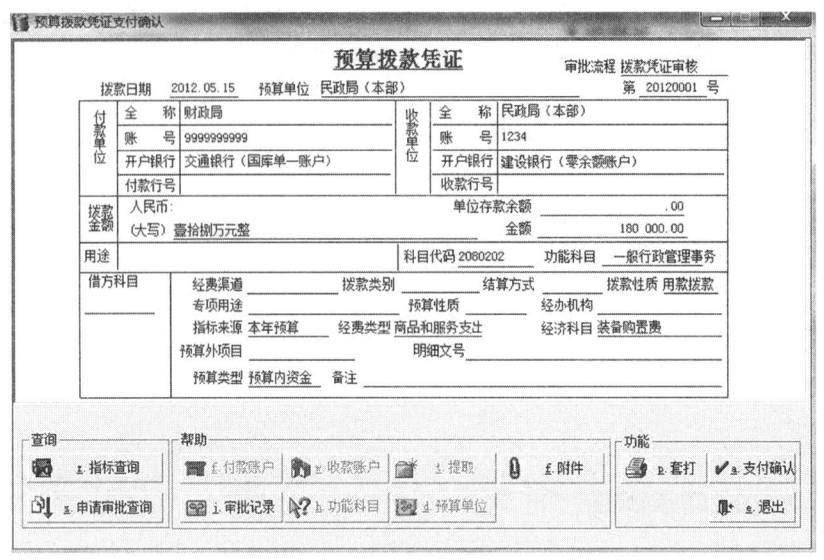

图 2-3-36　预算拨款凭证支付确认

4. 生成指标执行情况表

以下报表主要供老师监控学生实训模拟过程及查阅学生实训模拟结果,也可以作为学生成绩评定的依据。

系统注销后,以 gkk001 王主管身份进入公共财政管理软件 Gsoft[公共财政工作管理平台]。选择"系统菜单"→"支出管理"→"拨款管理"进入软件的拨款管理系统。

单击"拨款报表"→"5.拨款统计表"→"3.预算单位拨款情况表";如图 2-3-38 所示,系统将所有预算单位拨款情况罗列出来。

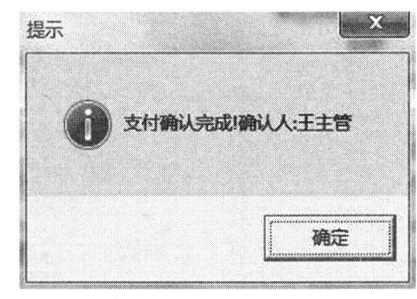

图 2-3-37　预算拨付支付确认

图 2-3-38　预算单位拨款情况表

5. 报表导出功能描述

如图 2-3-39 所示,单击"打印",系统弹出"打印准备"窗口。

单击"转换输出",系统弹出"窗口内容转换成文件"窗口,选中"Excel",勾选"文件头带列标题",单击"……"选择文件存放位置和手工输入文件名。单击"确认"完成报表导出,用户可以在设置的存放位置找到该文件,如图 2-3-40 所示。

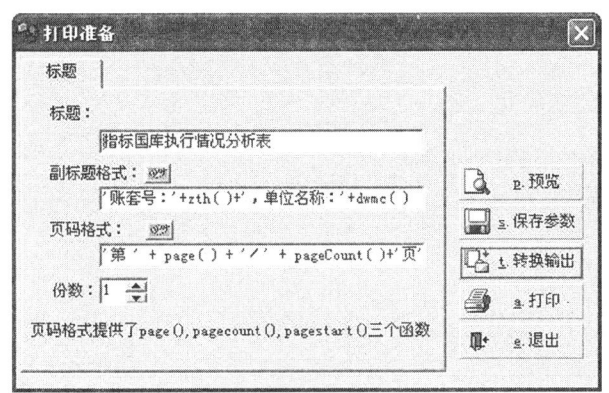
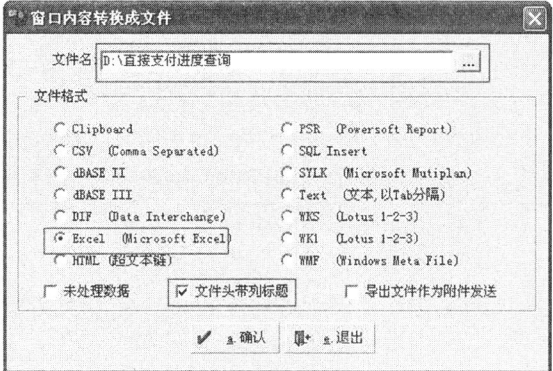

图 2-3-39 打印　　　　　　　　　　图 2-3-40 窗口内容转换成文件

三、国库集中支付

国库集中支付是指按照财政国库管理制度的要求,建立国库单一账户体系,所有财政性资金都纳入国库单一账户体系管理,收入直接缴入国库或财政专户,支出通过国库单一账户体系支付到商品和劳务供应者或用款单位。

国库集中支付系统将财政支付分为直接支付和授权支付两种方式,如图 2-3-41 所示。

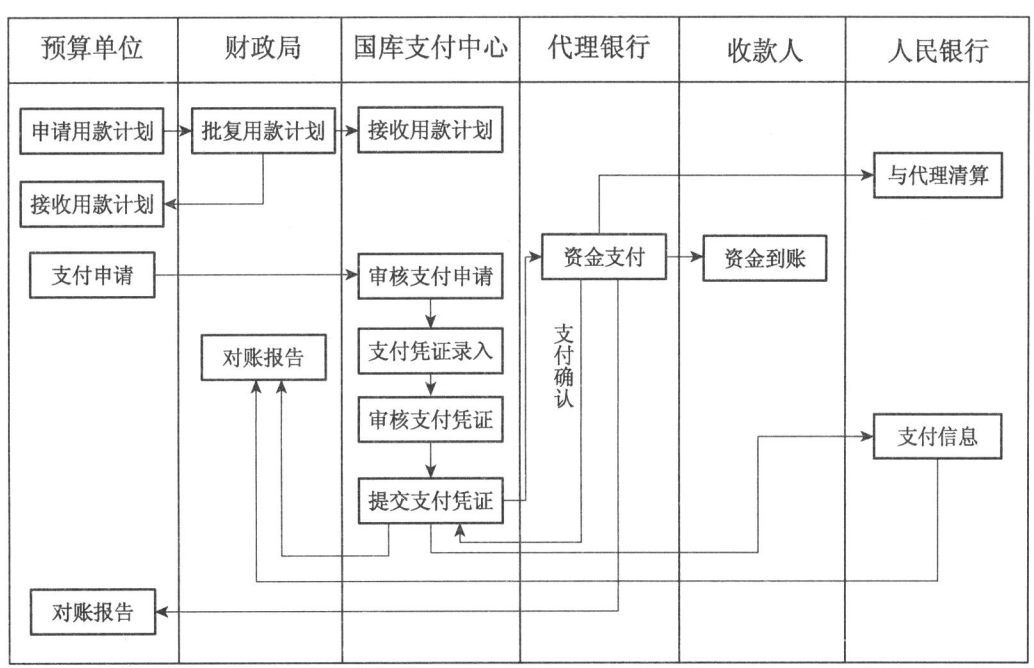

图 2-3-41 集中流程图

(一) 实训目的及要求

学生应了解政府集中支付业务流程、清算业务流程及其模式,并熟练掌握政府国库集中支付管理模块的软件系统操作。

(二) 实训内容

学生根据实训资料,完成软件直接支付、软件授权支付流程。

1. **直接支付**

流程关键节点说明:

(1)预算单位向财政局申请用款计划。

(2)财政局国库处(科)批复预算单位分月季度用款计划。

(3)预算单位向国库支付中心提出支付申请。

(4)国库支付中心审核支付申请并录入支付凭证。

(5)国库支付中心根据代理银行支付凭证回单支付确认。

(6)国库支付中心将支付信息提交人民银行。(清算凭证汇总单)

(7)国库支付中心与国库处(科)汇报预算执行情况。(预算单位财政集中支付情况明细表)

2. **授权支付**

流程关键节点说明:

(1)预算单位向财政局申请月度用款计划。

(2)国库中心将授权额度提交代理行及人民银行。(授权支付额度通知单)

(3)预算单位接收代理银行到账通知书。(下达额度查询表)

(4)预算单位在额度内填写支付凭证。

(5)国库中心定期向国库处(科)报送支付报告。(预算单位财政集中支付情况明细表)

(三)实训资料

以下是一笔单位支付从预算科用款计划制订、预算单位支付申请录入到支付中心支付业务、国库科与支付中心清算支付过程的业务信息,作为实训课程练习备用。

预算科根据公安局全年预算指标情况,为公安局发放工资 90 000 元,定为直接支付方式。

功能科目:2040299 其他公安支出。

经济科目:30101 基本工资。

经费类型:11 工资福利支出。

指标来源:03 本年预算。

预算类型:0101 预算内资金。

经办机构:预算科。

用途:工资发放。

因公安局工资需按时发放,现特向财政局预算科提出支付申请,申请金额为 90 000 元。

预算科根据公安局全年预算指标情况,为公安局制定下月用款计划 60 000 元,定为授权支付方式。

功能科目:2040202 一般行政管理事务。

预算类型:0101 预算内资金。

指标来源:03 本年预算。

经费类型:13 商品和服务支出。

经济科目:30219 装备购置费。

公安局为日常办公需要,现需采购警务装备 30 套。每套警务装备的市场价为 2 000 元,特向财政局预算科提出支付申请,申请金额为 60 000 元。

财政局经过审批,认为采购数量合理,同意让支付中心以授权方式支付。

公安局采购装备之后,将报销凭证给予支付中心,支付中心受理该支付需求,以授权支付方式将该笔采购给予报销,金额总数为:60 000 元。

当天下午 5 点支付中心停止当天支付业务,将当天的所有支付业务,包括直接支付和授权支付的业务全部生成清算凭证,用于与国库科进行本日支付业务清算比较。

(四) 实训指导一：直接支付

1. 用款计划的录入及审批

(1) 以 gkk004 何文员身份登录系统，进入公共财政管理软件 Gsoft[公共财政工作管理平台]。选择"系统菜单"→"支出管理"→"国库集中支付"进入软件的国库集中支付系统。

💫 **注意**

用款计划也可以由预算单位完成。

(2) 选择"用款计划"菜单→"计划录入"→"计划录入"，在图 2-3-42 界面上为各预算单位制订并录入用款计划。

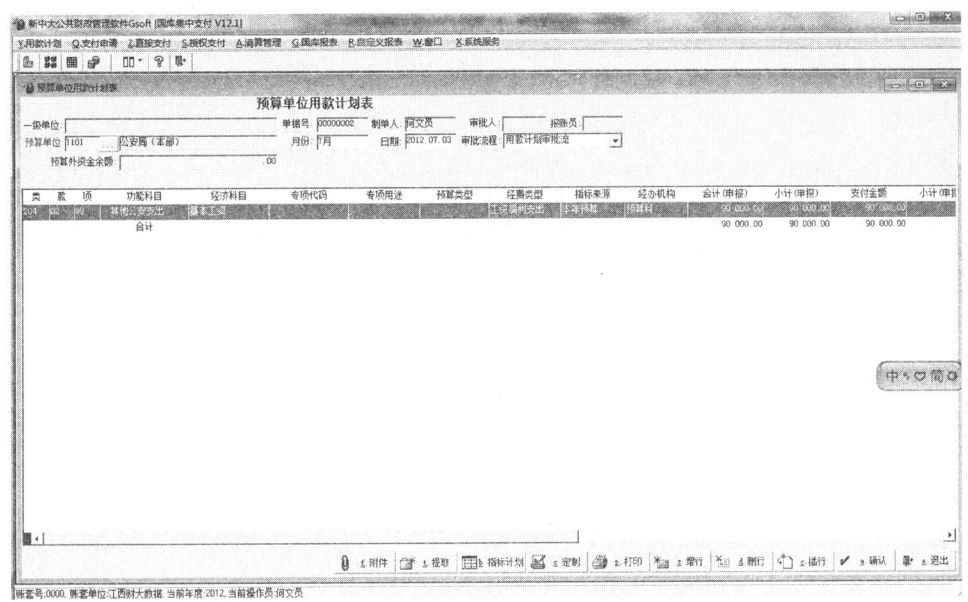

图 2-3-42 用款计划录入

具体操作 1

单击预算单位选择："1100 公安局(本部)"，单击"增行"。

单击功能科目选择："2040299 其他公安支出"；单击经济科目选择："30101 基本工资"；单击预算类型："0101 预算内资金"；单击经费类型选择："11 工资福利支出"；单击指标来源选择："03 本年预算"；单击经办机构选择："预算科"；手工输入工资统发金额："90 000"。

录入完毕，单击"确认"，保存退出。

(3) 由 gkk002 任经办对录入的用款计划进行初次审核。更换操作员为任经办身份登录系统，进入软件的国库集中支付系统。选择"用款计划"菜单→"计划审批"→"单张审批"，系统弹出条件筛选窗口，选择条件后单击"确认"，系统打开刚录入的待审批的"预算单位用款计划表"窗口，如图 2-3-43 所示。

(4) 在图 2-3-43 窗口单击"计划审批"弹出"审批意见"的界面，如图 2-3-44 所示。

(5) 在图 2-3-44 窗口输入审批意见，然后单击"确认"，完成初步审批环节。

💫 **注意**

系统弹出"单张审批"和"成批审批"两个菜单项。两个审批操作目的相同，但对于大量的需要审批的拨款申请，利用"成批审批"功能效率更高。

(6) 更换操作员，以 gkk001 王主管身份对录入的用款计划进行复审，审批方法同上。

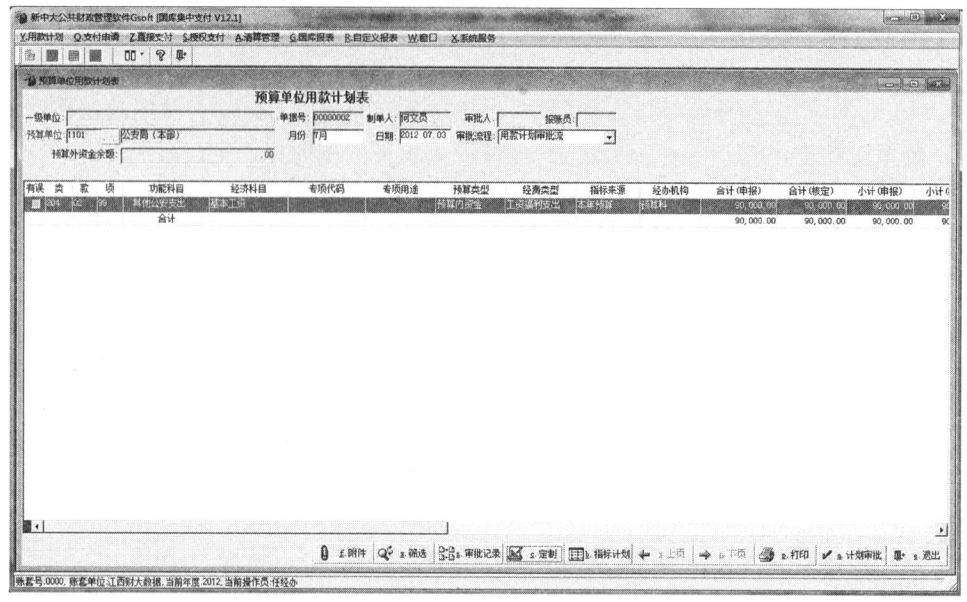

图 2-3-43　预算单位用款计划审批

2. 支付申请的录入及审批

（1）以 gkk004 何文员身份登录系统，进入公共财政管理软件 Gsoft〔公共财政工作管理平台。选择"系统菜单"→"支出管理"→"国库集中支付"进入软件的国库集中支付系统。

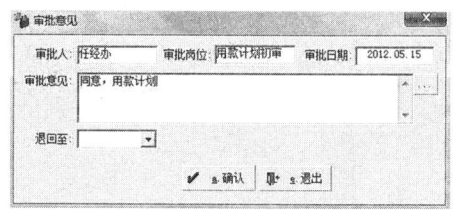

图 2-3-44　审批意见窗口

💁 **注意**

支付申请也可以由预算单位完成。

（2）选择"支付申请"菜单→"申请书录入"→"申请书录入"，在图 2-3-45 界面上为预算单位填写支付申请。

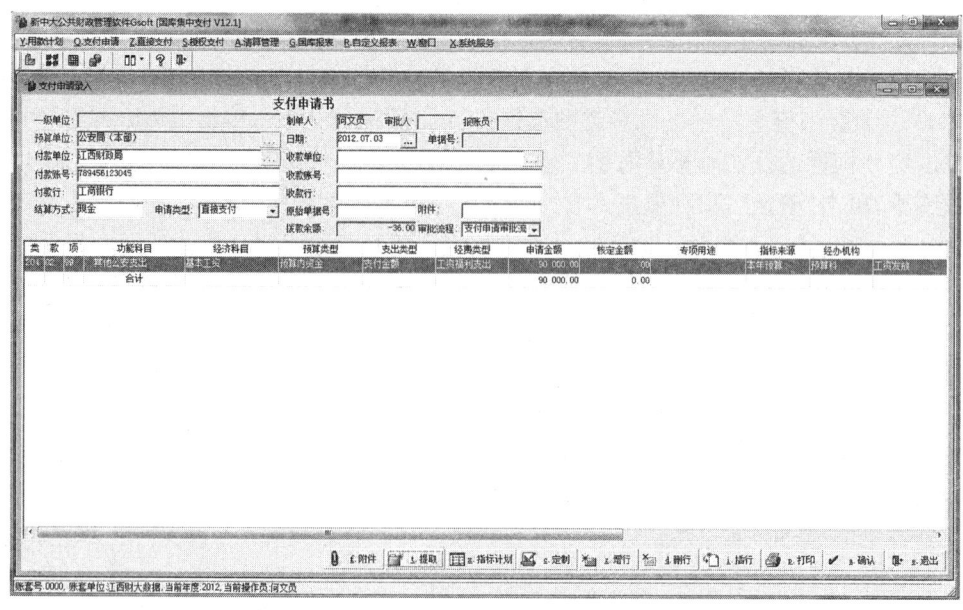

图 2-3-45　直接支付申请书录入

具体操作 2

在图 2-3-45 中，单击预算单位选择："1100 公安局（本部）"，单击"提取"选择"提取自用款计划"，弹出条件筛选窗口，选择条件后单击"确认"，系统弹出"预算单位用款计划列表"，选中刚才录入的用款计划，再单击"选择"按钮，系统即把刚才录入的用款计划信息带到支付申请书界面。

单击收款单位"..."按钮，选择"2. 预算单位"，单击"确认"录入完毕，单击"确认"，保存退出。

（3）以 gkk002 任经办对录入的支付申请进行初次审核。更换操作员为任经办身份登录系统，进入软件的国库集中支付系统。选择"申请书审批"菜单→"逐张审批"，系统弹出条件筛选窗口，选择条件后单击"确认"，系统打开刚录入的待审批的"支付申请审批"窗口，如图 2-3-46 所示。

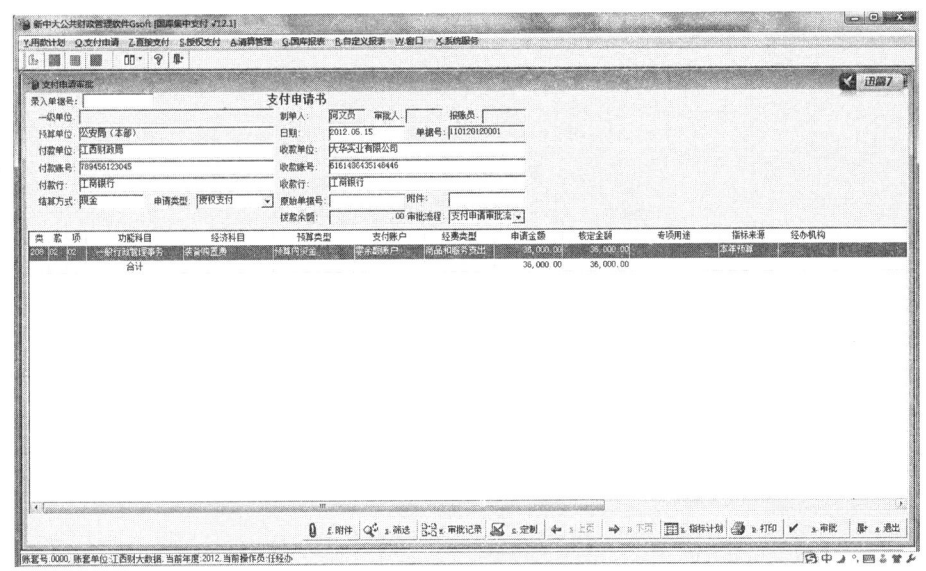

图 2-3-46　直接支付申请审批

（4）在图 2-3-46 窗口单击"审批"弹出"审批意见"的界面，如图 2-3-47 所示。

（5）在图 2-3-47 窗口单击"确认"，完成初步审批环节。

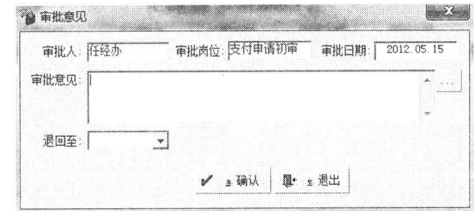

图 2-3-47　审批意见窗口

⊛ **注意**

系统弹出"逐张审批"和"成批审批"两个菜单项。两个审批操作目的相同，但对于大量的需要审批的拨款申请，利用"成批审批"功能效率更高。

（6）更换操作员，以 gkk001 王主管的身份对录入的支付申请进行复审，审批方法同上。

3. 直接支付凭证的录入及审批

（1）以 gkk004 何文员身份登录系统，进入公共财政管理软件 Gsoft［公共财政工作管理平台］。选择"系统菜单"→"支出管理"→"国库集中支付"进入软件的国库集中支付系统。

（2）选择"直接支付"菜单→"凭证录入"→"凭证录入"，出现如图 2-3-48 界面。在该界面为预算单位填写用于支付的支付凭证。

具体操作 3

在图 2-3-48 中，单击"提取"选择"1. 取自支付申请"，弹出"条件选择"窗口，单击"确认"，出现如图 2-3-49 所示的"选择单据"列表。

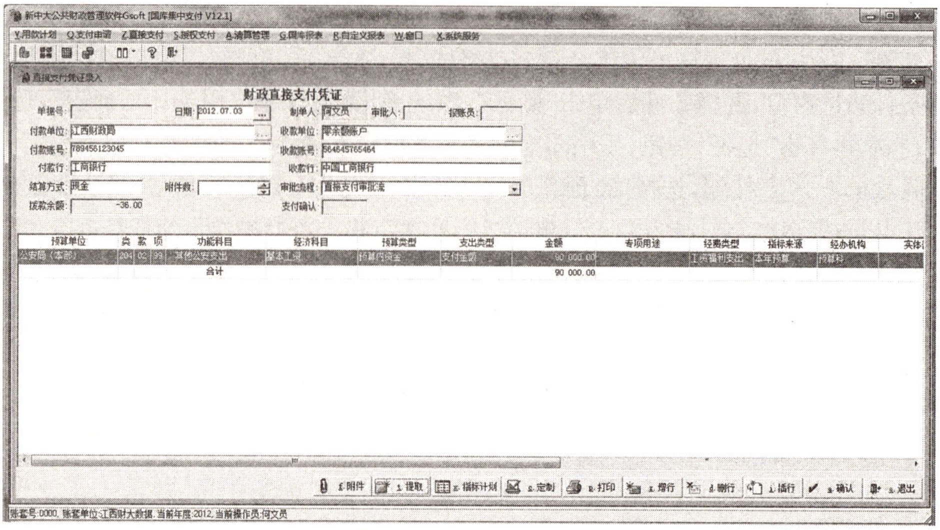

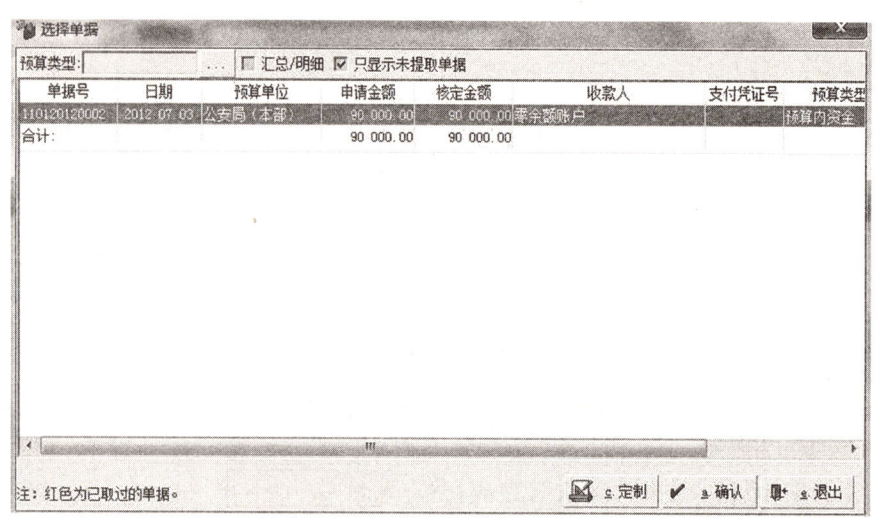

图 2-3-48　财政直接支付凭证录入

图 2-3-49　条件窗口选择

选中刚才录入的支付申请,再单击"确认"按钮,系统将支付申请信息带到直接支付界面。

录入完毕,单击"确认",保存退出。

(3) 由 gkk002 任经办对录入的直接支付进行初次审核。更换操作员为任经办身份登录系统,进入软件的国库集中支付系统。选择"直接支付"菜单→"凭证审核"→"逐张审批",系统弹出条件筛选窗口,选择条件后单击"确认",系统打开刚录入的待审批的"直接支付凭证审批"窗口,如图 2-3-50 所示。

(4) 在图 2-3-50 窗口单击"凭证审批"弹出"审批意见"的界面,如图 2-3-51 所示。

(5) 在图 2-3-51 窗口单击"确认",完成初步审批环节。

😊 注意

系统弹出"逐张审批"和"成批审批"两个菜单项。两个审批操作目的相同,但对于大量的需要审批的拨款申请,利用"成批审批"功能效率更高。

(6) 更换操作员,以 gkk001 王主管身份对录入的直接支付进行复审,审批方法同上。

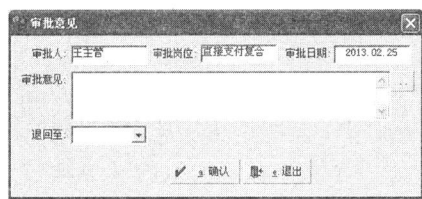

图 2-3-50　直接支付凭证审批

4. 直接支付凭证的支付确认

由 gkk001 王主管对录入的直接支付进行单位支付确认,同时也包括银行的支付确认操作。

(1) 更换操作员为王主管身份登录系统,进入软件的国库集中支付系统。选择"直接支付"菜单→"支付确认"→"单张支付确认",系统弹出条件筛选窗口,选择条件后单击"确认",系统打开刚审核完毕的待确认的"直接支付凭证支付确认"窗口,如图 2-3-52 所示。

图 2-3-51　审批意见窗口

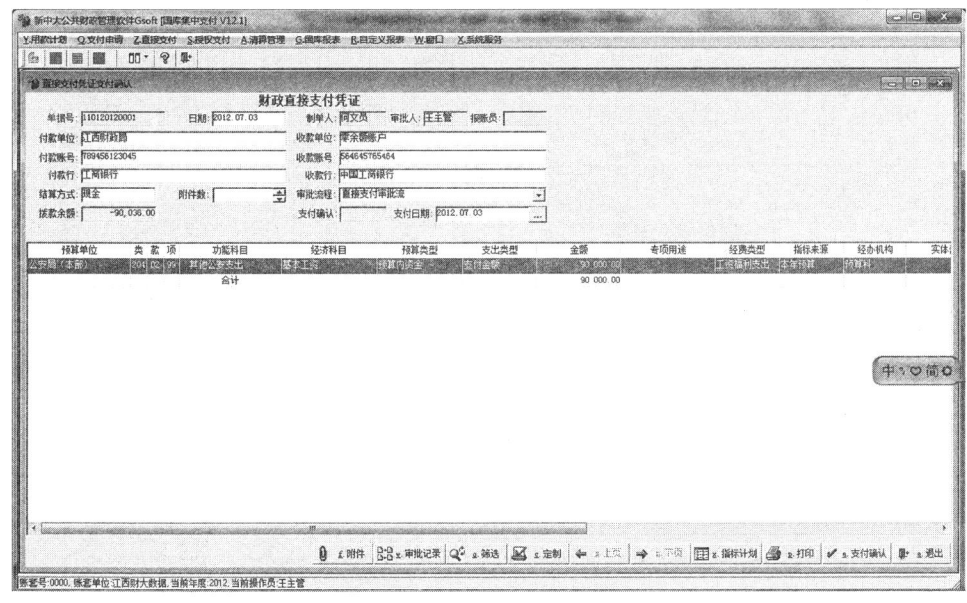

图 2-3-52　财政直接支付凭证确认

在图 2-3-52 窗口,单击"支付确认",完成对该笔直接支付业务的单位支付确认工作。

（2）选择"直接支付"菜单→"银行确认"→"支付确认"，系统弹出条件筛选窗口，选择条件后单击"确认"，系统打开刚单位确认完毕的待银行确认的"直接支付凭证银行支付确认"窗口，如图 2-3-53。

图 2-3-53　直接支付凭证银行支付确认

在图 2-3-53 中，选择好刚才单位支付确认的那条直接支付凭证，再单击"支付确认"，系统提示：银行支付确认成功！即完成该笔直接支付凭证的银行支付确认操作。

5. 清算凭证的录入及审批

（1）以 gkk004 何文员身份登录系统，进入公共财政管理软件 Gsoft［公共财政工作管理平台］。选择"系统菜单"→"支出管理"→"国库集中支付"进入软件的国库集中支付系统。

（2）选择"清算管理"菜单→"凭证录入"，出现图 2-3-54 界面。在该界面录入国库科与支付中心对账用的支付清算凭证。

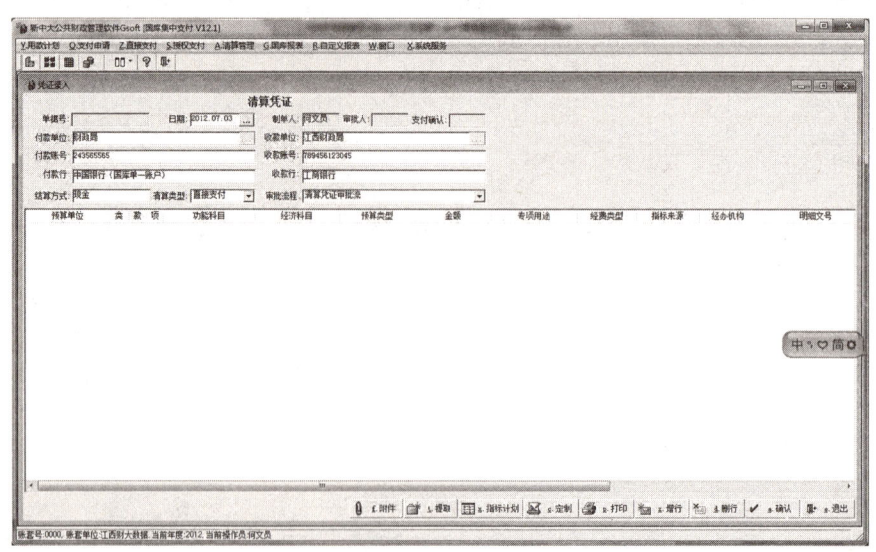

图 2-3-54　支付清算凭证录入

在图 2-3-54 中，单击付款单位后的"..."按钮，选择"中国人民银行"，单击"提取"选择"1. 取自直接支付凭证",弹出条件筛选窗口,如图 2-3-55 所示。

在图 2-3-55 中,将支出凭证和支付确认对应选项改为:全部,单击"确认",出现如图 2-3-56 所示的"选择单据"列表。先钩上 ☑ 显示银行确认单据 ,选中刚才确认的直接支付凭证,再单击"确认"按钮,系统即把刚才录入的直接支付凭证信息带到清算凭证界面。

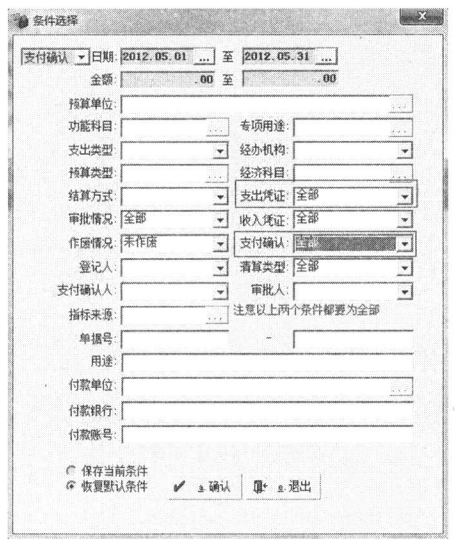

图 2-3-55　提取直接支付条件筛选窗口

图 2-3-56　单据选择窗口

录入完毕,单击"确认",保存退出。

(3)由 gkk002 任经办对录入的清算凭证进行初次审核。更换操作员为任经办身份登录系统,进入软件的国库集中支付系统。选择"清算管理"菜单→"凭证审核"→"逐张审批",系统弹出条件筛选窗口,选择条件后单击"确认",系统打开刚录入的待审批的"清算凭证审批"窗口,如图 2-3-57 所示。

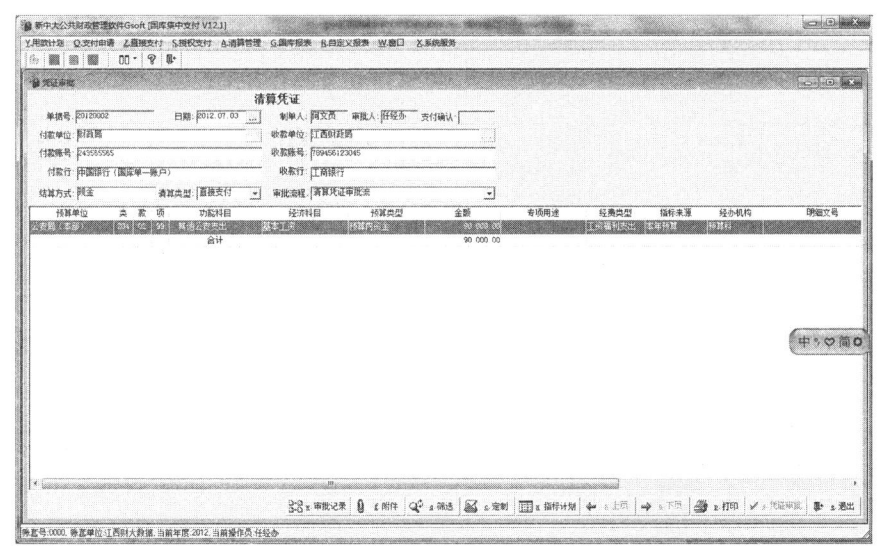

图 2-3-57　清算凭证审窗口

(4)在图 2-3-57 窗口单击"凭证审批"弹出"审批意见"的界面,如图 2-3-58 所示。

（5）在图 2-3-58 窗口单击"确认"，完成初步审批环节。

注意

系统弹出"逐张审批"和"成批审批"两个菜单项。两个审批操作目的相同，但对于大量的需要审批的拨款申请，利用"成批审批"功能效率更高。

（6）更换操作员，以 gkk001 王主管的身份对录入的清算凭证进行复审，审批方法同上。

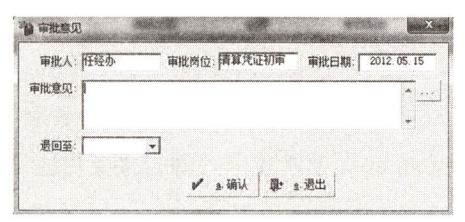

图 2-3-58　审批意见窗口

6. 清算凭证的支付确认

由 gkk001 王主管对录入的当天或一段时间内的清算凭证进行最终支付确认，更换操作员为王主管身份登录系统，进入软件的国库集中支付系统。选择"清算管理"菜单→"支付确认"，系统弹出条件筛选窗口，选择条件后单击"确认"，系统打开刚审核完毕的待确认的"清算凭证支付确认"窗口，如图 2-3-59 所示。

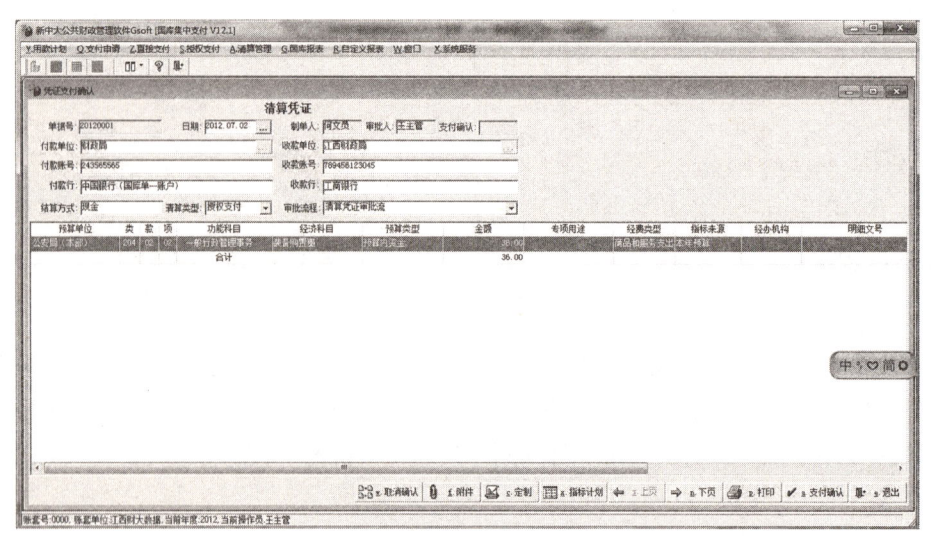

图 2-3-59　清算凭证支付确认

在图 2-3-59 窗口，单击"支付确认"，完成对清算业务的支付确认工作。

7. 直接支付执行情况表

以下报表主要供老师监控学生实训模拟过程及查阅学生实训模拟结果，也可以作为学生成绩评定的依据。

系统注销后，以 gkk001 王主管身份进入公共财政管理软件 Gsoft［公共财政工作管理平台］。选择"系统菜单"→"支出管理"→"国库集中支付"进入软件的国库集中支付系统。

1）直接支付进度查询

单击"国库报表"→"8. 指标国库执行情况分析表"，如图 2-3-60 所示，弹出"条件选择"窗口，在自定义方案选中"直接支付进度查询"。单击

图 2-3-60　条件选择

"确认",系统将所有直接支付情况罗列出来,如图 2-3-61 所示。此表主要展示的是直接支付情况表。

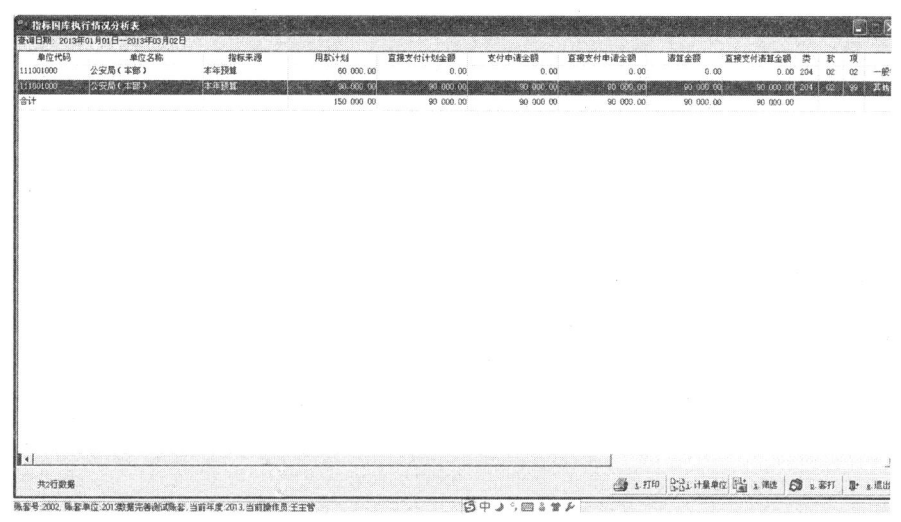

图 2-3-61　指标国库执行情况分析表

8. 报表导出功能描述

如图 2-3-61 所示,单击"打印",系统弹出"打印准备"窗口,如图 2-3-62 所示。

在图 2-3-62 界面,单击"转换输出",系统弹出"窗口内容转换成文件"窗口,如图 2-3-63 所示。选中"Excel",勾选"文件头带列标题",单击"..."选择文件存放位置和手工输入文件名。单击"确认"完成报表导出,用户可以在设置的存放位置找到该文件。

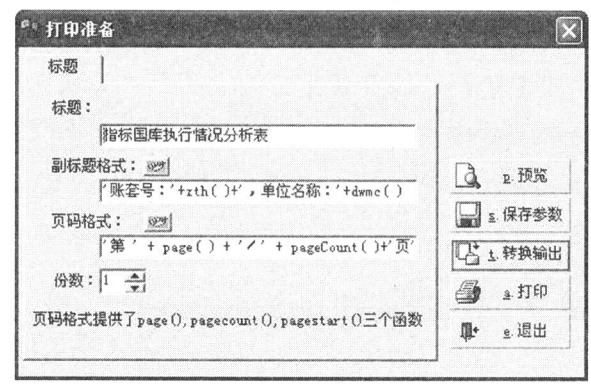

图 2-3-62　打印准备界面

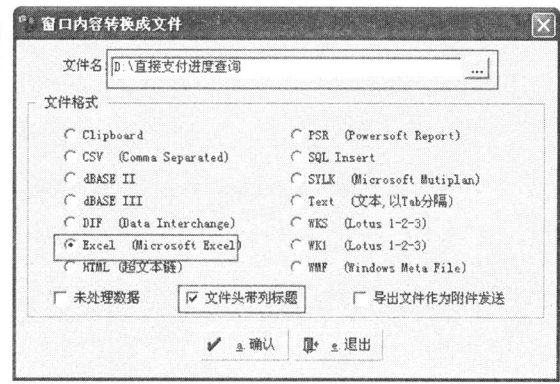

图 2-3-63　窗口内容转换文件

（五）实训指导二:授权支付

1. 用款计划的录入及审批

（1）以 gkk004 何文员身份登录系统,进入公共财政管理软件 Gsoft［公共财政工作管理平台］。选择"系统菜单"→"支出管理"→"国库集中支付"进入软件的国库集中支付系统。

⌚ **注意**

用款计划也可以由预算单位完成。

（2）选择"用款计划"菜单→"计划录入"→"计划录入",出现如图 2-3-64 界面。在该界面为各预算单位制订并录入用款计划。

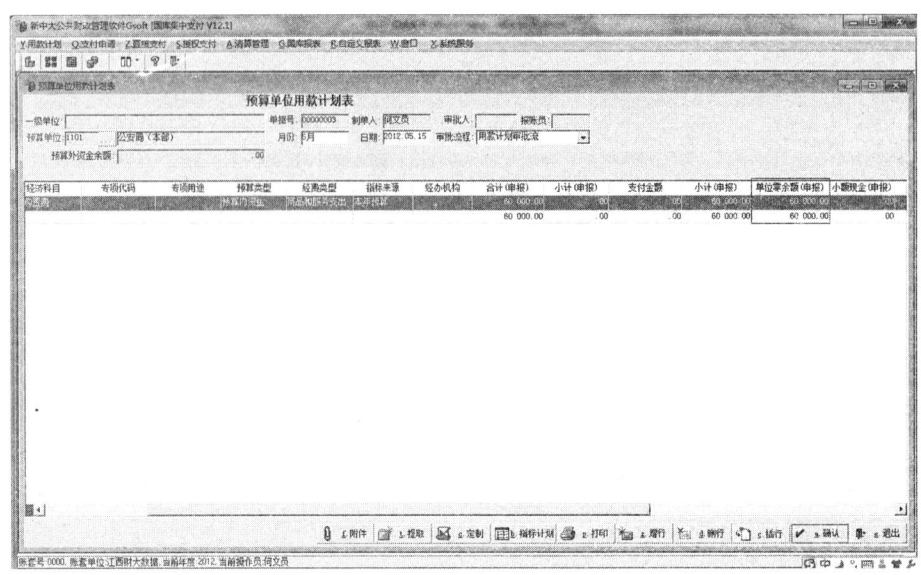

图 2-3-64　用款计划录入

具体操作 1

单击预算单位选择:"1100 公安局(本部)",单击"增行"。

单击功能科目选择:"2040202 一般行政管理事务";单击经济科目选择:"30219 装备购置费";单击预算类型:"0101 预算内资金";单击经费类型选择:"13 商品和服务支出";单击指标来源选择:"03 本年预算";单击经办机构选择:"预算科";手工输入单位零余额(申报):"60 000"元。

录入完毕,单击"确认",保存退出。

(3) 由 gkk002 任经办对录入的用款计划进行初次审核。更换操作员为任经办身份登录系统,进入软件的国库集中支付系统。选择"用款计划"菜单→"计划审批"→"单张审批",系统弹出条件筛选窗口,选择条件后单击"确认",系统打开刚录入的待审批的"预算单位用款计划表"窗口,如图 2-3-64 所示。

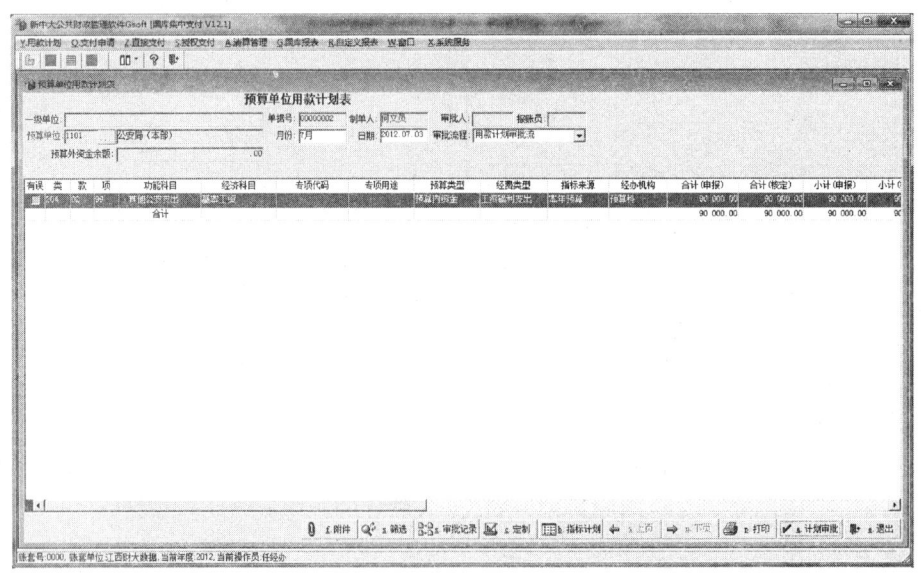

图 2-3-64　预算单位用款计划审批

(4) 在图 2-3-64 窗口,单击"计划审批"弹出"审批意见"界面,如图 2-3-65 所示。

（5）在图 2-3-66 窗口，单击"确认"，完成初步审批环节。

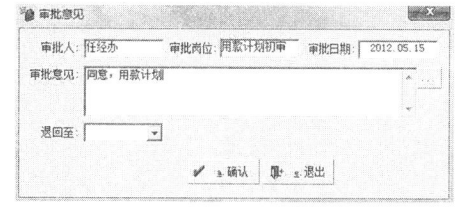

图 2-3-65　审批意见窗口

😊 **注意**

系统弹出"单张审批"和"成批审批"两个菜单项。两个审批操作目的相同，但对于大量的需要审批的拨款申请，利用"成批审批"功能效率更高。

（6）更换操作员，以 gkk001 王主管的身份对录入的用款计划进行复审，审批方法同上。

2. 支付申请的录入及审批

（1）以 gkk004 何文员身份登录系统，进入公共财政管理软件 Gsoft[公共财政工作管理平台]。选择"系统菜单"→"支出管理"→"国库集中支付"进入软件的国库集中支付系统。

😊 **注意**

支付申请也可以由预算单位完成。

（2）选择"支付申请"菜单→"申请书录入"→"申请书录入"，在图 2-3-67 界面上为预算单位填写支付申请。

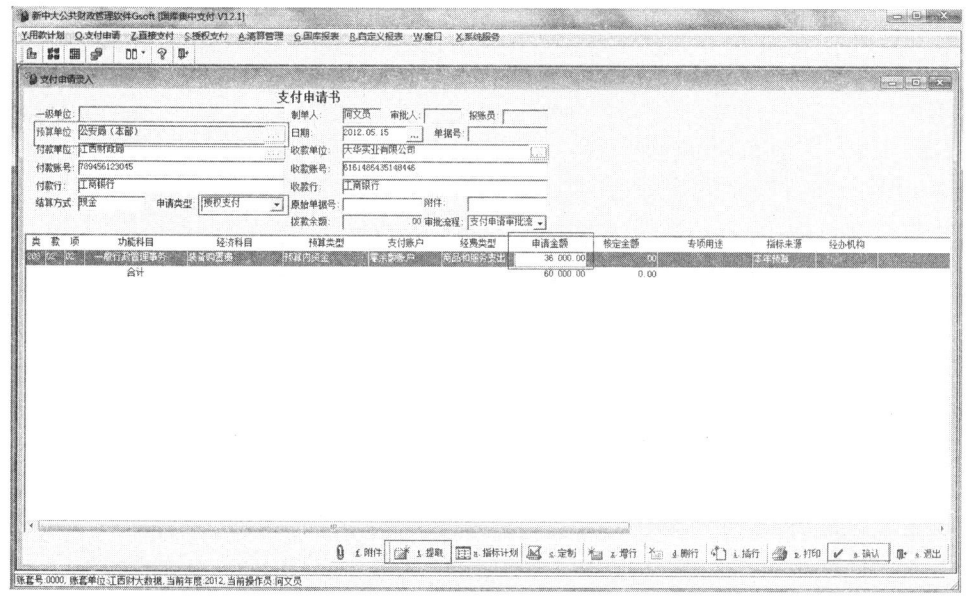

图 2-3-67　授权支付申请书录入

具体操作 2

在图 2-3-67 中，单击预算单位选择："1101 公安局"，将申请类型改为："授权支付"；单击"提取"选择"提取自用款计划"，弹出条件筛选窗口，选择条件后单击"确认"，系统弹出"预算单位用款计划列表"，选中刚才录入的用款计划，再单击"选择"按钮，系统即把刚才录入的用款计划信息带到支付申请书界面。

单击收款单位"□□"按钮，选择"1. 往来单位"，在弹出的往来单位选择中，选中"大华实业有限公司"，单击"确认"录入完毕，单击"确认"，保存退出。

（3）由 gkk002 任经办对录入的支付申请进行初次审核。更换操作员为任经办身份登录系统，进入软件的国库集中支付系统。选择"申请书审批"菜单→"逐张审批"，系统弹出条件筛选窗口，选择条件后单击"确认"，系统打开刚录入的待审批的"支付申请审批"窗口，如图 2-3-68 所示。

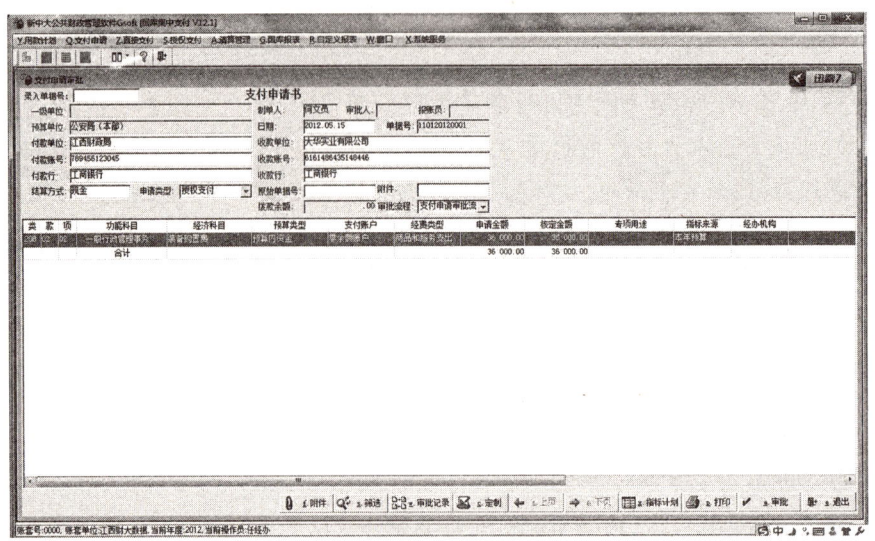

图 2-3-68　授权支付申请审批

（4）在图 2-3-68 窗口，单击"审批"弹出"审批意见"界面，如图 2-3-69 所示。

（5）在图 2-3-69 窗口，单击"确认"，完成初步审批环节。

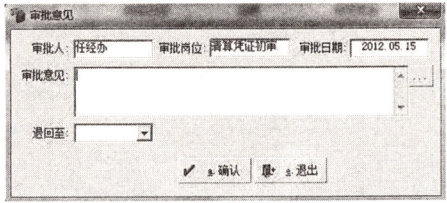

图 2-3-69　审批意见窗口

⚙ 注意

系统弹出"逐张审批"和"成批审批"两个菜单项。两个审批操作目的相同，但对于大量的需要审批的拨款申请，利用"成批审批"功能效率更高。

（6）更换操作员，以 gkk001 王主管的身份对录入的支付申请进行复审，审批方法同上。

3. 授权支付凭证的录入及审批

（1）以 gkk001 何文员身份登录系统，进入公共财政管理软件 Gsoft[公共财政工作管理平台。选择"系统菜单"→"支出管理"→"国库集中支付"进入软件的国库集中支付系统。

（2）选择"授权支付"菜单→"凭证录入"→"凭证录入"，出现图 2-3-70 界面。在该界面为预算单位填写用于支付的支付凭证。

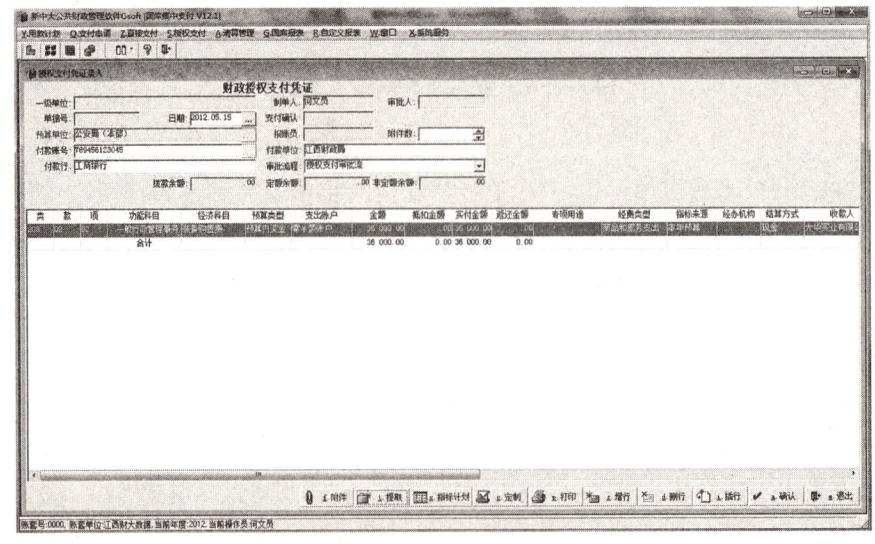

图 2-3-70　财政授权支付凭证录入

具体操作 3

在图 2-3-70 中,单击预算单位后"⋯"按钮选择"1101 公安局";单击"提取"选择"提取自支付申请",弹出"条件选择"条件窗口,选定日期查询期间后单击"确认",出现如图2-3-71 所示的"选择单据"列表。选中录入的授权支付申请,再单击"确认"按钮,系统即把刚才录入的支付申请信息带到"授权支付凭证录入"界面。

录入完毕,单击"确认",保存退出。

(3) 由 gkk002 任经办对录入的授权支付进行初次审核。更换操作员为

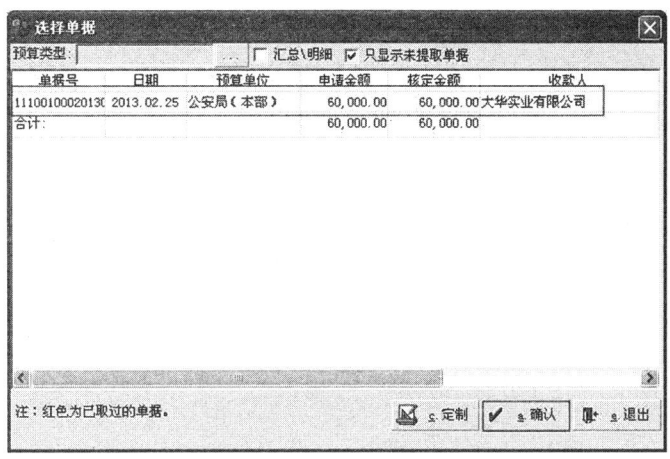

图 2-3-71　条件窗口选择

任经办身份登录系统,进入软件的国库集中支付系统。选择"授权支付"菜单→"凭证审核"→"逐张审批",系统弹出条件筛选窗口,选择条件后单击"确认",系统打开刚录入的待审批的"授权支付凭证审批"窗口,如图 2-3-72 所示。

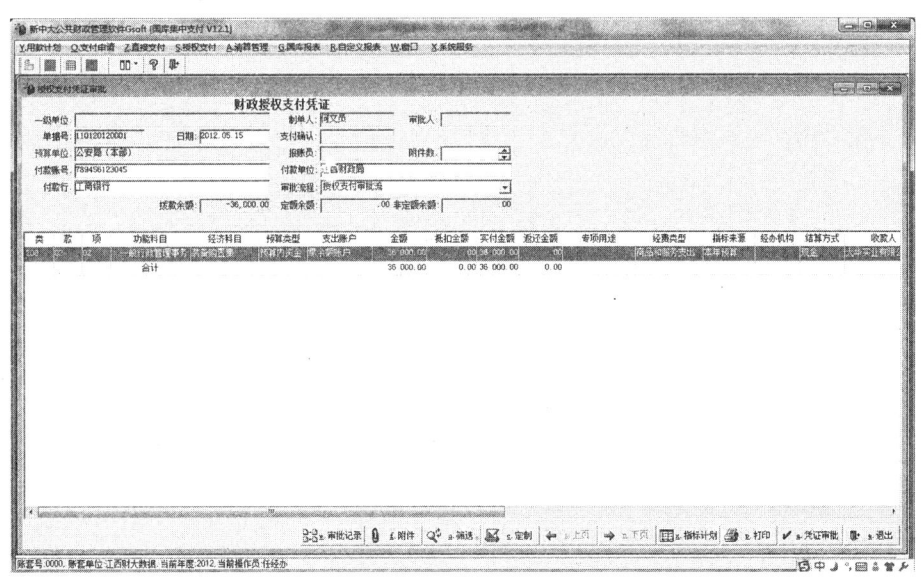

图 2-3-72　授权支付凭证审批

(4) 在图 2-3-72 窗口,单击"凭证审批"弹出"审批意见"的界面,如图 2-3-73 所示。

(5) 在图 2-3-73 窗口,单击"确认",完成初步审批环节。

注意

系统弹出"逐张审批"和"成批审批"两个菜单项。两个审批操作目的相同,但对于大量的需要审批的拨款申请,利用"成批审批"功能效率更高。

(6) 更换操作员,以 gkk001 王主管身份对录入的授权支付进行复审,审批方法同上。

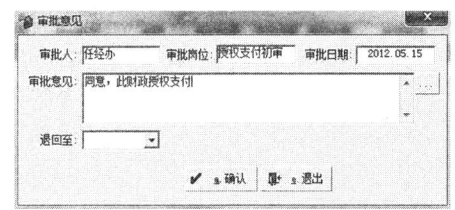

图 2-3-73　审批意见窗口

4. 授权支付凭证的支付确认

由 gkk001 王主管对录入的授权支付进行单位支付确认,同时也包括银行的支付确认操作。

(1) 更换操作员为王主管身份登录系统,进入软件的国库集中支付系统。选择"授权支付"菜单→"支付确认"→"单张支付确认",系统弹出条件筛选窗口,选择条件后单击"确认",系统打开刚审核完毕的待确认的"授权支付凭证支付确认"窗口,如图 2-3-74 所示。

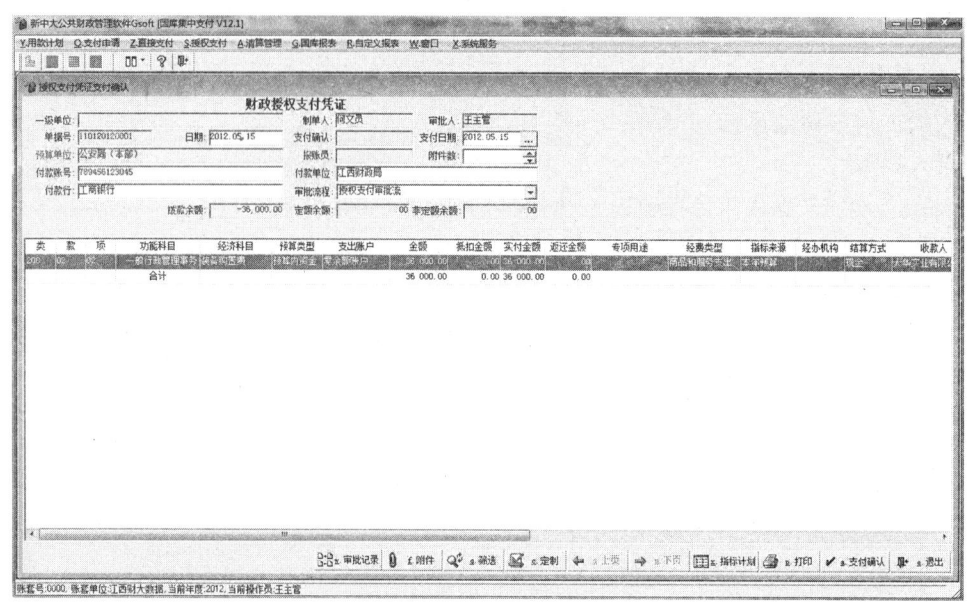

图 2-3-74　财政授权支付凭证确认

在图 2-3-74 窗口,单击"支付确认",完成对该笔授权支付业务的单位支付确认工作。

(2) 选择"授权支付"菜单→"银行确认"→"支付确认",系统弹出条件筛选窗口,选择条件后单击"确认",系统打开刚单位确认完毕的待银行确认的"授权支付凭证银行支付确认"窗口,如图 2-3-75 所示。

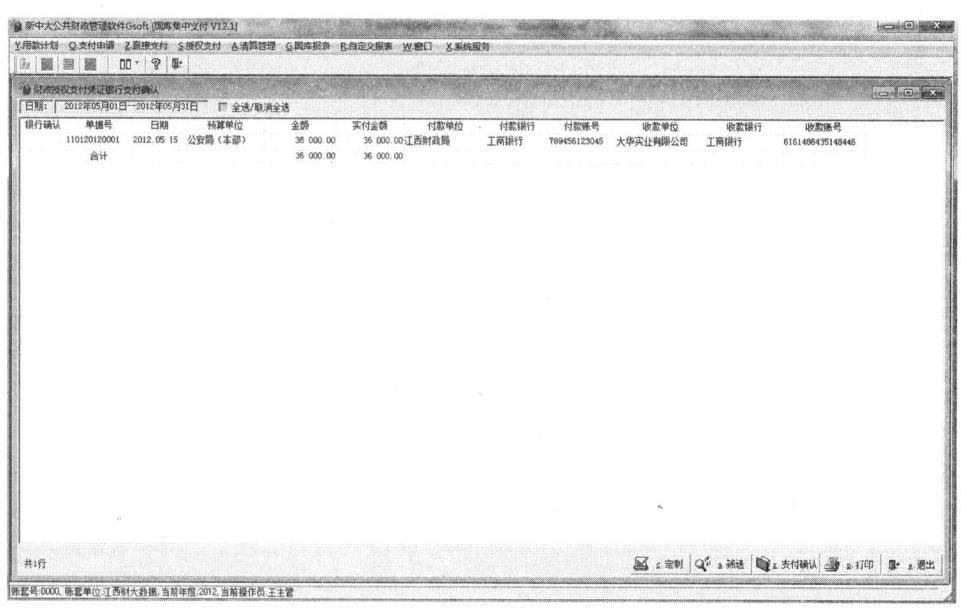

图 2-3-75　授权支付凭证银行支付确认

在图 2-3-75 中,选中刚才单位支付确认的那条授权支付凭证,再单击"支付确认",系统提示:"银行支付确认成功!"即完成该笔授权支付凭证的银行支付确认操作。

5. 清算凭证的录入及审批

(1) 以 gkk004 何文员身份登录系统,进入公共财政管理软件 Gsoft[公共财政工作管理平台]。选择"系统菜单"→"支出管理"→"国库集中支付"进入软件的国库集中支付系统。

(2) 选择"清算管理"菜单→"凭证录入",出图 2-3-76 界面。在该界面填写录入国库科与支付中心对账用的支付清算凭证。

图 2-3-76 支付清算凭证录入

在图 2-3-76 中,单击"提取"选择"提取自授权支付凭证",弹出条件筛选窗口,如图 2-3-77 所示。

在图 2-3-77 中,将支出凭证和支付确认对应选项改为:"全部",单击"确认",出现如图 2-3-78 所示的"选择单据"列表。先勾上 ☑ 显示银行确认单据 ,选择刚才确认的授权支付凭证,再单击"确认"按钮,系统即把刚才录入的授权支付凭证信息带到清算凭证界面。

录入完毕,单击"确认",保存退出。

(3) 由 gkk002 任经办对录入的清算凭证进行初次审核。更换操作员为任经办身份登录系统,进入软件的国库集中支付系统。选择"清算管理"菜单→"凭证审核"→"逐张审批",系统弹出条件筛选窗口,选择条件后单击"确认",系统打开刚录入的待审批的"清算凭证审批"窗口,如图 2-3-79 所示。

图 2-3-77 提取授权支付条件筛选窗口

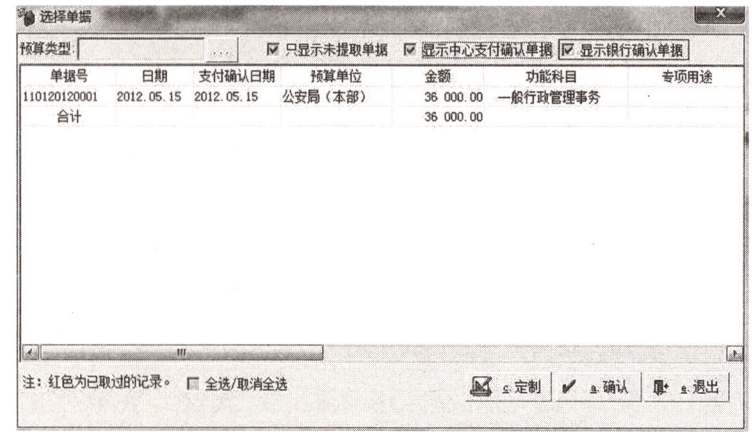

图 2-3-78　单据选择窗口

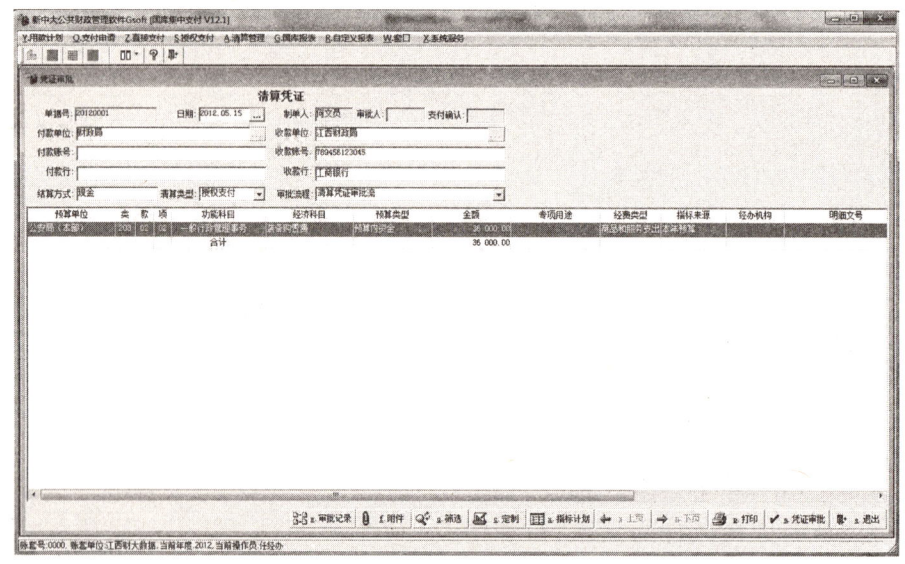

图 2-3-79　清算凭证审窗口

（4）在图 2-3-79 窗口，单击"凭证审批"弹出"审批意见"界面，如图 2-3-80 所示。

（5）在图 2-3-80 窗口，单击"确认"，完成初步审批环节。

🖐 注意

系统弹出"逐张审批"和"成批审批"两个菜单项。两个审批操作目的相同，但对于大量的需要审批的拨款申请，利用"成批审批"功能效率更高。

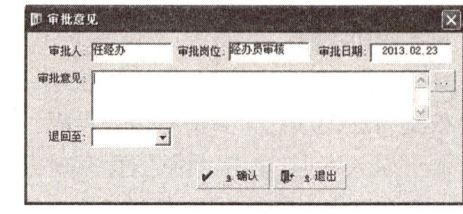

图 2-3-80　审批意见窗口

（6）更换操作员，以 gkk001 王主管身份对录入的清算凭证进行复审，审批方法同上。

6. 清算凭证的支付确认

（1）由 gkk001 王主管对录入的当天或一段时间内的清算凭证进行最终支付确认。更换操作员为王主管身份登录系统，进入软件的国库集中支付系统。选择"清算管理"菜单→"支付确认"，系统弹出条件筛选窗口，选择条件后单击"确认"，系统打开刚审核完毕的待确认的"清算凭证支付确认"窗口，如图 2-3-81 所示。

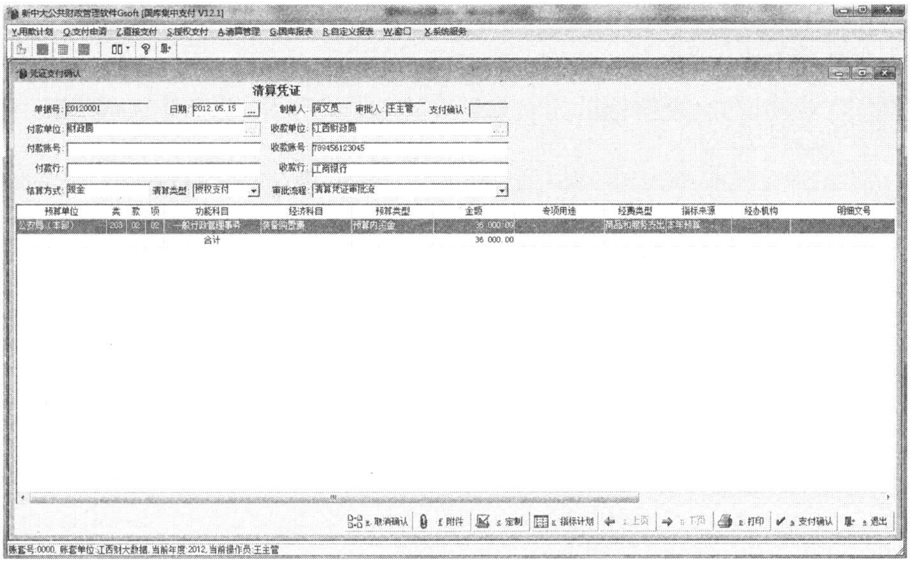

图 2-3-81　清算凭证支付确认

在图 2-3-81 窗口,单击"支付确认",完成对清算业务的支付确认工作。

7. 授权支付执行情况表

以下报表主要供老师监控学生实训模拟过程及查阅学生实训模拟结果,也可以作为学生成绩评定的依据。

系统注销后,以 gkk001 王主管身份进入公共财政管理软件 Gsoft[公共财政工作管理平台]。选择"系统菜单"→"支出管理"→"国库集中支付"进入软件的国库集中支付系统。

1) 授权支付进度查询

单击"国库报表"→"8. 指标国库执行情况分析表",弹出图 2-3-82"条件选择"窗口,在自定义方案选中"授权支付进度查询"。

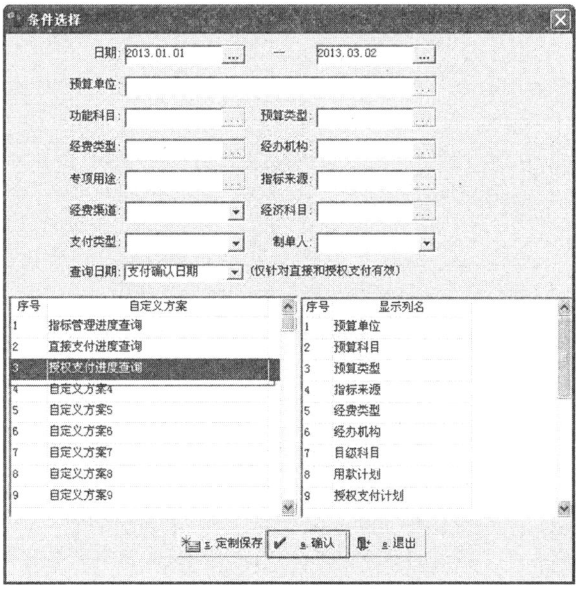

图 2-3-82　条件选择界面

在图 2-3-82 界面单击"确认",系统将所有授权支付情况罗列出来,如图 2-3-83 所示。此表主要展示的是授权支付情况表。

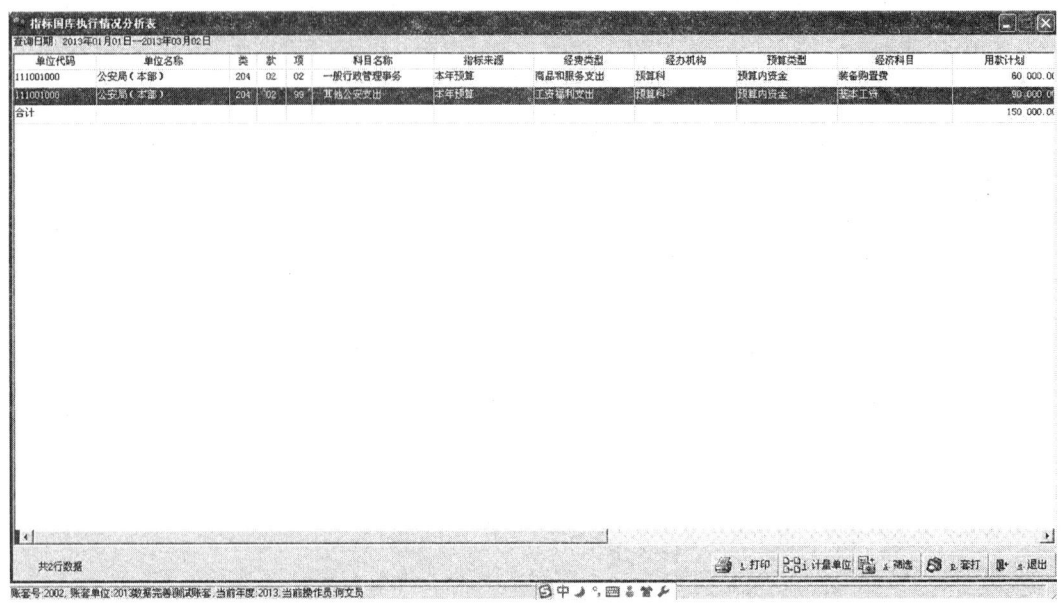

图 2-3-83　指标国库执行情况分析表

2) 支付情况汇总查询表

单击"国库报表"→"8.指标国库执行情况分析表",弹出"条件选择"窗口,在自定义方案选中"支付情况汇总查询",如图 2-3-84 所示。

图 2-3-84　条件选择窗口

在图 2-3-84 界面单击"确认",系统将所有国库集中支付情况罗列出来,如图 2-3-85 所示。

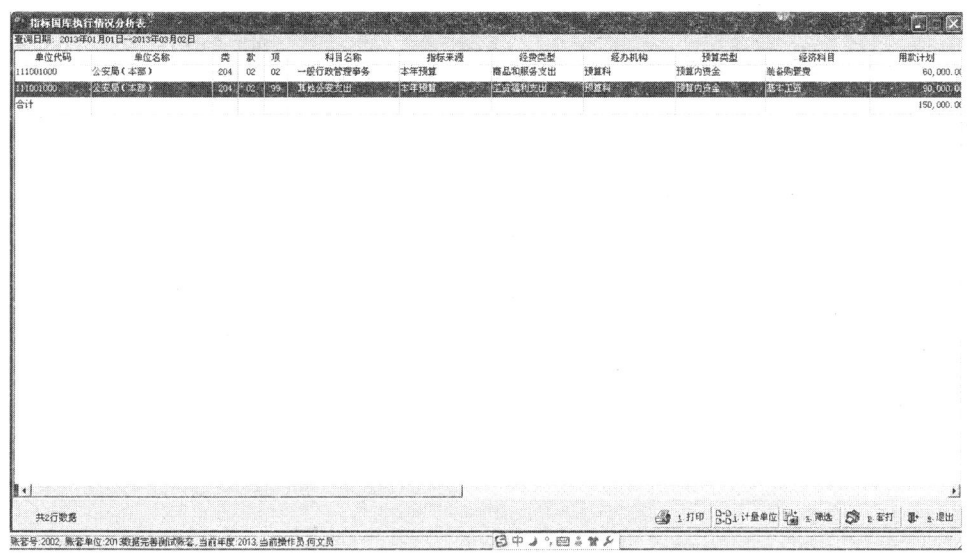

图 2-3-85 指挥国库执行情况分析表

8. 报表导出功能描述

在图 2-3-85 界面,单击"打印",系统弹出"打印准备"窗口,如图 2-3-86 所示。

在图 2-3-86 界面,单击"转换输出",系统弹出"窗口内容转换成文件"窗口,如图 2-3-87 所示。选中"Excel",勾选"文件头带列标题",单击"……"选择文件存放位置和手工输入文件名。单击"确认"完成报表导出,用户可以在设置的存放位置找到该文件。

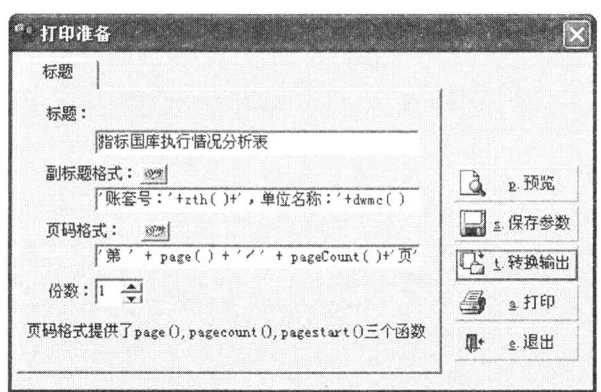

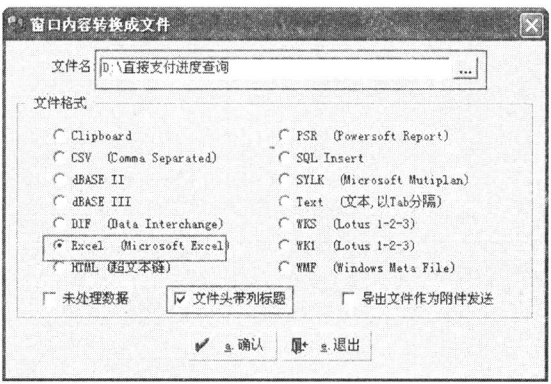

图 2-3-86 打印准备窗口

图 2-3-87 窗口内容转换成文件

项目 四 政府采购管理

Gsoft 系统将政府采购预算指标转入系统内作为采购控制指标,具有政府采购计划编制、招投标情况管理、采购合同管理、资金支付情况等功能。

一、实训准备

采购预算金额指标已经下达批复,作为采购控制指标,采购预算金额大于采购指标金额,系统将不允许进行采购。

二、实训目的及要求

学生应了解政府采购业务流程及其模式,并熟练掌握政府采购管理模块的软件操作。

三、实训内容

(1)学生根据实训资料,完成政府采购采购项目注册软件流程。
(2)学生根据实训资料,完成政府采购采购预算软件流程。
(3)学生根据实训资料,完成政府采购采购计划软件流程。
(4)学生根据实训资料,完成政府采购采购通知软件流程。
(5)学生根据实训资料,完成政府采购招标过程管理软件流程。
(6)学生根据实训资料,完成政府采购采购标书管理软件流程。
(7)学生根据实训资料,完成政府采购采购评标过程软件流程。

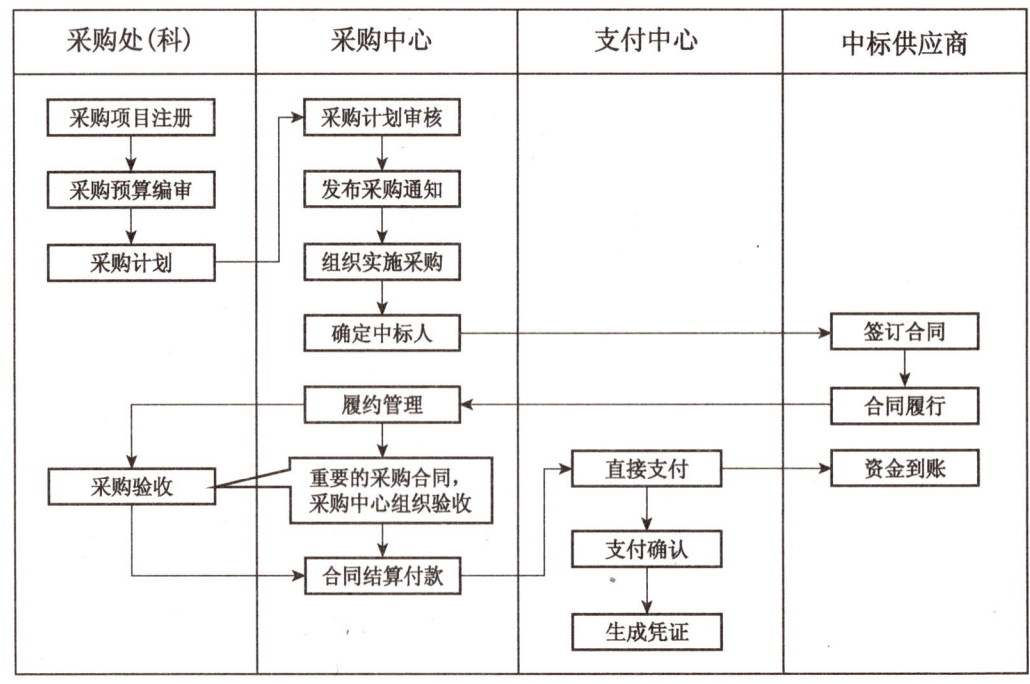

图 2-4-1 政府采购流程图

（8）根据实训资料,完成政府采购中标管理软件流程。

（9）根据实训资料,完成政府采购采购合同软件流程。

（10）根据实训资料,完成政府采购采购执行软件流程。

（11）根据实训资料,完成政府采购采购支付软件流程。

（12）根据实训资料,完成政府采购采购验收软件流程。

如图 2-4-1 所示,政府采购流程关键节点说明如下:

（1）财政局采购处根据预算单位的采购申请注册采购项目或通过年初预算导入。

（2）财政局采购处根据采购预算制定采购计划并提交采购中心审核。

（3）采购中心审核采购处提交的采购计划并发布采购通知至各个政府采购渠道。

（4）采购中心组织实施采购,包括招标过程管理、标书管理、评标过程管理等。

（5）采购中心根据招投标过程最终确定中标单位。

（6）采购中心与中标供应商签订采购合同。

（7）采购中心根据采购合同的规定进行履约管理活动。

（8）采购处协同相关部门进行采购验收,对于重要的合同,采购中心组织验收工作。

（9）国库支付中心提取采购支付申请单并走直接支付流程。

五、实训资料

以下是两笔政府采购业务信息,作为实训课程练习备用。

（1）民政局为日常办公需要,现需采购台式电脑 30 台,此次采购纳入政府采购。台式电脑的市场价为每台 6 000 元,政府集中采购价为每台 5 000 元,支付时预留 10% 作为验收交付金,计算机品名为"联想台式机"。

（2）针对学校安全保卫不断加强的需要,公安局需要增加办公用小轿车 20 辆,纳入政府采购。小轿车的市场价为每辆 10 万元,政府集中采购价为每台 8 万元,轿车品名为比亚迪。

六、实训指导

(一) 政府采购项目注册录入

（1）以用户编码为 cgy001 张采购身份登录公共财政管理软件,单击"预算管理"→"预算项管理",如图 2-4-2 所示。

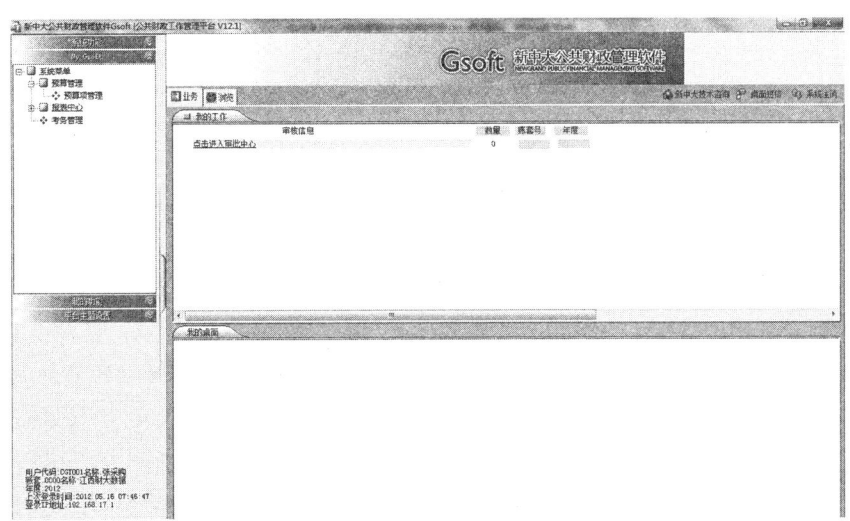

图 2-4-2　政府采购管理入口

（2）进入公共财政管理软件 Gsoft[预算项管理]的界面,单击"c.政府采购"→"采购管理",进入采购管理界面,如图 2-4-3 所示。

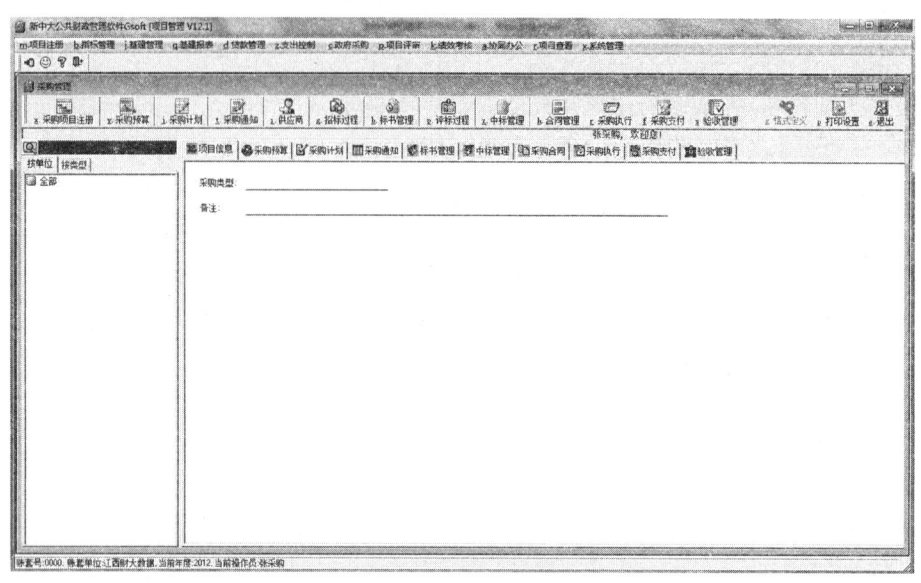

图 2-4-3　采购管理界面

（3）进入政府采购管理模块后先进行"采购项目注册",单击"采购项目注册"选择"1.新增",如图 2-4-4 所示。

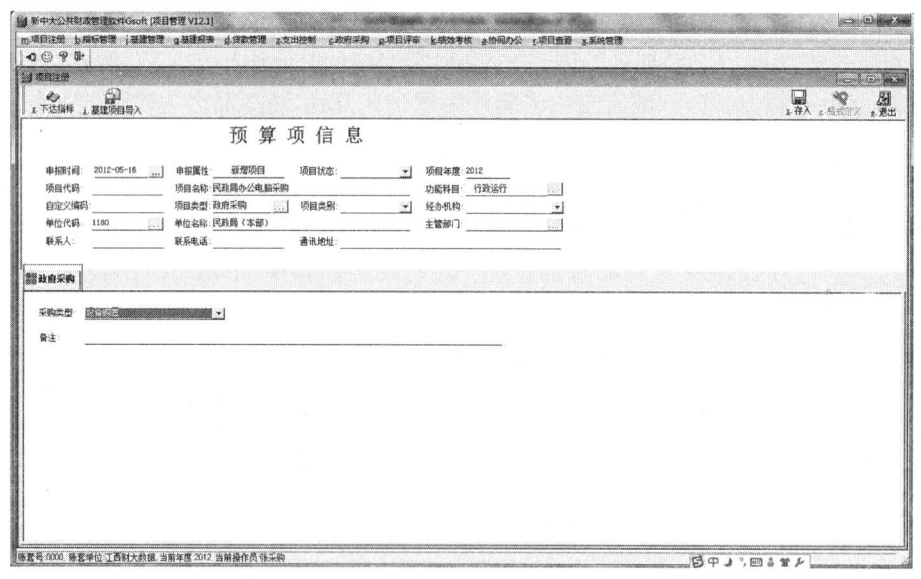

图 2-4-4　采购项目注册

具体操作 1

单击项目状态后"▼"按钮选择"2.纳入预算",手工录入项目名称:"民政局办公电脑采购";单击功能科目后"..."按钮选择:"2080201 行政运行";单击项目类别选择"1.已研究确定项目";单击单位代码后"..."按钮选择:"1180 民政局(本部)";单击"政府采购",选择采购类型:"02 设备购置";录入完毕,单击"存入",保存完毕后单击"退出"。

具体操作 2

单击项目状态后"▼"按钮选择"2.纳入预算",手工录入项目名称:"公安局办公用车采购";单击功能科目后"..."按钮选择:"2040201 行政运行";单击项目类别选择"1.已研究确定项目";单击单位代码后"..."按钮选择:"1100 公安局(本部)";单击"政府采购",选择采购类型:"1108 交通工具";录入完毕,单击"存入",保存完毕后单击"退出"。

(二)政府采购预算的录入及审批阶段

(1)以用户编码为 cgy001 张采购身份进入公共财政管理软件 Gsoft[采购管理]的界面,单击"采购预算"→"1.新增",进入采购预算录入界面。如图 2-4-5 所示。

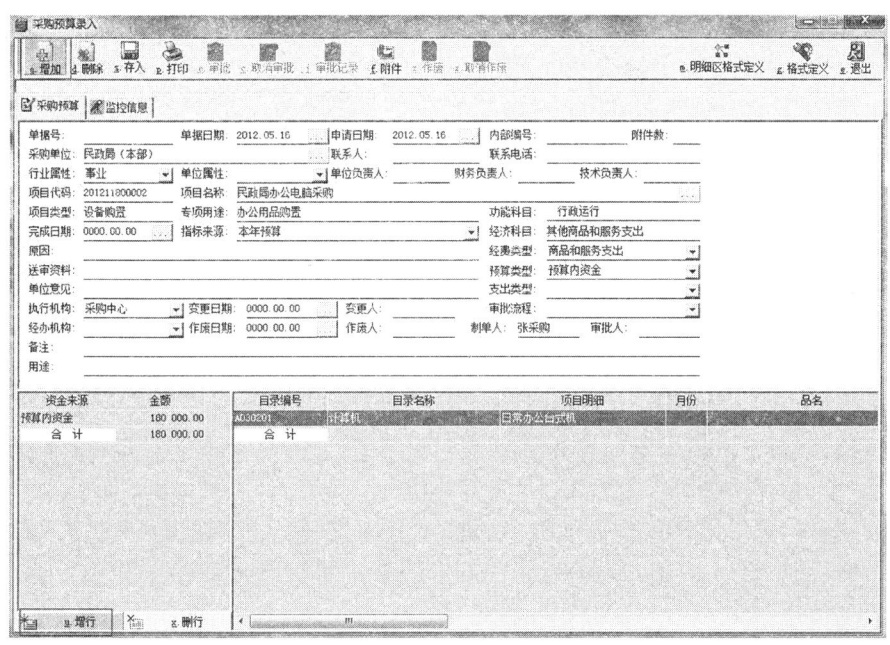

图 2-4-5 采购预算录入

具体操作 3

单击采购单位后"..."按钮选择"1180 民政局";单击行业属性后"▼"按钮选择"02 事业单位";单击项目名称后的"..."按钮,在弹出的采购项目选择中选择项目名称:"民政局办公电脑采购",单击"确认"按钮;单击专项用途下划线选择"1110010010040 办公用品购置";单击功能科目下划线选择"2080201 行政运行";单击指标来源后"▼"按钮选择"03 本年预算";单击经济科目下划线选择"310002 办公设备购置";单击经费类型后"▼"按钮选择"13 商品和服务支出";单击预算类型后"▼"按钮选择"0101 预算内资金";单击执行机构后"▼"按钮选择"01 采购中心";单击"增行"按钮,单击资金来源下的空框选择"01 预算内";输入金额:180 000。

单击左上方"增加",在新增的行中单击目录名称下方框选择"A030201 计算机";手工输入项目明细"日常办公台式机";手工输入品名"联想台式机";数量"30";单位"台";单价:"6 000";市场价:"6 000";采购方式选择:"01 公开招标";组织形式:"01 集中采购";再单击左上角的"存入"按钮,系统弹出"生成单据号"对话框,单击"确认"完成第一笔采购预算的录入。

采购预算录入完毕后,单击"退出"按钮,退出预算录入界面。

具体操作 4

单击采购单位后"..."按钮选择"1100 公安局";单击行业属性后"▼"按钮选择"01 行政单

位";单击项目名称后的"…"按钮,在弹出的采购项目选择中选择项目名称:"公安局办公用车采购",单击"确认"按钮;单击专项用途下划线选择"1200010010029 基本定额(行政)";单击功能科目下划线选择"2040201 行政运行";单击指标来源后"▼"按钮选择"03 本年预算";单击经济科目下划线选择"30219 装备购置费";单击经费类型后"▼"按钮,选择"13 商品和服务支出";单击预算类型后"▼"按钮,选择"0101 预算内资金";单击执行机构后"▼"按钮选择"01 采购中心";单击"增行"按钮,单击资金来源下的空框选择"01 预算内";输入金额:2 000 000;单击左上方"增加",在新增的行中单击目录名称下方框选择"A11010101 普通轿车";手工输入项目明细"办公轿车";手工输入品名"比亚迪警车";数量"20";单位"辆";单价:"100 000";市场价:"100 000";采购方式选择:"01 公开招标";组织形式:"01 集中采购";再单击左上角的"存入"按钮,系统弹出"生成单据号"对话框,单击"确认"完成第一笔采购预算的录入。

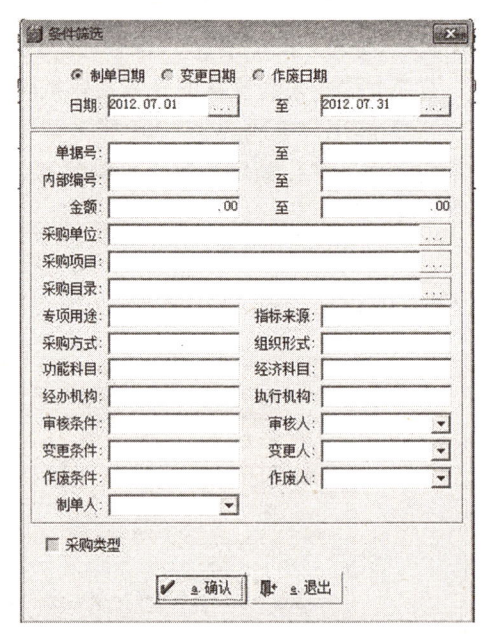

图 2-4-6 条件筛选窗口

采购预算录入完毕后,单击"退出"按钮,退出预算录入界面。

(2)更换操作员后,由 gkk002 任经办对采购预算录入进行初次审核。单击"政府采购"→"采购管理",进入采购管理界面,单击"采购预算",选择"8.列表",弹出条件筛选,如图 2-4-6 所示,如果需要显示所有单据,直接单击"确认"。弹出采购预算列表窗口。

在弹出的"采购预算列表"窗口,如图 2-4-7 所示,选中需要审批的条目,单击"审批"按钮,弹出"采购预算审批"窗口。

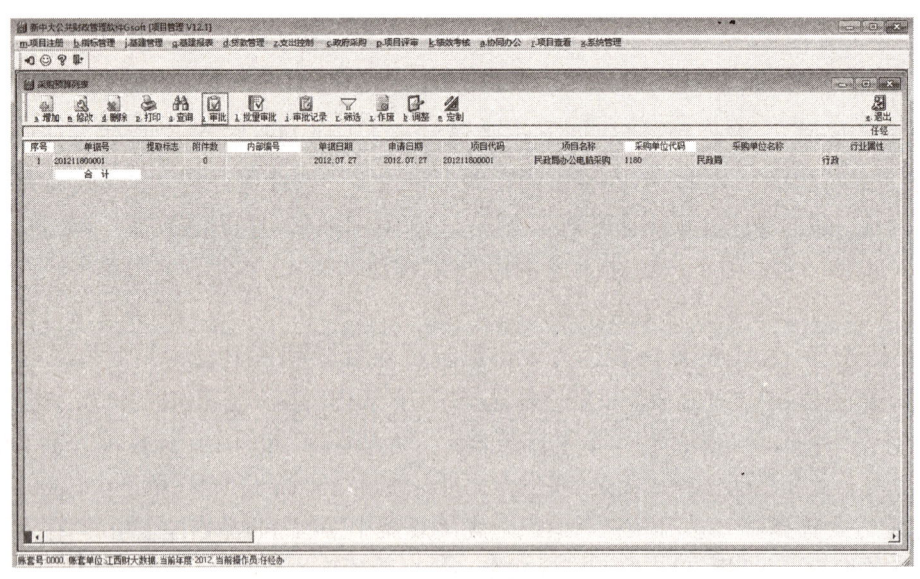

图 2-4-7 采购预算列表

任经办审阅"采购预算审批"窗口,如图 2-4-8 所示,若发现不符合要求的数据,直接进行修改,然后单击"审批"按钮。

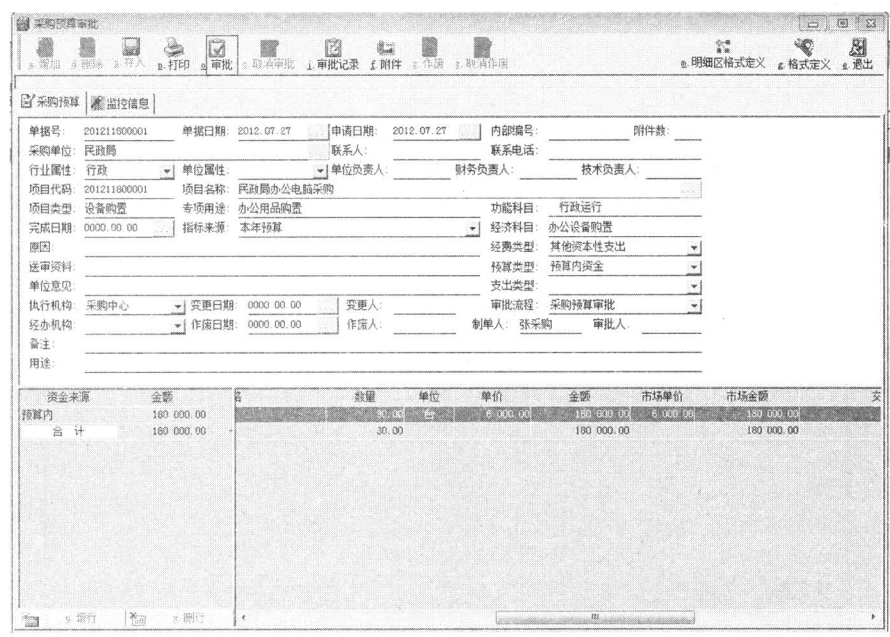

图 2-4-8 采购预算审批

因为启用审批流,系统会弹出"审批意见"窗口,如图 2-4-9 所示。

录入审批意见,单击"确认"完成单据审批。

(3)更换操作员,以 gkk001 王主管的身份对采购预算录入进行复审,审批方法同上。

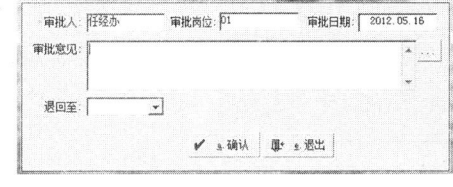

图 2-4-9 审批意见窗口

(三)政府采购计划的录入及审批阶段

(1)以用户编码为 cgy001 张采购身份进入公共财政管理软件 Gsoft[采购管理]界面。单击"采购计划"→"1.新增",进入采购计划录入界面,如图 2-4-10 所示。

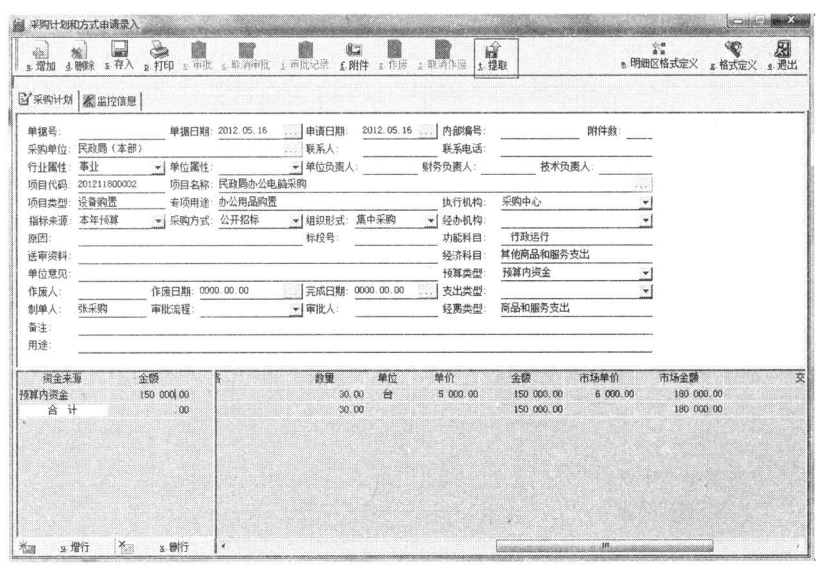

图 2-4-10 采购计划录入

具体操作 5

在图 2-4-10 界面,单击右上角"t. 提取",系统弹出条件筛选框,选择相应条件后,单击"确认",系统弹出"预算单据选择",如图 2-4-11 所示。

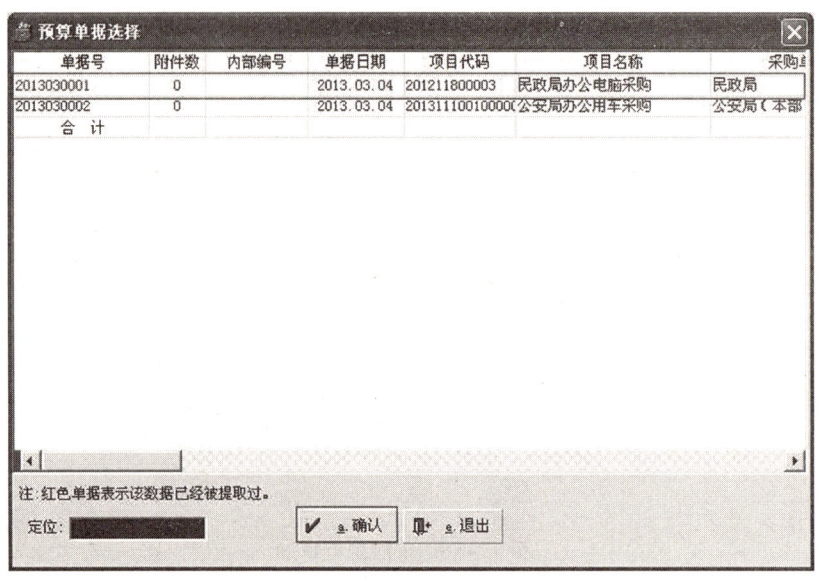

图 2-4-11　预算单据选择

在图 2-4-11 界面,选择项目名称为"民政局办公电脑采购"项目,单击"确认",手工填"资金来源"的"金额"为"150 000"。单价改为"5 000",单击"存入"按钮,保存生成的单据,单击"确定"按钮,然后单击"退出"按钮,退出录入界面。

具体操作 6

在图 2-4-10 界面,单击右上角"t. 提取",系统弹出条件筛选框,选择相应条件后,单击"确认",系统弹出"预算单据选择",如图 2-4-12 所示。

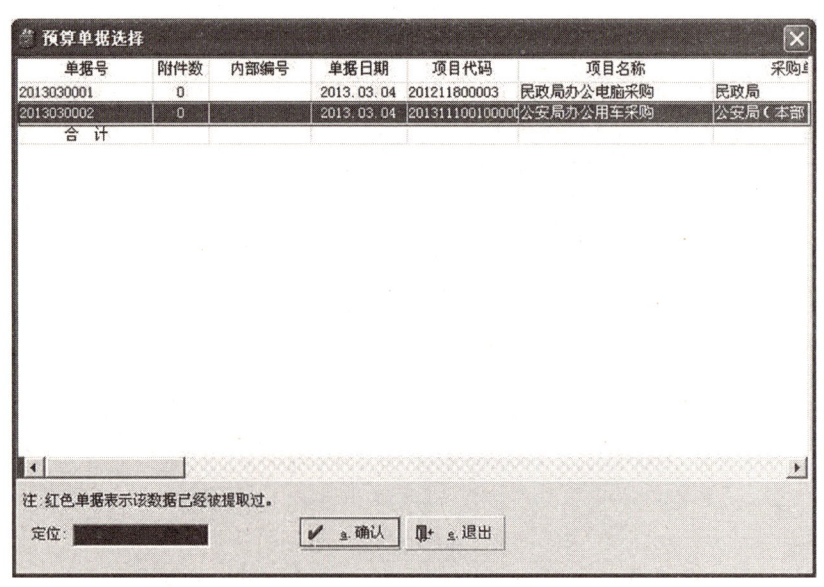

图 2-4-12　预算单据选择

在图 2-4-12 界面,选择项目名称为"公安局办公用车采购"单据,单击"确认"按钮,手工填"资金来源"中的"金额":"1 600 000"。单价改为"80 000",单击"存入"按钮,保存生成的单据,单击"确定"按钮,如图 2-4-13 所示。然后单击"退出"按钮,退出录入界面。

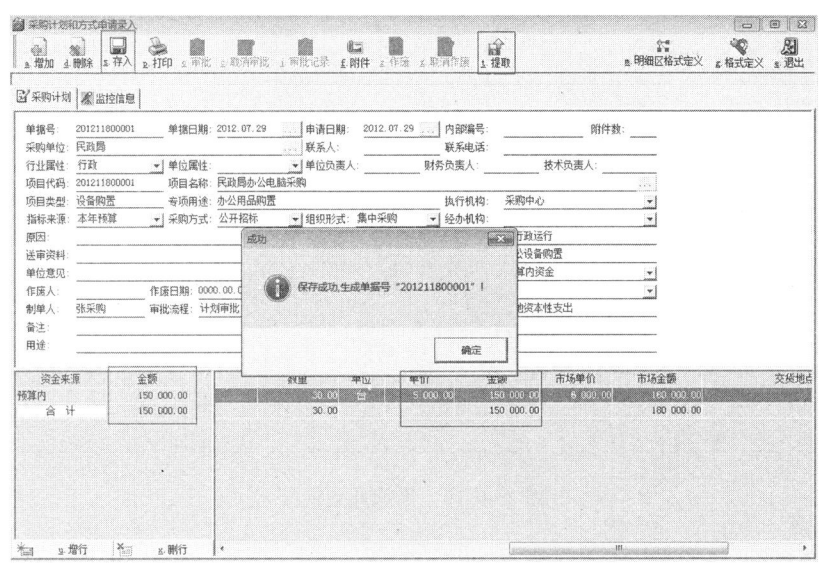

图 2-4-13 采购计划提取

(2) 更换操作员后,以 gkk002 任经办对采购计划录入进行初次审核。

(3) 单击"政府采购"→"采购管理",单击"采购计划",选择"7. 列表",弹出"采购计划列表"界面,如图 2-4-14 所示。选择需要审批的单据,单击"审批",弹出"采购计划和方式申请审批"窗口。如图 2-4-15 所示。

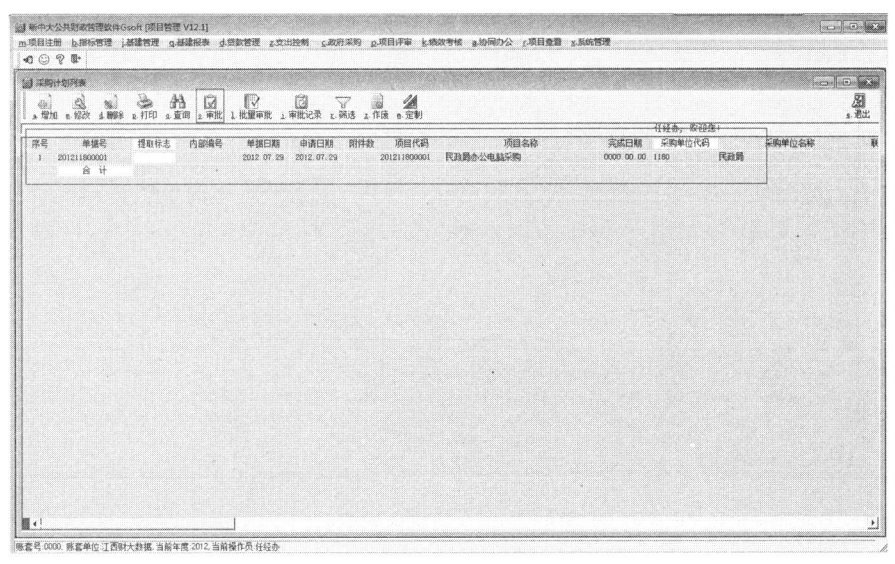

图 2-4-14 采购计划列表

在采购计划和方式申请审批窗口中,审阅采购计划详细情况,然后单击" ![审批] "按钮,系统弹出"审批意见"窗口,填写审批意见,确认退出。

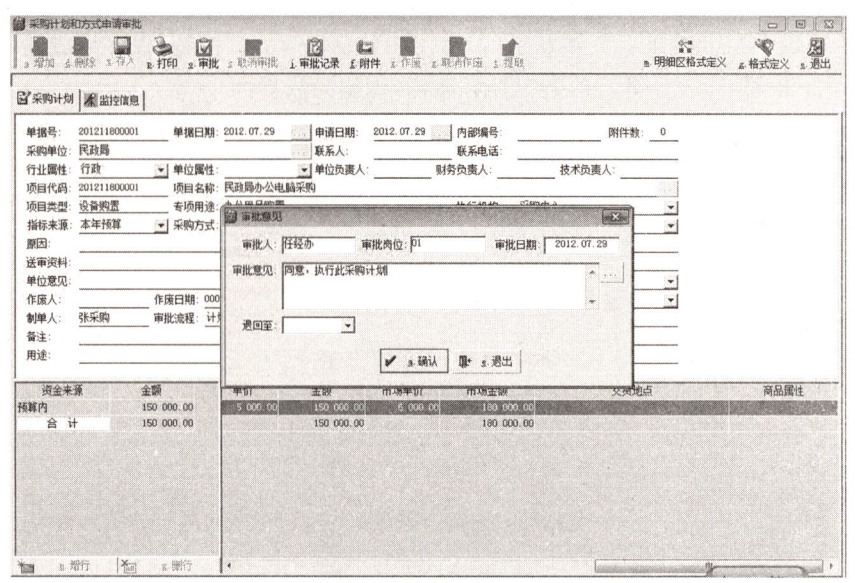

图 2-4-15　采购计划审批

（4）更换操作员，以 gkk001 王主管的身份对采购计划录入进行复审，审批方法同上。

（四）政府采购通知的录入及审批阶段

（1）以用户编码为 cgy001 张采购身份进入公共财政管理软件 Gsoft［采购管理］的界面。单击"采购通知"→"1. 新增"，进入采购通知录入界面，如图 2-4-16 所示。

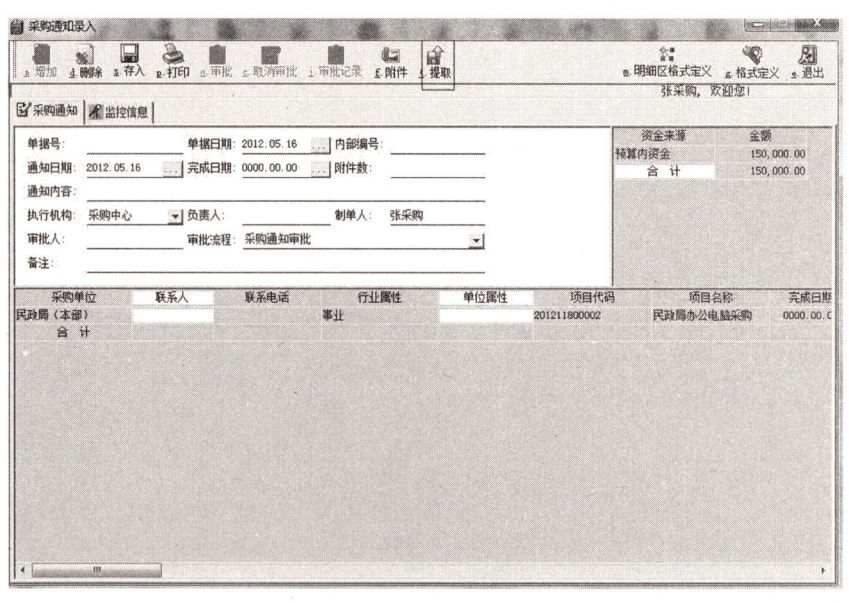

图 2-4-16　采购通知录入

具体操作 7

在图 2-4-16 界面，单击右上角"t. 提取"，系统弹出条件筛选框，选中项目名称为"民政局办公电脑采购"后，单击"确认"，系统自动提取采购计划，然后单击" 存入 "按钮，"确定"完成保存后，单击"退出"按钮退出录入界面。

具体操作8

在图2-4-16界面,单击右上角"t.提取",系统弹出条件筛选框,选中项目名称为"公安局办公用车采购"后,单击"确认",系统自动提取采购计划,然后单击"▦"按钮,"确定"完成保存后,单击"退出"按钮退出录入界面。

(2)更换操作员后,由gkk001任经办对采购通知录入进行初次审核。

(3)单击"政府采购"→"采购管理",单击"采购通知",选择"6.列表",弹出"采购通知列表",如图2-4-17所示。选择需要审批的单据,单击"审批",弹出"采购通知审批"窗口。如图2-4-18所示。

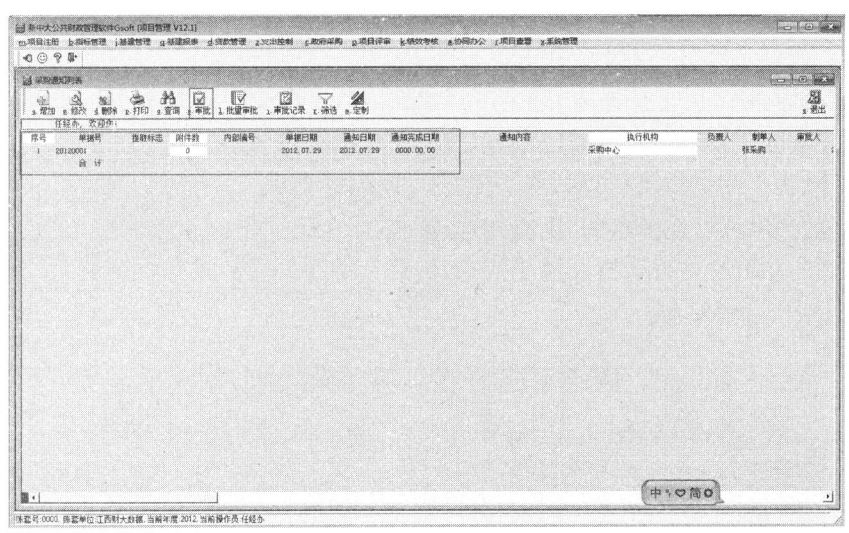

图2-4-17 采购通知列表

在采购通知审批窗口中,审阅采购通知详细情况,然后单击"▦"按钮,系统弹出"审批意见"窗口,填写审批意见,确认退出。

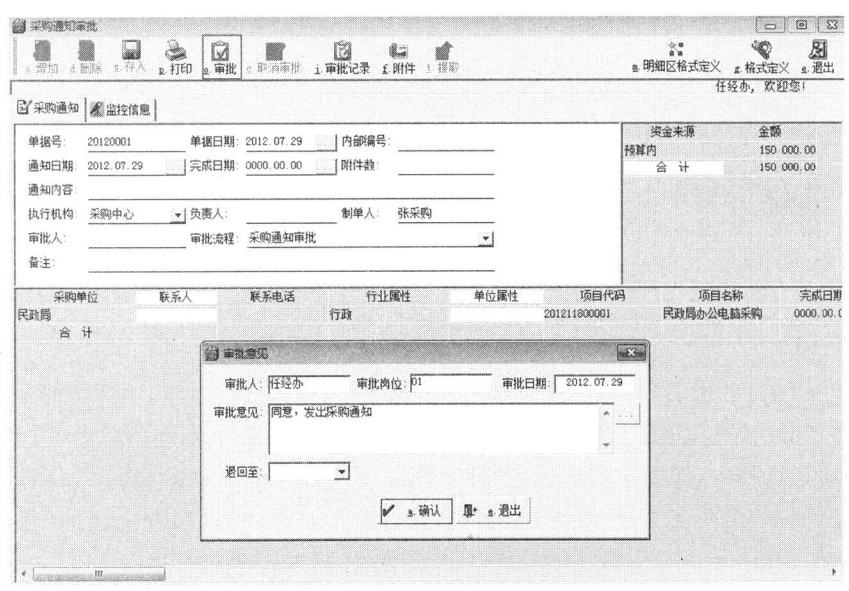

图2-4-18 采购通知审批

(4)更换操作员,以gkk001王主管身份对采购通知录入进行复审,审批方法同上。

（五）招标过程管理

以用户编码为 cgy001 张采购身份进入公共财政管理软件 Gsoft[采购管理]的界面,单击"招标过程",系统自动弹出条件筛选界面,如图 2-4-19 所示。

具体操作 9

在图 2-4-19 界面,单击"确认",系统弹出招标过程列表;单击"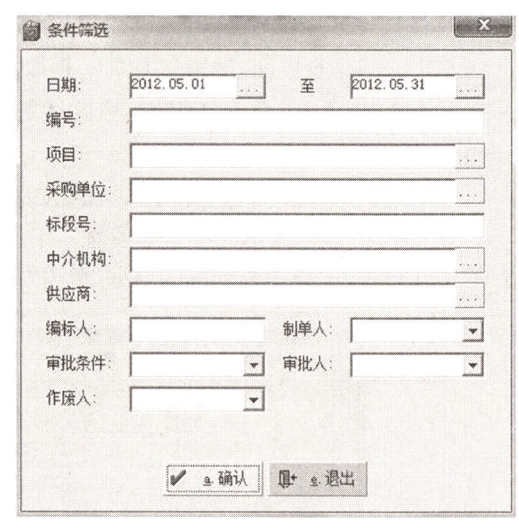"按钮,弹出招标过程单据界面,如图 2-4-20 所示填写标书编号:"mzj-001";单击采购单位后"[...]"按钮选择"1180 民政局";单击项目名称后"[...]"按钮,从采购项目选择中,选中项目名称为"民政局办公电脑采购",单击"确认";单击"增加"按钮,双击每个序号对应的供应商方框,系统弹出"筛选条件",单击"确认",在弹出的"供应商选择"中"确认"投标单位,并填写是否合格及说明信息,然后单击"",完成招标过程保存。

图 2-4-19 条件筛选窗口

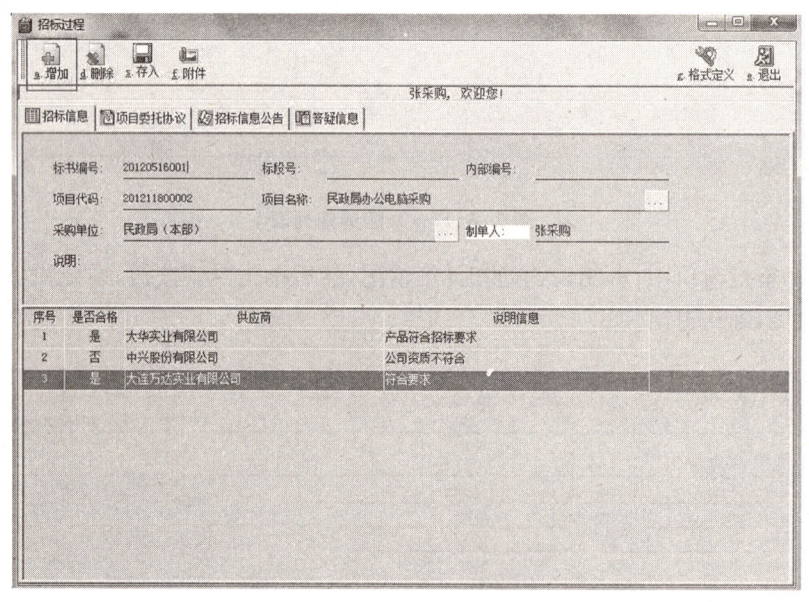

图 2-4-20 招标过程界面

具体操作 10

在图 2-4-19 界面,单击"确认",系统弹出招标过程列表;单击"",弹出招标过程单据界面,填写标书编号:"gaj-001";单击采购单位后"[...]"按钮选择"1100 公安局";单击项目名称后"[...]"按钮,从采购项目选择中,选中项目名称为"公安局办公用车采购",单击"确认";单击"增加"按钮,双击每个序号对应的供应商方框,系统弹出"筛选条件",单击"确认",在弹出的"供应商选择"中"确认"投标单位,并填写是否合格及说明信息,然后单击"",完成招标过程保存。

（六）标书管理录入及审批阶段

(1) 以用户编码为 cgy001 张采购身份进入公共财政管理软件 Gsoft[采购管理]的界面。单击"标书管理"→"1. 新增",进入"标书管理"录入界面,如图 2-4-21 所示。

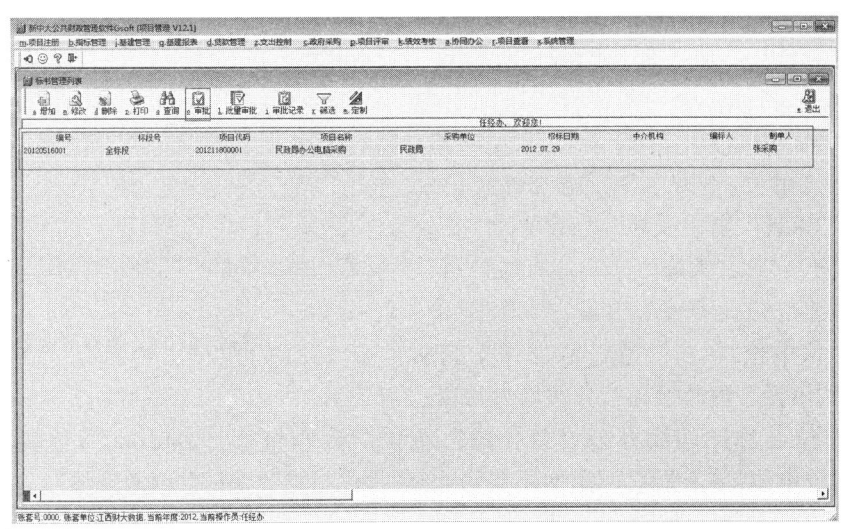

图 2-4-21　标书管理

具体操作 11

在图 2-4-19 界面,单击右上角"t. 提取",系统弹出条件筛选框,选择项目名称为"民政局办公电脑采购"后,单击"确认",系统自动提取采购通知至标书管理中;手工填写标书编号:"mzj-001"和标段号:"全标段";单击"💾存入"按钮完成标书管理录入保存工作。

具体操作 12

在图 2-4-19 界面,单击右上角"t. 提取",系统弹出条件筛选框,选择项目名称为"公安局办公用车采购"后,单击"确认",系统自动提取采购通知至标书管理中;手工填写标书编号:"gaj-001"和标段号:"全标段";单击"💾存入",完成标书管理录入保存工作。

(2)更换操作员后,由 gkk002 任经办对标书管理录入进行初次审核。

(3)单击"政府采购"→"采购管理",单击"标书管理",选择"6.列表",在弹出的"条件筛选"窗口中,选择相应条件,然后单击"确认"。系统弹出"标书管理列表",如图 2-4-22 所示。选择需要审批的单据,单击"审批",弹出"标书管理审批"窗口,如图 2-4-23 所示。

图 2-4-22　标书管理列表

在标书管理审批窗口中,审阅标书管理详细情况,然后单击"审批"按钮,系统弹出"审批意见"窗口,填写审批意见,确认退出。

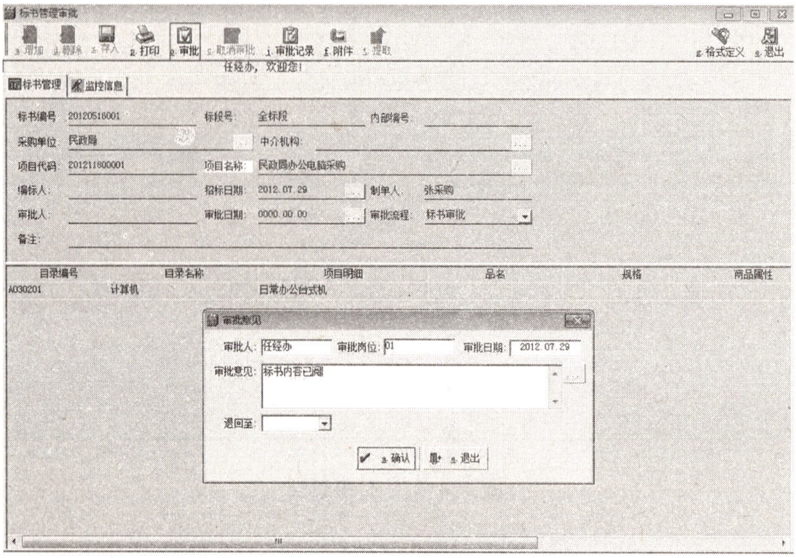

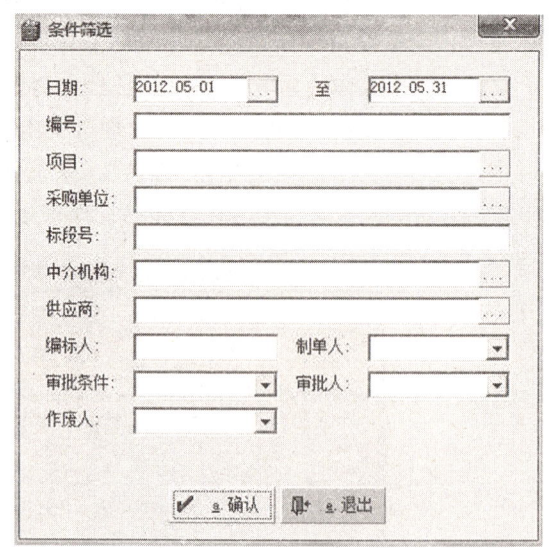

图 2-4-23　标书管理审批

(4) 更换操作员,由 gkk001 王主管的身份对标书管理录入进行复审,审批方法同上。

(七) 评标过程管理

(1) 以用户编码为 cgy001 张采购身份进入公共财政管理软件 Gsoft[采购管理]的界面。单击"评标过程",系统自动弹出条件筛选界面,如图 2-4-24 所示。

(2) 单击"确认",系统弹出评标过程列表。

具体操作 13

单击"增加"按钮,弹出"评标过程"单据界面,如图 2-4-25 所示。单击"提取",在弹出的条件筛选框中,单击"确认",系统弹出"标书选择"窗口,选中采购单位为"民政局"的单据,然后单击"确认";系统将标书中的内容自动填写完整。

单击"增加"按钮,分别增加三个投标单位。

单位 1:单位名称:"中华实业有限公司",单位:"台",金额:"150 000",数量:"30",单价:"5 000";选中该单位,单击"增加明细"添加评委记录分别为"纪委""审计""财政领导",分数均为"98"。

单位 2:单位名称:"大连万达实业有限公司",单位:"台",金额:"120 000",数量:"30",单价:"4 000";选中该单位,单击"增加明细"添加评委记录分别为"纪委""审计""财政领导",分数均为"97"。

图 2-4-24　条件筛选窗口

单位 3:单位名称:"四海办公设备公司",单位:"台",金额:"180 000",数量:"30",单价:"6 000";选中该单位,单击"增加明细"添加评委记录分别为"纪委""审计""财政领导",分数均为"96"。

全部单位填写完毕后单击"存入"保存后退出。

具体操作 14

单击"增加"按钮,弹出"评标过程"单据界面,如图 2-4-25 所示。单击"提取",在弹出的条件筛选框中,单击"确认",系统弹出"标书选择"窗口,选中采购单位为"公安局(本部)"的单据,然后单击"确认";系统将标书中的内容自动填写完整。

单击"增加"按钮,分别增加三个投标单位。

单位 1:单位名称:"中华实业有限公司",单位:"辆",金额:"1 600 000",数量:"20",单价:"80 000";选中该单位,单击"增加明细"添加评委记录分别为"纪委""审计""财政领导",分数均为"98"。

单位 2:单位名称:"大连万达实业有限公司",单位:"辆",金额:"2 000 000",数量:"20",单价:"10 000";选中该单位,单击"增加明细"添加评委记录分别为"纪委""审计""财政领导",分数均为"97"。

单位 3:单位名称:"中兴股份有限公司",单位:"辆",金额:"180 000",数量:"20",单价:"120 000";选中该单位,单击"增加明细"添加评委记录分别为"纪委""审计""财政领导",分数均为"96"。

全部单位填写完毕后单击"存入"保存后退出。

⊗ **注意**

单击"增加"添加投标单位,系统将弹出条件筛选框,单击"确定"后,系统弹出所有供应商,将本次参与投标的单位选中。

如果需要添加某一投标单位评审分数时,首先要选中此投标单位然后单击"增加明细"添加评委记录,填写评委名称及相应分值。

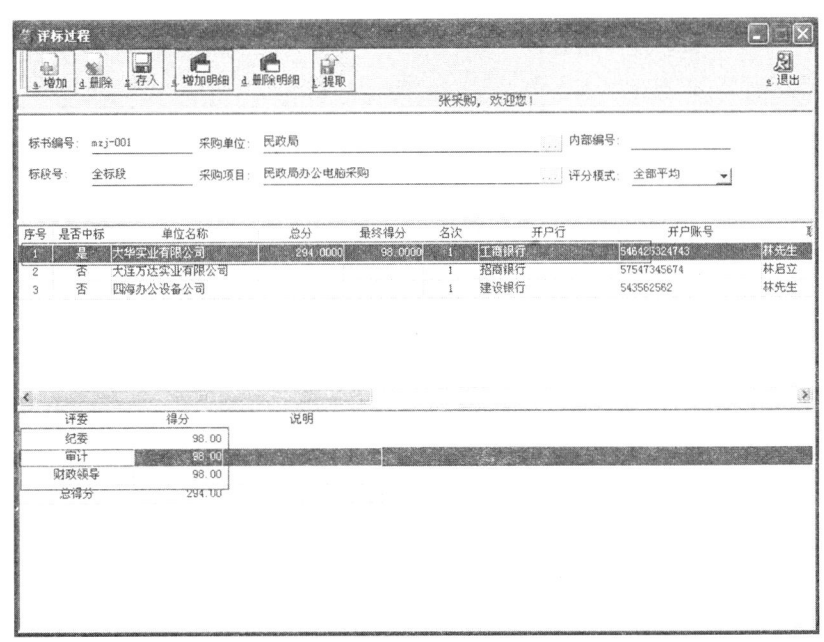

图 2-4-25　评标过程界面

(八) 中标管理录入及审批阶段

(1) 以用户编码为 cgy001 张采购身份进入公共财政管理软件 Gsoft[采购管理]的界面。单击"中标管理"→"1. 新增",进入"中标管理编辑"界面,如图 2-4-26 所示。

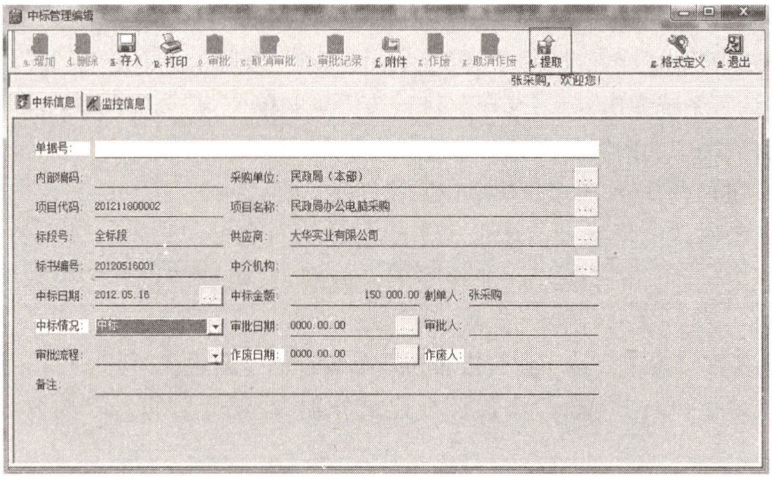

图 2-4-26 中标管理编辑界面

具体操作 15

在图 2-4-26 界面,单击右上角 "t.提取",系统弹出条件筛选框,单击"确认",系统弹出"标书选择"窗口,如图 2-4-27 所示。选中采购单位为"民政局"的标书,单击"确认"。

系统自动将标书管理中的信息自动填充至中标管理编辑界面,如图 2-4-28 所示。在"中标管理编辑界面"单击供应商后""按钮,系统弹出"筛选条件"单击"确认"按钮,在弹出的"供应商选择"窗口选择"大华实业有限公司",中标情况:"中标"及中标金额:"150 000",并

单击"存入"按钮,保存完毕后单击"退出"按钮,退出整个界面。

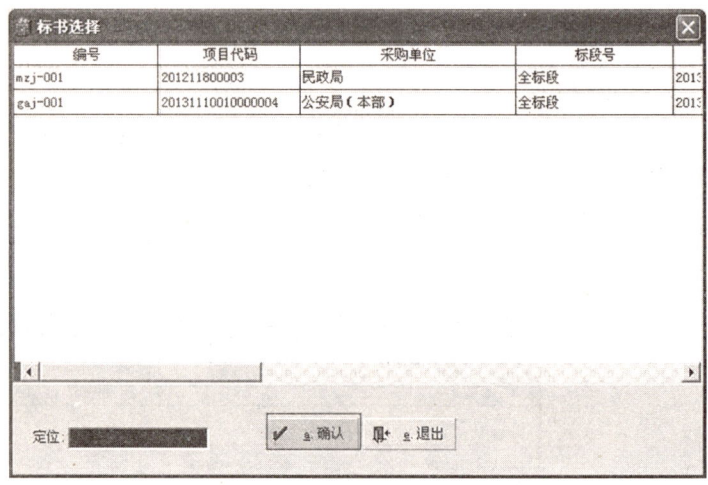

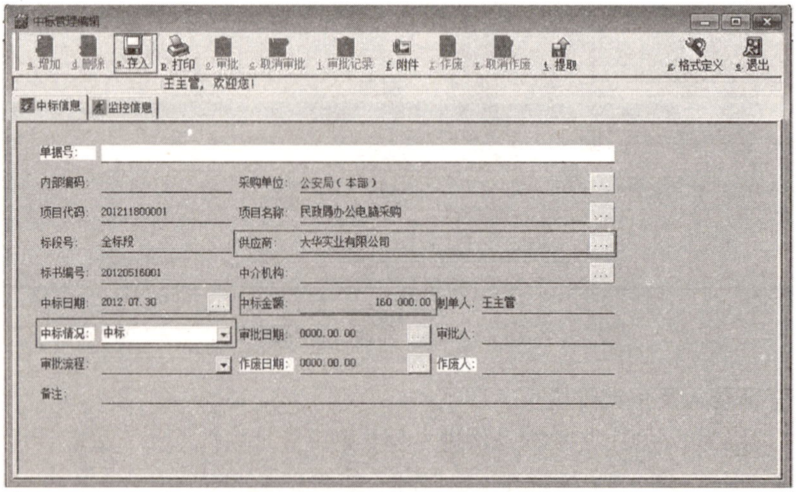

图 2-4-27 标书选择

图 2-4-28 中标管理编辑界面

具体操作 16

在图 2-4-26 界面,单击右上角"t. 提取",系统弹出条件筛选框,单击"确认",系统弹出"标书选择"窗口,如图2-4-29 所示。选中采购单位为"公安局(本部)"的标书,单击"确认"。

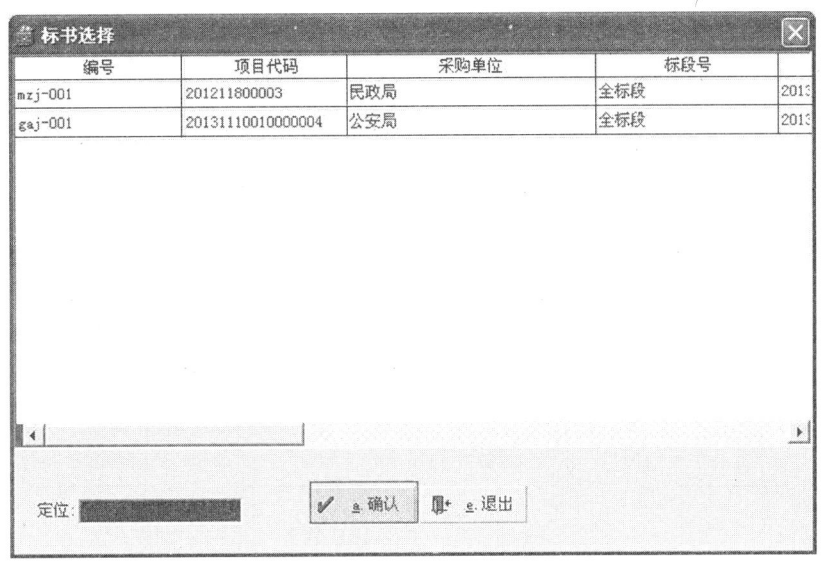

图 2-4-29 标书选择

系统自动将标书管理中的信息自动填充至中标管理编辑界面,如图 2-4-30 所示。在"中标管理编辑界面"单击供应商后"□"按钮,系统弹出"筛选条件"单击"确认"按钮,在弹出的"供应商选择"窗口选择"大华实业有限公司",中标情况:"中标"及中标金额:"1 600 000",并单击"存入"按钮,保存完毕后单击"退出"按钮,退出整个界面。

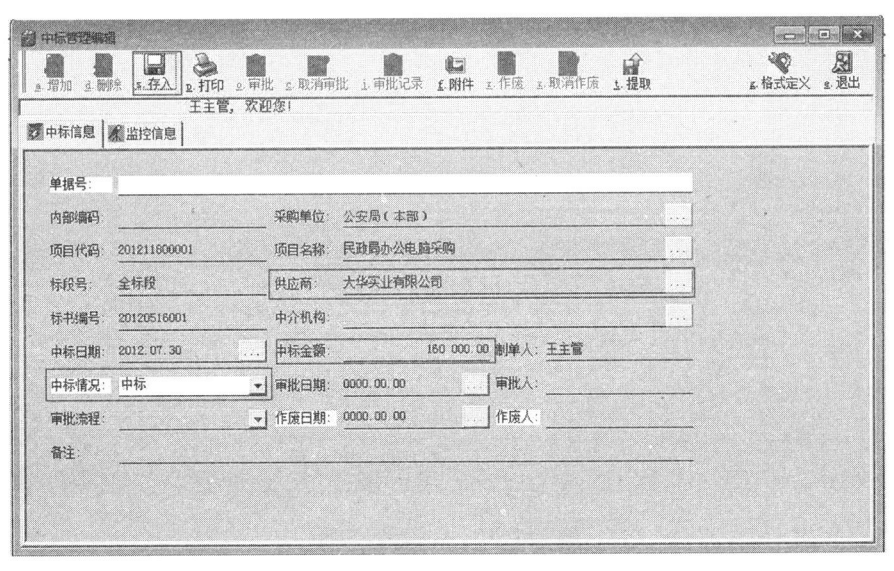

图 2-4-30 中标管理编辑界面

(2) 更换操作员后,由 gkk002 任经办对中标管理录入进行初次审核。

(3) 单击"政府采购"→"采购管理",单击"中标管理",选择"7. 列表",在弹出的"条件筛选"窗口中,选择相应条件,然后单击"确认"。系统弹出的"中标管理列表",如图 2-4-31 所示。选择需要审批的单据，单击"审批"，弹出"标书管理审批"窗口。

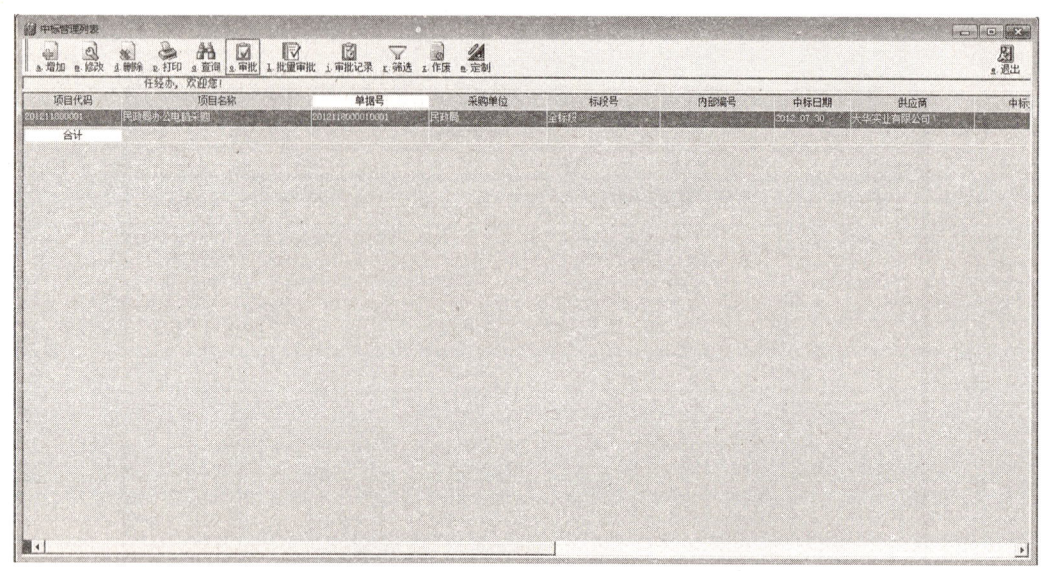

图 2-4-31　中标管理列表

在中标管理审批窗口图 2-4-32 中，审阅中标管理详细情况，然后单击"⬚审批"按钮，系统弹出"审批意见"窗口，填写审批意见，确认退出。

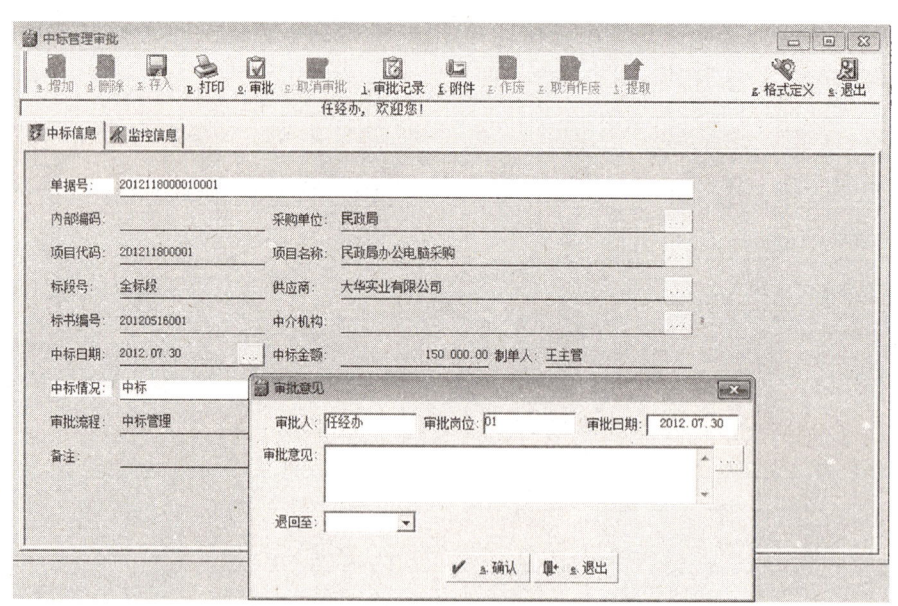

图 2-4-32　标书管理审批

（4）更换操作员，以 gkk001 王主管身份对中标管理录入进行复审，审批方法同上。

（九）政府采购合同管理

（1）以用户编码为 cgy001 张采购身份进入公共财政管理软件 Gsoft[采购管理]的界面。单击"合同管理"→"1.新增"，进入合同管理录入界面，如图 2-4-33 所示。

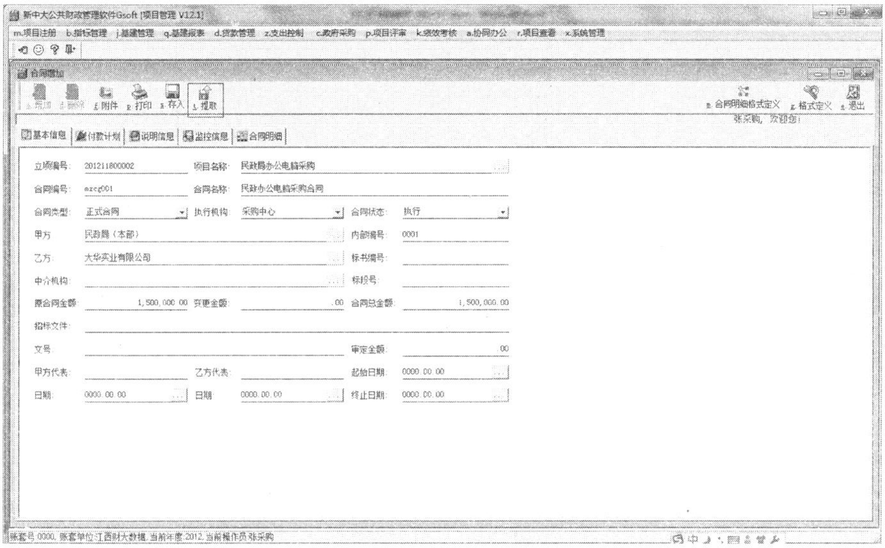

图 2-4-33　合同管理录入

具体操作 17

在图 2-4-33 界面,单击右上角"t. 提取",系统弹出"1. 表头提取和 2. 明细提取",先选择"1. 表头提取",系统弹出"条件筛选"窗口,单击"确认"按钮,系统弹出"中标选择",选中采购单位为"民政局"的条目,单击"确认"按钮,将数据填充至基本信息窗口中,如图 2-4-34 所示。手工输入合同编号"mzj-ht-001",手工输入合同名称"民政局办公电脑采购合同";单击合同类型后"▼"按钮,选择"01 正式合同";单击执行机构后"▼"按钮,选择"01 采购中心";手工输入原合同金额:"150 000"。

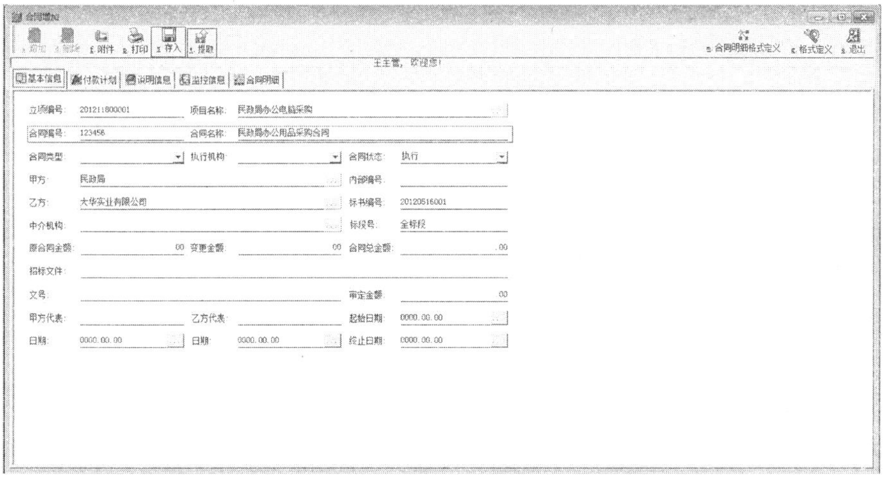

图 2-4-34　合同基本信息界面

在图 2-4-34 界面,单击"合同明细"按钮,再单击右上角"t. 提取",选择"2. 明细提取",系统弹出"条件筛选"窗口,单击"确认"按钮,选中采购单位为"民政局"的条目,单击"确认",系统自动完成合同明细部分数据导入。

单击计量单位选择"台",手工输入平均单价"5 000"、市场单价"6 000",如图 2-4-35 所示。

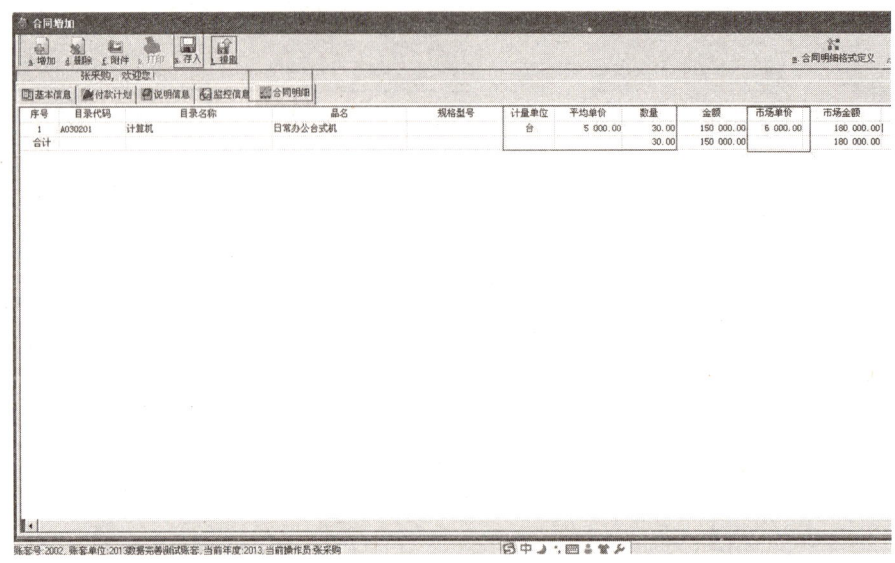

图 2-4-35　合同明细信息界面

在图 2-4-35 界面,单击"付款计划"按钮,根据实训资料预留 10% 资金作为验收前的预留金,单击""按钮,增加两个付款计划,分别填入付款金额:"135 000",付款依据:"办公电脑设备交付",付款金额:"15 000",付款依据:"办公电脑正常使用并通过终验"。最后单击""按钮,完成合同的保存,如图 2-4-36 所示。

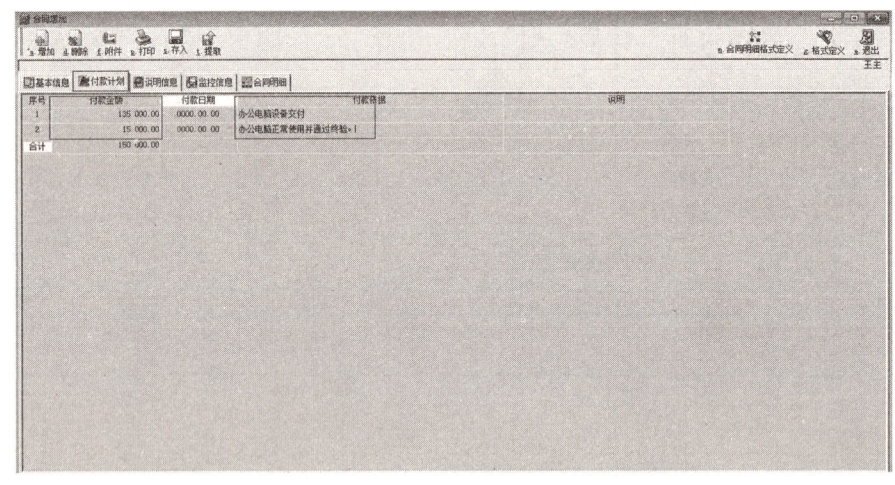

图 2-4-36　付款计划界面

具体操作 18

在图 2-4-33 界面,单击右上角"t.提取",系统弹出"1.表头提取和 2.明细提取",先选择"1.表头提取",系统弹出"条件筛选"窗口,单击"确认"按钮,系统弹出"中标选择",选中采购单位为"公安局(本部)"的条目,单击"确认"按钮,将数据填充至基本信息窗口中,如图 2-4-37 所示。手工输入合同编号"gaj-ht-001",手工输入合同名称"公安局办公用车采购合同";单击合同类型后"▼"按钮,选择"01 正式合同";单击执行机构后"▼"按钮,选择"01 采购中心";手工输入原合同金额:"1 600 000"。

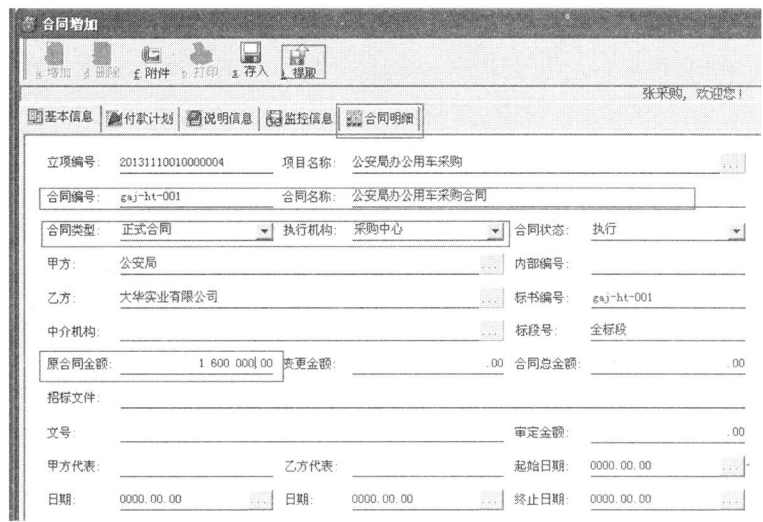

图 2-4-37　合同基本信息界面

在图 2-4-37 界面,单击"合同明细"按钮,再单击右上角"t. 提取",选择"2. 明细提取",系统弹出"条件筛选"窗口,单击"确认"按钮,选中采购单位为"民政局"的条目,单击"确认",系统自动完成合同明细部分数据导入。单击计量单位选择"辆",手工输入平均单价"80 000"、市场单价"100 000",如图 2-4-38。

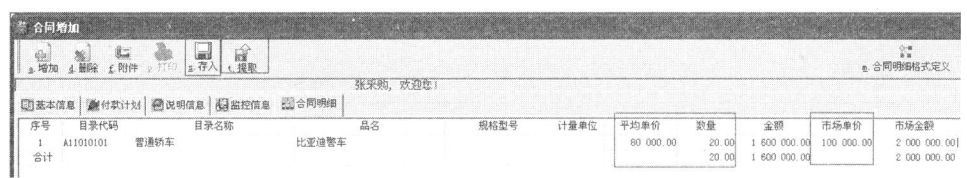

图 2-4-38　合同明细信息界面

在图 2-4-38 界面,单击"付款计划"按钮,单击" "按钮,填入付款金额:"1 600 000",付款依据:"车辆验收交付"。最后单击" "按钮,完成合同的保存。

(十) 政府采购执行的录入及审批阶段

(1) 以用户编码为 cyg001 张采购身份进入公共财政管理软件 Gsoft[采购管理]的界面。单击"采购执行"→"1. 新增",进入采购实施情况录入界面,如图 2-4-39 所示。

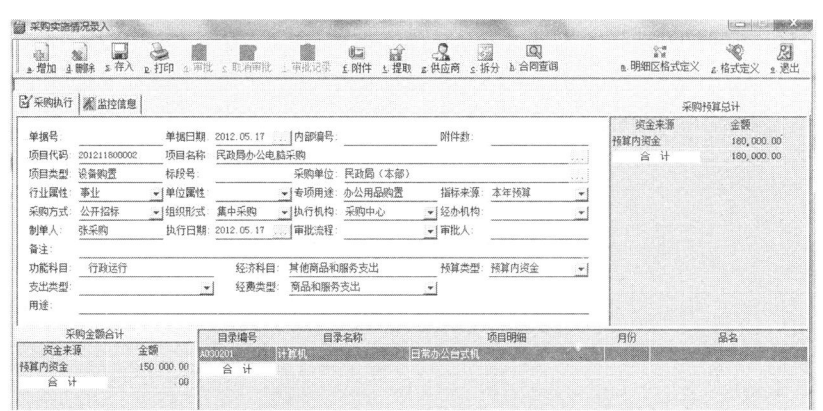

图 2-4-39　采购执行界面

具体操作 19

在图 2-4-39 界面,单击右上角"t. 提取",选择"3. 取自采购通知",系统弹出"条件筛选"窗口,单击"确认"按钮,弹出"采购通知单选择"窗口图 2-4-40,选择采购单位"民政局"的采购通知,单击"✔ 确认"按钮,系统填充采购通知数据。

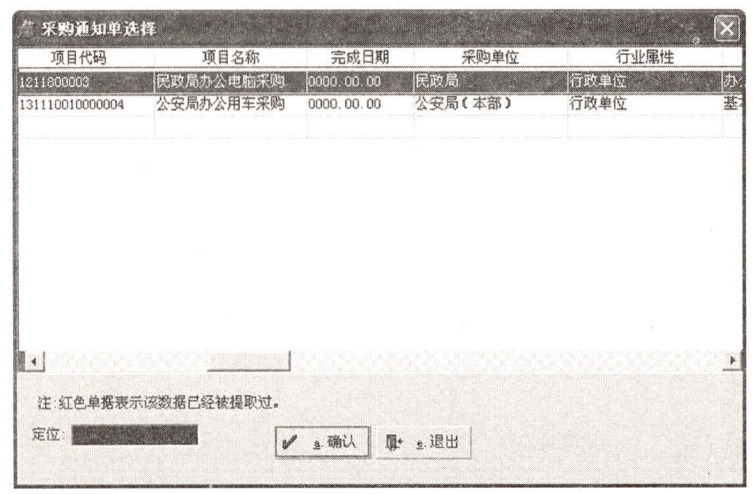

图 2-4-40　采购通知单选择窗口

在图 2-4-39 界面,左下角的"采购金额合计",输入资金来源:"预算内",金额:"150 000"。对应的中标数量:30,中标单价:5 000。然后单击"存入",生成新的单据,单击"确认",完成保存工作,如图 2-4-41 所示。

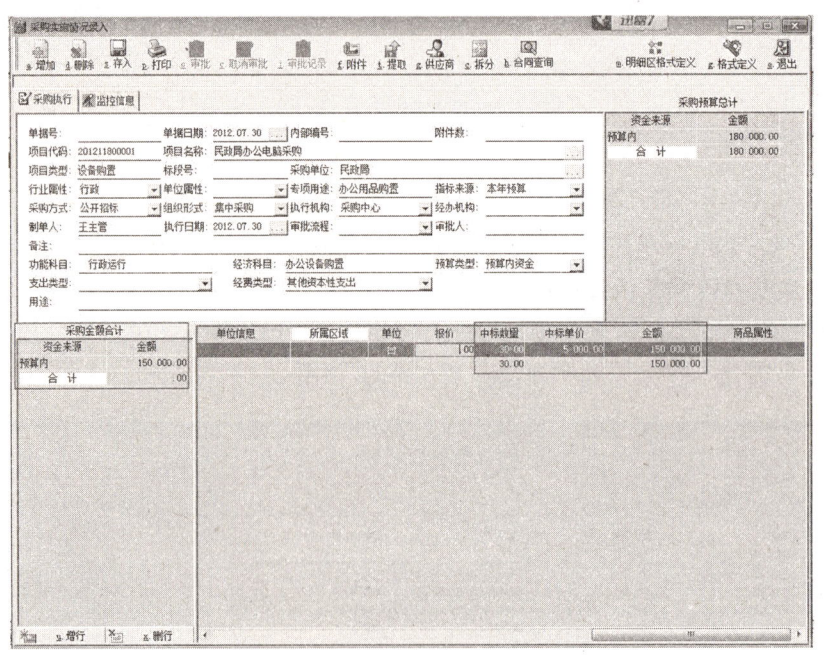

图 2-4-41　采购实施情况录入

具体操作 20

在图 2-4-41 界面,单击上方"t. 提取",选择"3. 取自采购通知",系统弹出"条件筛选"窗口,单击"确认"按钮,弹出"采购通知单选择"窗口,如图 2-4-42 所示。选择采购单位"公安局(本部)"的采购通知,单击" ✔ ⑤ 确认 "按钮,系统填充采购通知数据。

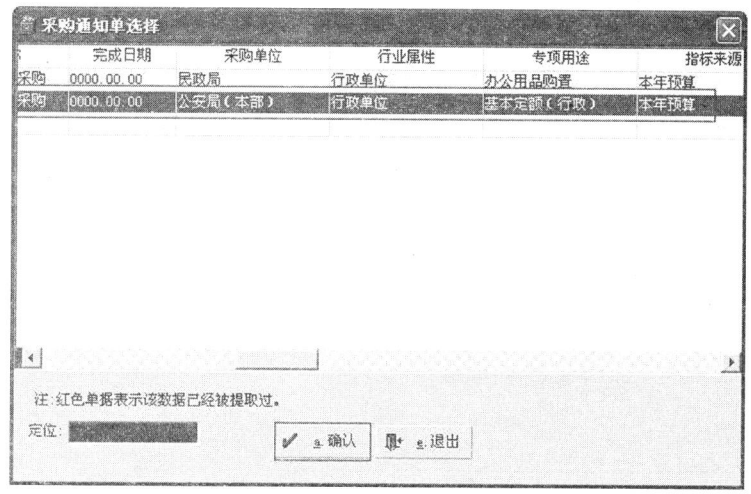

图 2-4-42 采购通知单选择窗口

在图 2-4-41 右下角的"采购金额合计",输入资金来源:"01 预算内",金额:"1 600 000"。对应左下角中的中标数量:"20",中标单价:"80 000"。然后单击"存入",生成新的单据,单击"确认",完成保存工作。

(2)更换操作员后,由 gkk002 任经办对采购执行录入进行初次审核。

(3)单击"政府采购"→"采购管理",单击"采购执行",选择"8.列表",在弹出的"条件筛选"窗口中,选择相应条件,然后单击"确认",系统弹出"采购实施情况列表",如图 2-4-43 所示。选择需要审批的单据,单击"审批",弹出"采购实施情况审批"窗口。

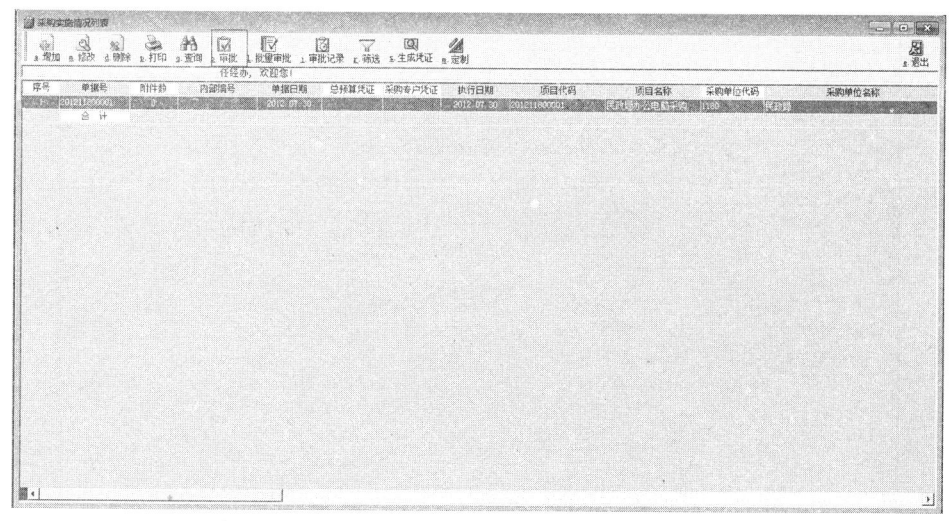

图 2-4-43 采购实施情况列表

在采购实施情况审批窗口图 2-4-44 中,审阅标书管理详细情况,然后单击" ⑤ 审批 "按钮,系统弹出"审批意见"窗口,填写审批意见,确认退出。

(4)更换操作员,以 gkk001 王主管身份对采购执行录入进行复审,审批方法同上。

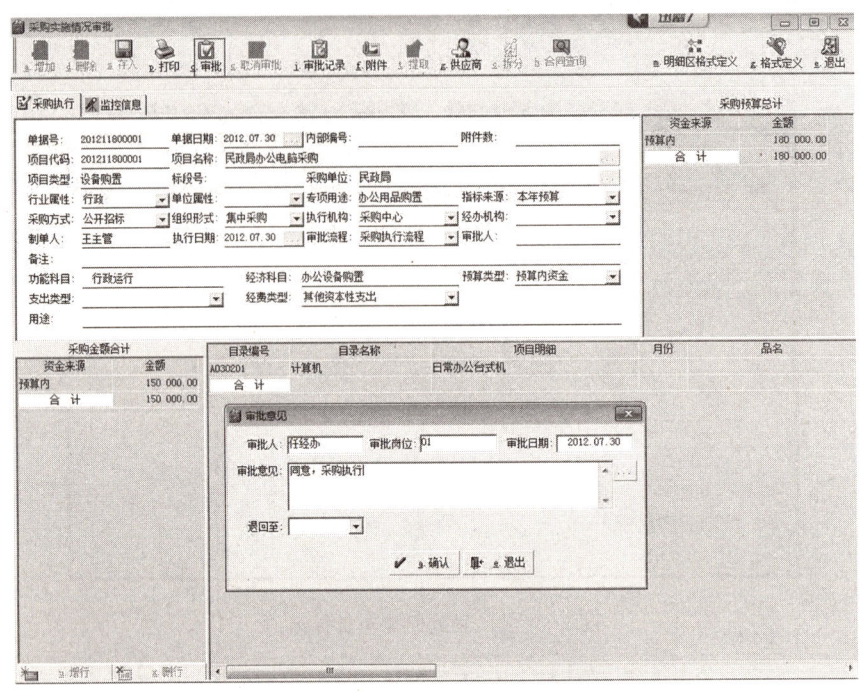

图 2-4-44　采购实施情况审批

（十一）政府采购支付的录入及审批阶段

（1）以用户编码为 cgy001 张采购身份进入公共财政管理软件 Gsoft［采购管理］的界面。单击"采购支付"→"1. 新增"，进入采购支付录入界面，如图 2-4-45 所示。

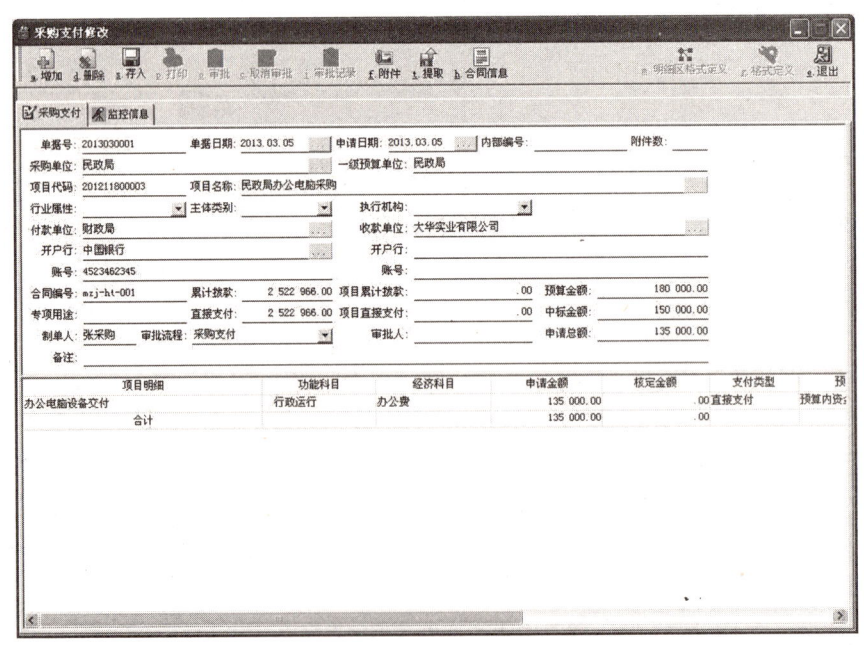

图 2-4-45　采购支付录入

具体操作 21

单击采购单位后"…"按钮，选择"1180 民政局"，单击"确认"；单击项目名称后"…"按钮，选择

"民政局办公电脑采购",单击"确认";单击"![金额信息]",选择"民政局办公用品采购合同",然后单击"确认";单击"提取",选择"2.取至合同计划",选择序号为1,付款金额为"135 000"的合同付款计划节点,如图2-4-46所示,然后单击"确认"系统自动填入所引用数据。

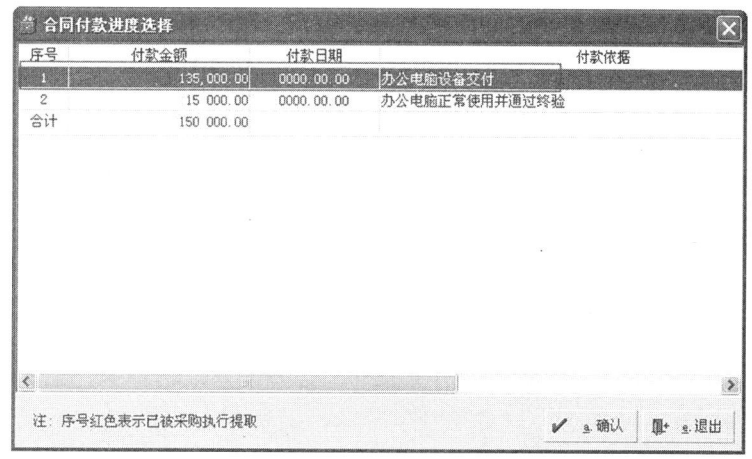

图 2-4-46　合同付款进度选择

在采购支付录入界面图2-4-45中,单击付款单位后"..."按钮,选择"1180 民政局";单击开户行后"..."按钮,选择"2.国库账号",然后单击"确认";单击收款单位后"..."按钮,选择"大华实业有限公司";手工填写开户行"工商银行",账号"88888888"(8 个 8);在下方的采购支付明细表新增的条目中双击功能科目选择"2080201 行政运行";经济科目选择"30201 办公费";支付类型选择"直接支付";预算类型选择"0101 预算内资金";支出类型选择"2 政府采购";经费类型选择"13 商品和服务支出";单击"![录入]"完成采购支付录入。

具体操作 22

单击采购单位后"..."按钮,选择"1100 公安局",单击"确认";单击项目名称后"..."按钮,选择"公安局办公用车采购",单击"确认";单击"![金额信息]",选择"公安局办公用车采购合同",然后单击"确认";单击"提取",选择"2.取至合同计划",选择序号为1,付款金额为"16 000 000"的合同付款计划节点,如图2-4-47所示,然后单击"确认"系统自动填入所引用数据。

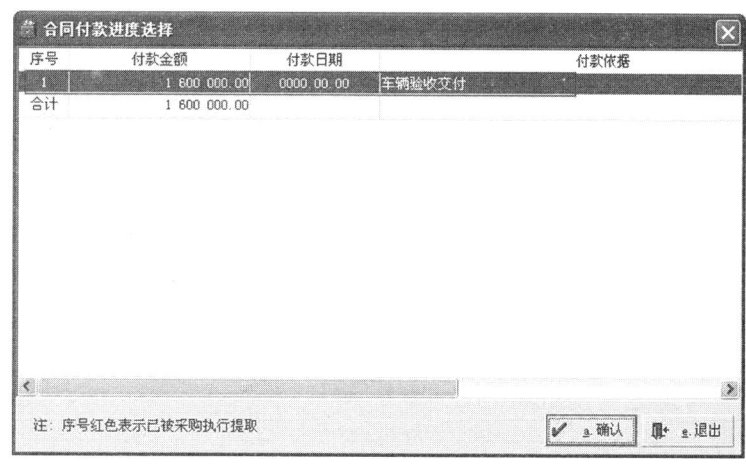

图 2-4-47　合同付款进度选择

在采购支付录入界面图 2-4-48 中,单击付款单位后"..."按钮,选择"1180 民政局";单击开户行后"..."按钮,选择"2.国库账号",然后单击"确认";单击收款单位后"..."按钮,选择"大华实业有限公司";手工填写开户行"工商银行",账号"88888888"(8 个 8);在下方的采购支付明细表新增的条目中双击功能科目选择"2040201 行政运行";经济科目选择"30219 装备购置费";支付类型选择"直接支付";预算类型选择"0101 预算内资金";支出类型选择"2 政府采购";经费类型选择"13 商品和服务支出";单击"💾"完成采购支付录入。

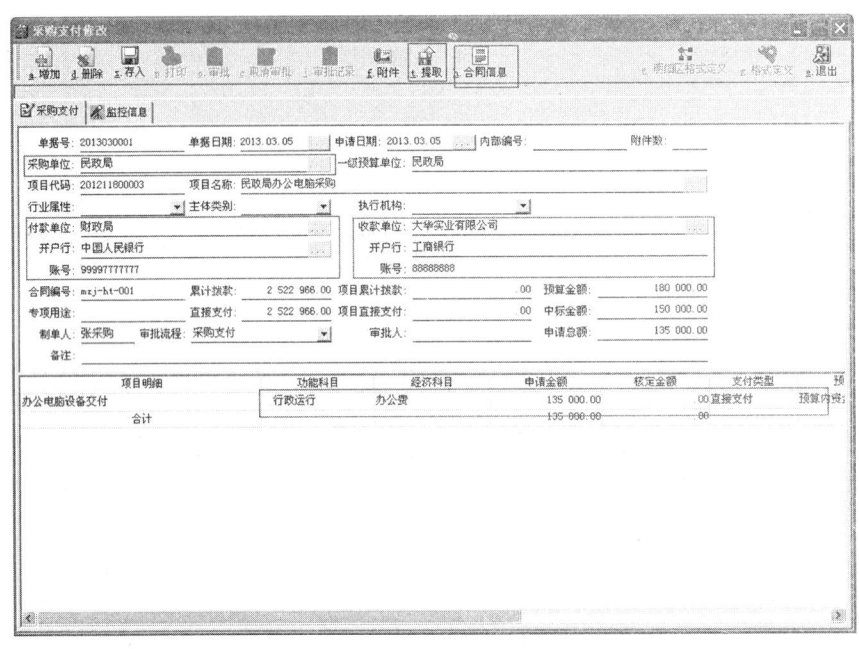

图 2-4-48　采购支付录入界面

(2) 更换操作员后,由 gkk002 任经办对采购支付录入进行初次审核。

(3) 单击"政府采购"→"采购管理",单击"采购支付",选择"7. 列表",在弹出的"条件筛选"窗口中,选择相应条件,然后单击"确认"。系统弹出的"采购支付列表",图 2-4-49 所示。选择需要审批的单据,单击"审批",弹出"采购支付审批"窗口,如图 2-4-50。

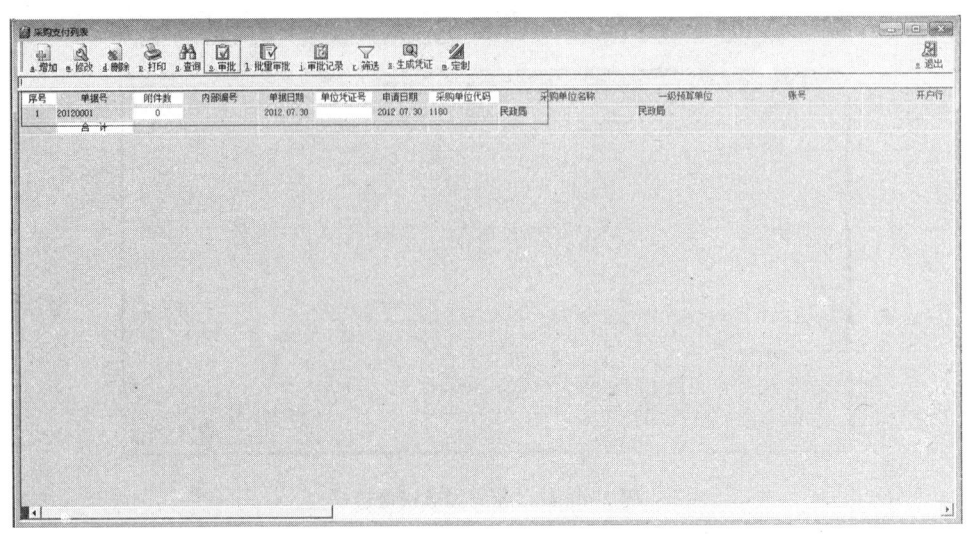

图 2-4-49　采购支付列表

在采购支付审批窗口图2-4-50中,审阅采购支付详细情况,然后单击"⬚审批"按钮,系统弹出"审批意见"窗口,填写审批意见,确认退出。

(4) 更换操作员,以gkk001王主管身份对采购执行录入进行复审,审批方法同上。

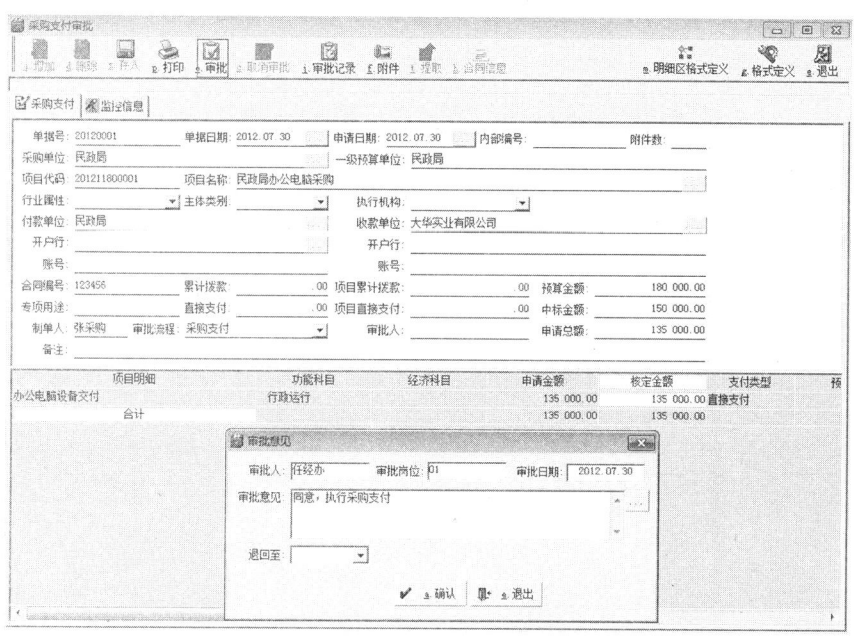

图2-4-50 采购支付审批

(十二) 政府采购验收管理录入及审批阶段

(1) 以用户编码为cgy001张采购身份进入公共财政管理软件Gsoft[采购管理]的界面。单击"验收管理"→"1.新增",进入验收管理录入界面,如图2-4-51所示。

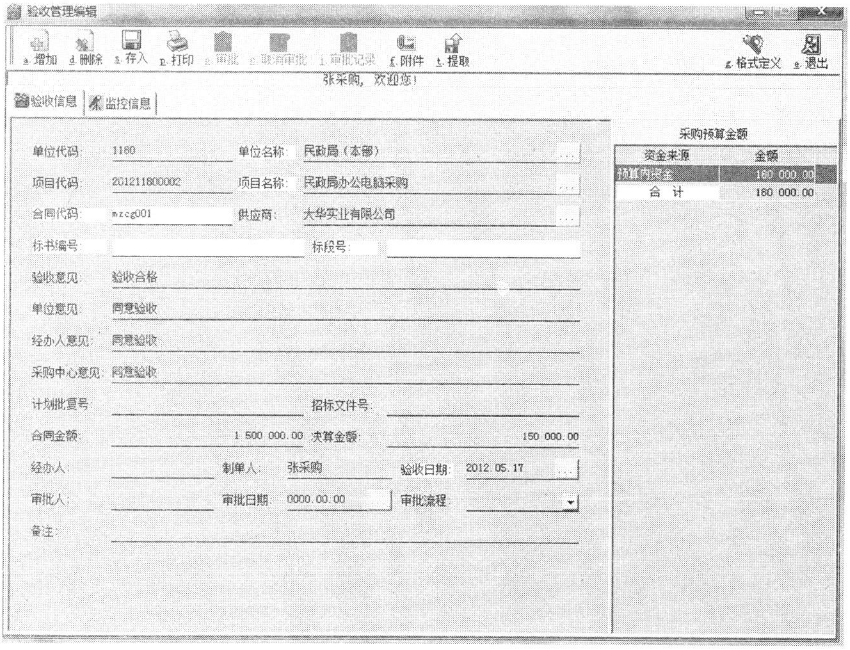

图2-4-51 验收管理编辑

具体操作 23

单击单位名称后"..."按钮,选择:"1180 民政局"。

单击项目名称后"..."按钮,选择"民政局办公电脑采购"然后单击"确认";单击"提取",系统弹出"合同选择"窗口,如图 2-4-52 所示。选择"民政局办公电脑采购合同",然后单击"确认",系统自动填充数据。

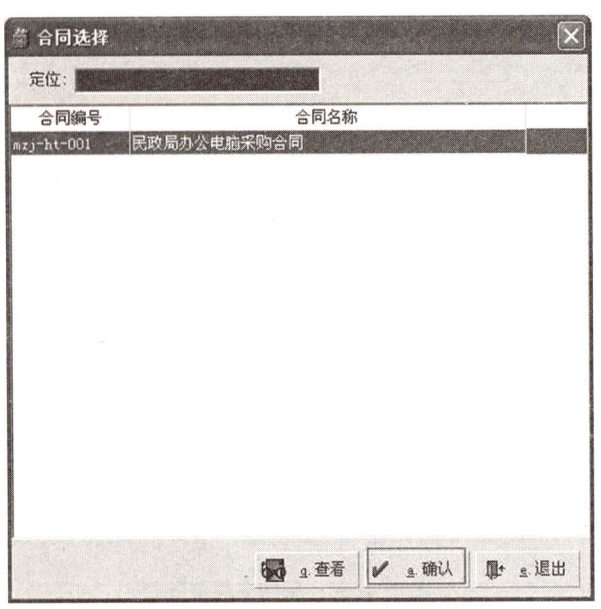

图 2-4-52　合同选择

在验收管理编辑界面中图 2-4-53 中,验收意见、单位意见、经办人意见、采购中心意见均填写"同意验收",决算金额"150 000";单击"存入",完成验收管理录入工作。

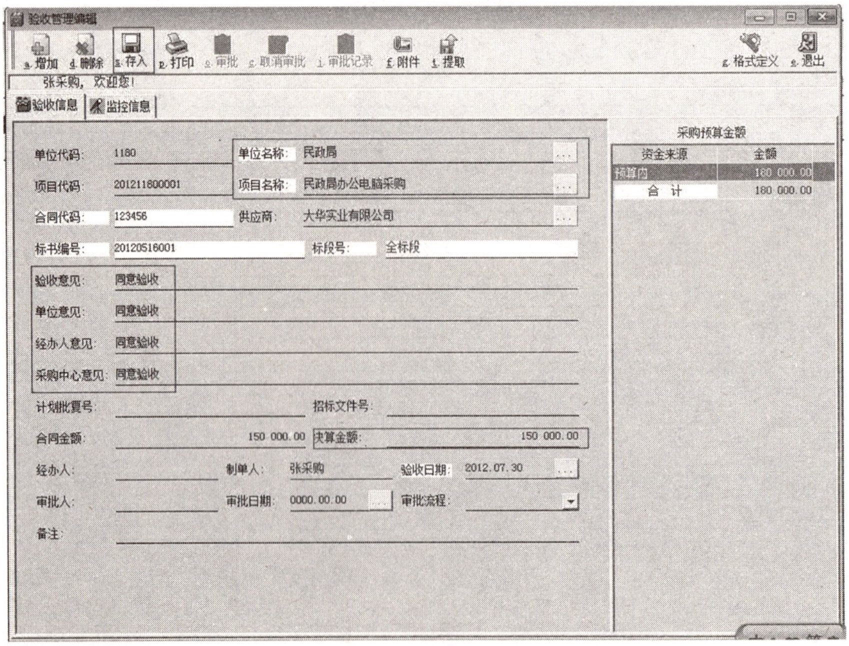

图 2-4-53　验收管理编辑界面

具体操作 24

在图 2-4-51 界面,单击单位名称后"..."按钮,选择:"1100 公安局"。

单击项目名称后"..."按钮,选择"公安局办公用车采购"然后单击"确认";单击"提取",系统弹出"合同选择"窗口图 2-4-54,选择"公安局办公用车采购合同",然后单击"确认",系统自动填充数据。

在验收管理编辑界面图 2-4-55 中,验收意见、单位意见、经办人意见、采购中心意见均填写"同意验收",决算金额"16 000 000"。

单击"存入",完成验收管理录入工作。

(2) 更换操作员后,由 gkk002 任经办对验收管理录入进行初次审核。

(3) 单击"政府采购"→"采购管理",单击"验收管理",选择"6.列表",在弹出的"条件筛选"窗口中,选择相应条件,然后单击"确认"。系统弹出的"采购验收列表",如图 2-4-56 所示,选择需要审批的单据,单击"审批",弹出"采购验收管理审批"窗口。

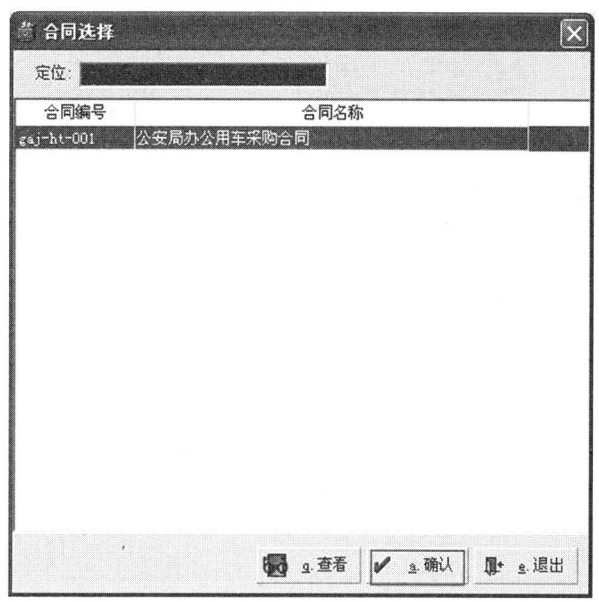

图 2-4-54　合同选择

在采购验收审批窗口图 2-4-57 所示,审阅采购验收详细情况,然后单击" 🖼 "按钮,系统弹出"审批意见"窗口,填写审批意见,确认退出。

(4) 更换操作员,以 gkk001 王主管身份对采购验收管理录入进行复审,审批方法同上。

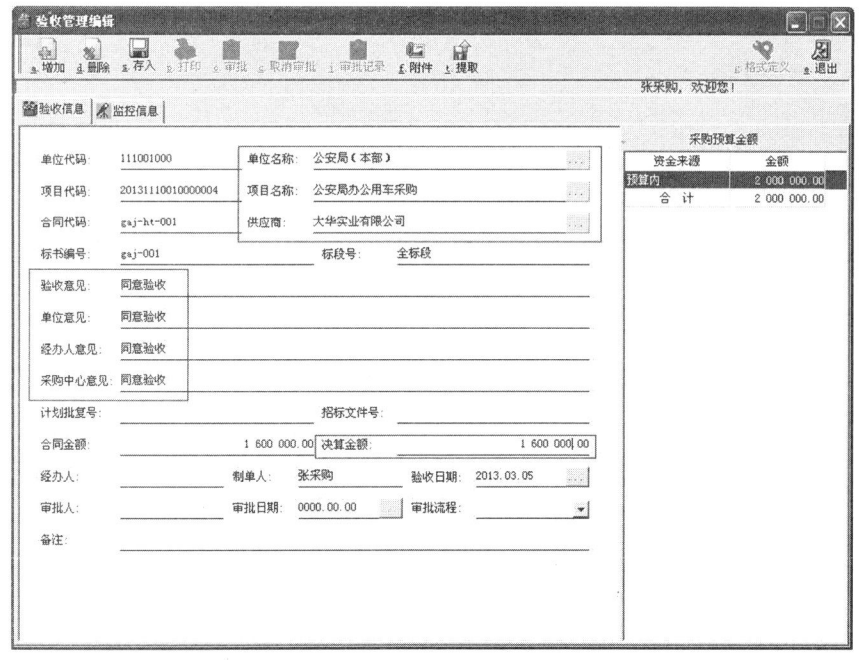

图 2-4-55　验收管理编辑界面

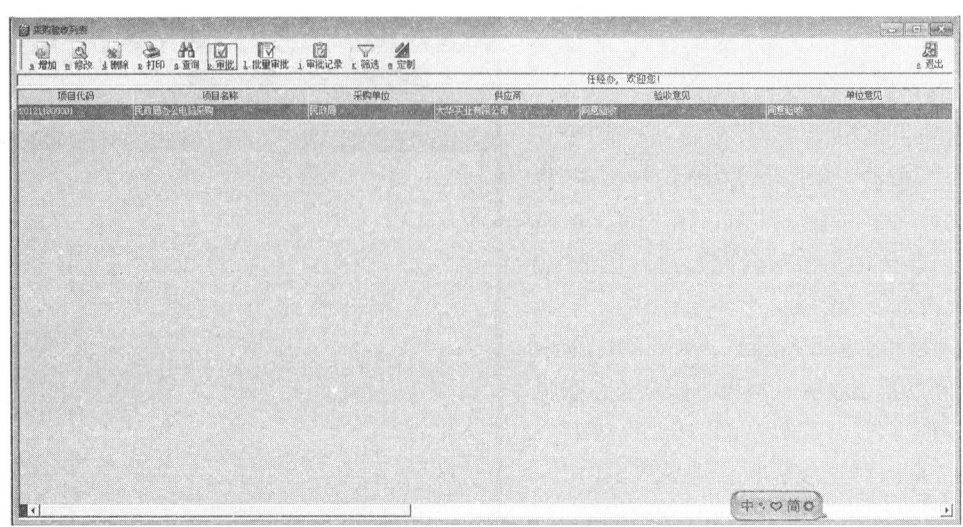

图 2-4-56　采购验收管理列表

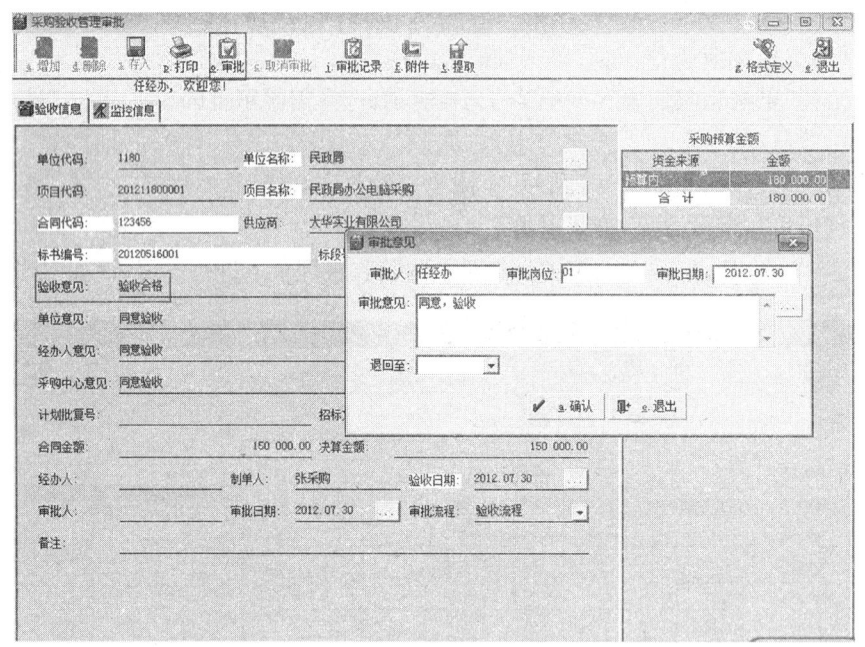

图 2-4-57　验收管理审批

(十三) 政府采购信息查询

以下报表主要供老师监控学生实训模拟过程及查阅学生实训模拟结果,也可以作为学生成绩评定的依据。

备注:具体详见报表中心政府采购报表操作。

项目 五 非税收入管理

非税收入征管改革采用"单位开票、银行代收、财政统管"的管理体制,所涉及的机构主要有财政管理部门、代收银行和执收(罚)单位。其主要操作人员分为票证管理员和非税征收员两类。

一、实训准备

非税财政收入是政府通过收费、基金、附加、罚款,以及国有资产和资源收入等方式筹集用于履行政府职能的收入。目前,我国各级政府都存在大量的非税财政收入,在政府全部收入中占据了很大比重,对微观经济运行和国家财政宏观调控都有重大影响。在此大环境下,非税收入建立了以统一的非税收入票据为源头,以代收银行为桥梁,以财政对非税收入的综合管理为核心,利用计算机网络等先进的信息化手段,构架"单位开票、银行代收、财政统管"的非税收入收缴管理体制。

二、实训目的及要求

通过系统模拟操作,学生应了解政府非税收入票据管理的基本步骤,掌握票据计划、票据入库、票据购领、票据出库、票据核销等录入及审核操作流程,掌握非税收入的执收单位管理的基本结算业务。

三、实训内容

根据实训资料,学生模拟票证管理中票据计划、票据入库、票据购领、票据出库、票据核销等录入及审核操作流程。非税管理执收单位的开票处理、收款确认等流程,如图2-5-1所示。

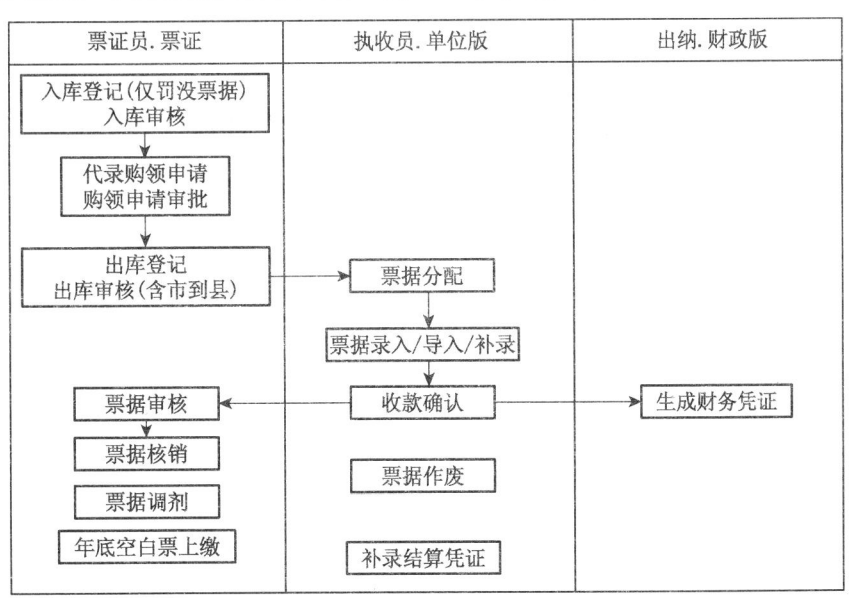

注:生成财务凭证再核销;已打印出的错误票做票据作废。

图2-5-1 非税收入管理业务操作流程

四、实训资料

以下是非税票据领用和收缴使用的信息,作为实训课程练习的备用知识。

公安局(本部)申领行政事业性收费票据,向同级非税收入管理机构提出申请,同时提交征收或收取非税收入的有关依据。经非税收入管理机构审查符合规定的,发给《非税收入票据购领证》,执收单位凭购领证购领非税收入票据。购置情况如下所述。

1. 票据入库

票据类型:行政事业性收费。

票据入库数量:20。

票据开始号:0000000001。

票据结束号:0000000400。

2. 票据购领

票据类型:行政事业性收费。

票据入库数量:15。

票据开始号:0000000001。

票据结束号:0000000300。

3. 票据报损

票据类型:行政事业性收费。

票据开始号:0000000003。

票据结束号:0000000300。

五、实训指导

(一) 票据计划录入、审核阶段

(1) 以 pzy001 陈经办身份登录系统后,进入公共财政管理软件 Gsoft[公共财政工作管理平台]。选择"系统菜单"→"收入管理"→"票证管理"进入软件的非税收入票证管理系统。

(2) 选择"票据管理"菜单→"票据计划登记",在图 2-5-2 界面上进行月度票据计划的录入工作。

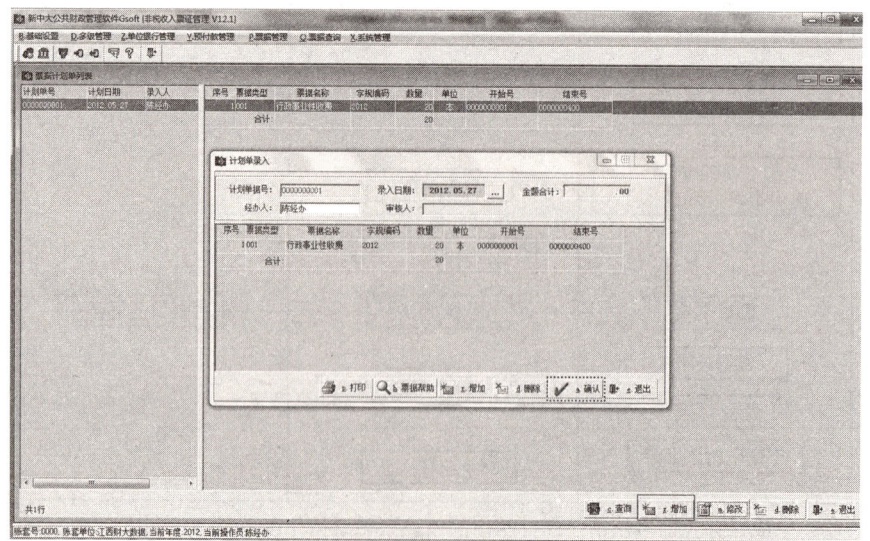

图 2-5-2 票据计划录入

具体操作 1

如图 2-5-2 所示，单击右下角"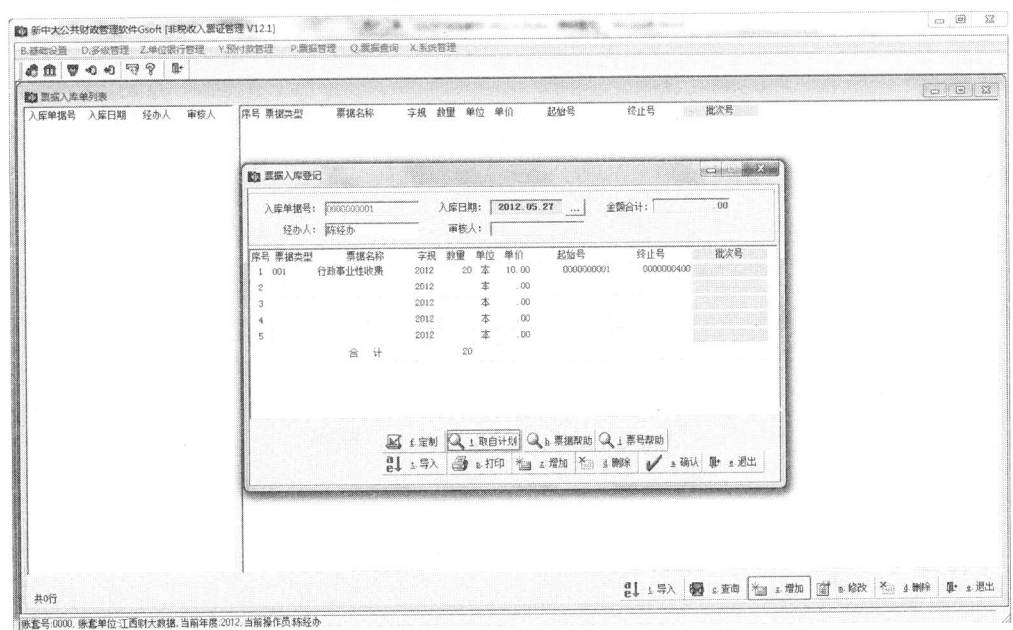 ⚘ z.增加 "，在弹出的"计划单录入"中，双击票据类型选择"行政事业性收费"；输入数量"20"；开始号码："0000000001"，结束号码："0000000400"；单击"确认"退出。

（3）pzy002 刘主管对录入的票据计划进行审核。更换操作员为 pzy002 刘主管身份登录系统，进入软件的非税收入票证管理系统。选择"票据管理"菜单→"票据计划审核"菜单，系统弹出票据计划单列表窗口，选择相应需要审核的单据后单击"审核"，系统打开待审批的"计划单审核"窗口，如图 2-5-3 所示。

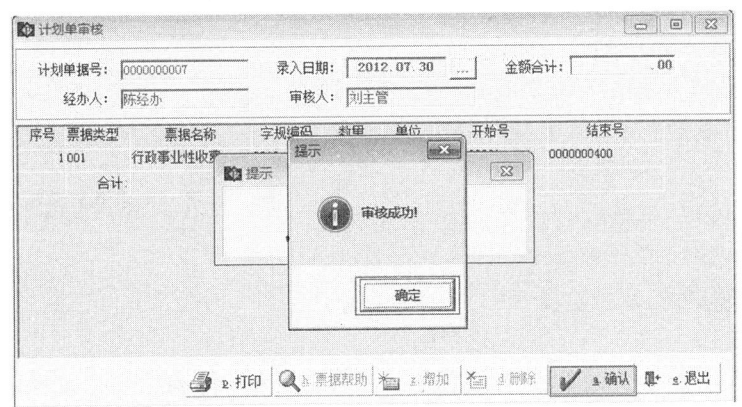

图 2-5-3　计划单审核窗口

单击"确认"，等待"审核成功！"提示，单击"确定"完成计划单审核。

（二）票据入库登记、审核阶段

具体操作 2

（1）更换操作员为 pzy001 陈经办身份登录系统，并进入软件的非税收入票证管理系统。选择"票据管理"菜单→"票据入库登记"，在图 2-5-4 界面上进行月度票据入库的录入工作。

图 2-5-4　票据入库录入

在图 2-5-4 界面,单击右下角"增加",在弹出的"票据入库登记"中,单击"取自计划",在弹出的"计划单列表"选择:行政事业性收费;单击"确认"退出。

(2) 由 pzy002 刘主管对录入的票据入库进行审核。更换操作员为 pzy002 刘主管身份登录系统后,并进入软件的非税收入票证管理系统。选择"票据管理"菜单→"票据入库审核"菜单,系统弹出票据入库单列表窗口,选择相应需要审核的单据后单击"审核",系统打开待审批的"入库单审核"窗口,如图 2-5-5 所示。

单击"确认",等待"审核成功!"提示,单击"确定"完成入库单审核。

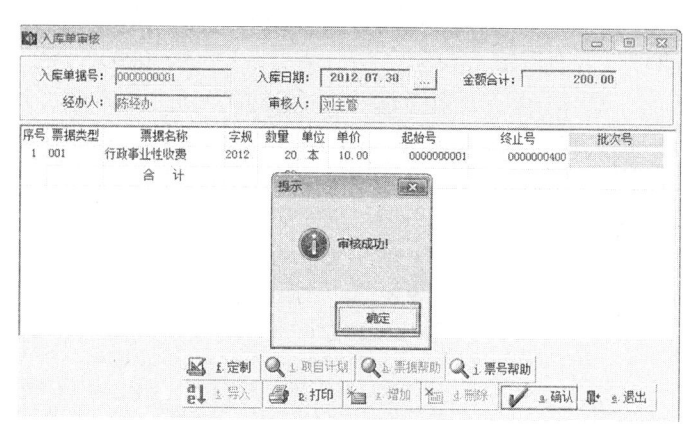

图 2-5-5 入库单审核窗口

(三)票据购领申请、审批阶段
具体操作 3

(1) 更换操作员为 pzy001 陈经办身份登录系统,进入软件的非税收入票证管理系统。选择"票据管理"菜单→"票据购领申请",在图 2-5-6 界面上进行月度票据购领的录入工作。

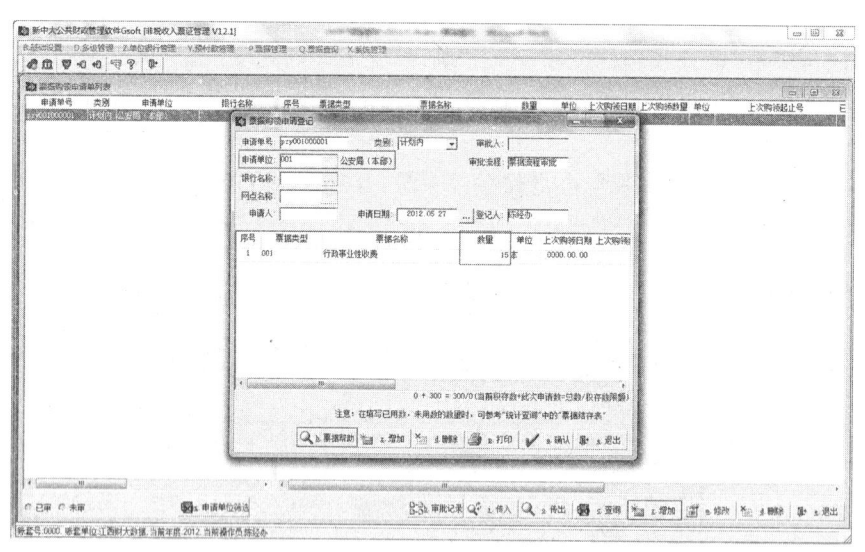

图 2-5-6 票据购领申请

在图 2-5-6 界面,单击右下角"增加",在弹出的"票据购领申请登记"中,选择申请单位:"公安局(本部)",双击票据类型选择:"行政事业性收费";填写数量:"15",单击"确认"退出。

⚠ **注意**

如果票据第一次入库则在购领申请时会提示"该票据尚未出过库",单击"确定"即可。

(2) 由 pzy002 刘主管对录入的票据购领进行审核。更换操作员为 pzy002 刘主管的身份登录系统,进入软件的非税收入票证管理系统。选择"票据申请审批"菜单,系统弹出票据购领申请单列表窗口,选择相应需要审核的单据后单击"审核",系统打开待审批的"申请单审批"窗口,如图 2-5-7 所示。单击"确认",弹出审批意见窗口,输入审批意见,单击"确认",完成票据购领审批,如图 2-5-8 所示。

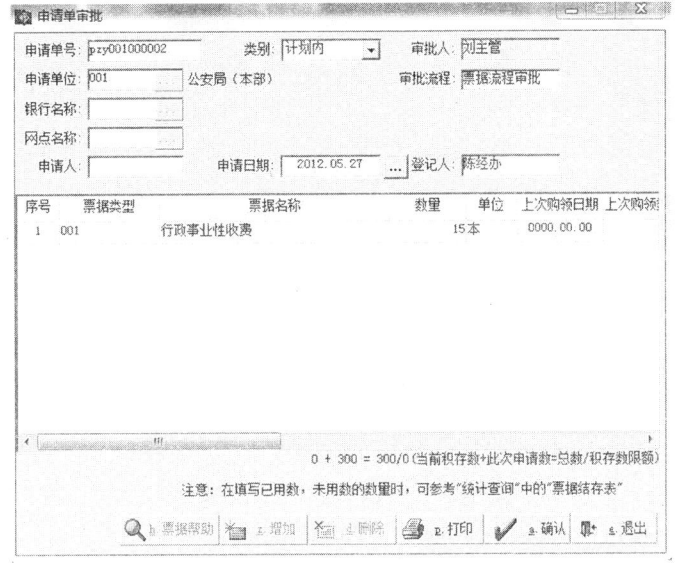

图 2-5-7　票据购领审批窗口

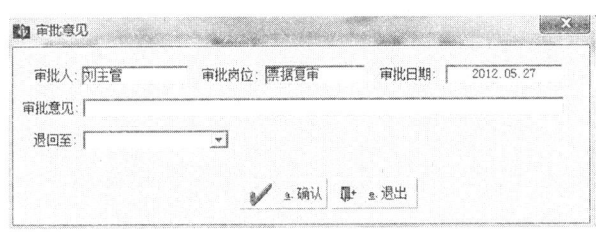

图 2-5-8　审批意见窗口

（四）票据出库登记、审核阶段

（1）更换操作员为 pzy001 陈经办身份登录系统，进入软件的非税收入票证管理系统。选择"票据管理"菜单→"票据出库登记"，在图 2-5-9 界面上进行月度票据出库的登记工作。

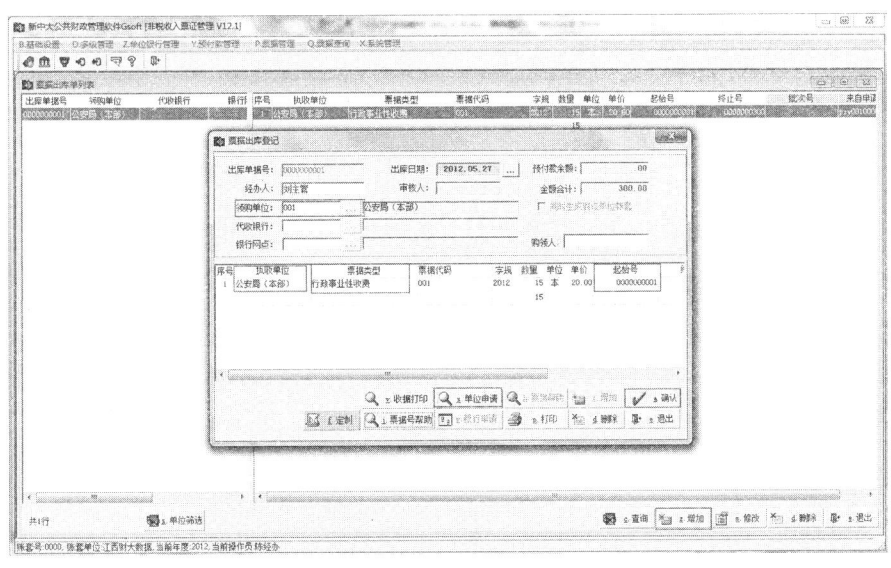

图 2-5-9　票据出库登记

在图 2-5-9 界面，单击右下角"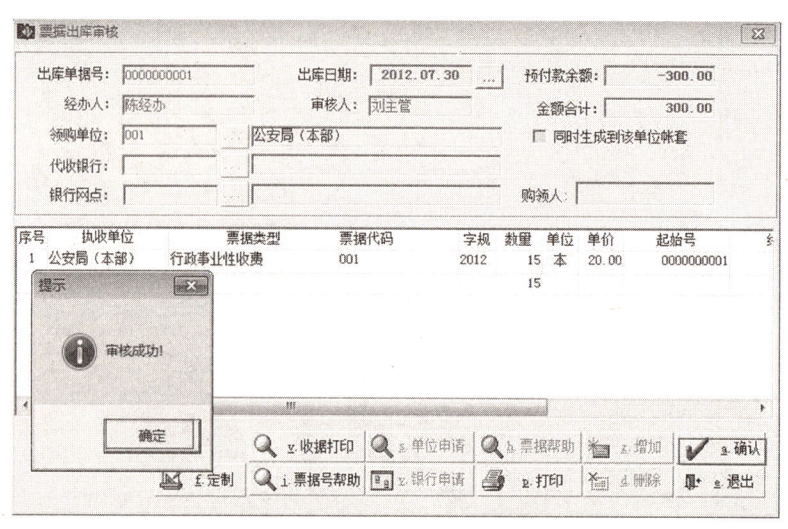增加"，在弹出的"票据出库登记"中，单击领购单位后"…"按钮，选择"公安局（本部）"，单击"单位申请"，选择："公安局（本部）"，双击执行单位选择"公安局（本部）"，双击选择起始号：0000000001，终止号：0000000300，单击"确认"退出。

（2）由 pzy002 刘主管对录入的票据出库进行审核。更换操作员为 pzy002 刘主管的身份登录系统，进入软件的非税收入票证管理系统。选择"票据出库审核"菜单，系统弹出票据出库单列表窗口，选择相应需要审核的单据后单击"审核"，系统打开待审批的"票据出库审核"窗口，如图 2-5-10 所示。

图 2-5-10　票据出库审核窗口

单击"确认"，等待"审核成功！"提示，单击"确定"完成票据出库单审核。

（五）票据分配

公安局（本部）从票管员处领到票据后，需要按票种和票段分配给指定的执收人员，否则无法进行开票操作。

（1）以 fsgaj1 公安执收身份登录系统后，进入公共财政管理软件 Gsoft［公共财政工作管理平台，选择"系统菜单"→"收入管理"→"非税收入单位版"进入软件的非税收入单位管理系统。选择"执收单位管理"菜单→"票据分配"→"按操作员分配"，出现图2-5-11"按操作员分配"。

具体操作 4

单击票据类型后"▼"按钮，选择"行政事业性收费"，单击"…"按钮，起始号码"0000000001"，终止号码"0000000300"，开票人选择"fsgaj1 公安执收"，单击"确认"保存成功后"确定"退出。

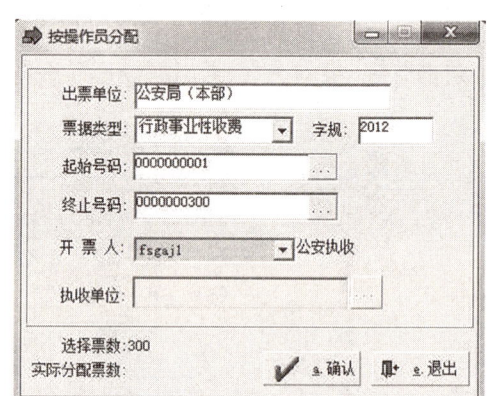

图 2-5-11　票据分配窗口

（六）票据录入

具体操作 5

以 fsgaj1 公安执收身份进入公共财政管理软件 Gsoft［公共财政工作管理平台］。选择"系统菜单"→"收入管理"→"非税收入单位版"进入软件的非税收入单位管理系统。选择"开票处理"菜单→"单张票据录入"，出现图 2-5-12。

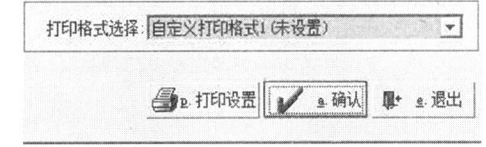

图 2-5-12 票据录入窗口

具体操作 6

在图 2-5-12 界面,选择结算方式"现金";票据类型"行政事业性收费";单击票据号后"…"按钮,选择"0000000001"(可以选择 0000000001-0000000300 中任意一张);双击缴款人全称选择"陈婷";单击银行网点选择"8887 中国工商银行杭州分行";双击项目代码选择"002 第二代居民身份证工本费",手工输入收费标准:"50";单击"确认";(注意:单击"确认"两次);系统提示"是否打印",选择"是"弹出图 2-5-13,单击"确认"。然后在打印界面选择退出,直到页面提示"打印成功"。

打印格式选择:	自定义打印格式1 (未设置)	▼
🖨 b.打印设置	✔ s.确认	▐▶ g.退出

图 2-5-13 打印格式设置

(七) 收款确认

具体操作 7

票据录入都必须进行收款确认操作,然后才能将票据交到票管员处进行审核。

以 fsgaj1 公安执收身份进入公共财政管理软件 Gsoft[公共财政工作管理平台]。选择"系统菜单"→"收入管理"→"非税收入单位版"进入软件的非税收入单位管理系统。选择"开票处理"菜单→"批量收款确认",出现图 2-5-14 的批量收款确认窗口。

在批量收款确认界面,确定状态为"已打印未收款未作废",单击" 🔍 s.筛选 ",选择需要做收款确认的单据,单击"收款确认",系统提示"有 1 条记录收款成功"。

(八) 票据复审

具体操作 8

公安局(本部)将已收款票据交至票管员处,票管员需要对票据进行审核。需要更换操作员进入。

由 pzy002 刘主管对已收款票据进行审核。更换操作员为 pzy002 刘主管的身份登录系统,进入软件的非税收入票证管理系统。

选择"票据复审"菜单,系统弹出票据复审窗口,确认票据状态为"已收款未复审",单击" 🔍 s.筛选 ",系统弹出所有待审核票据,选择相应需要审核的单据后单击"审核",系统提示"本张发票审核成功",如图 2-5-15 所示。

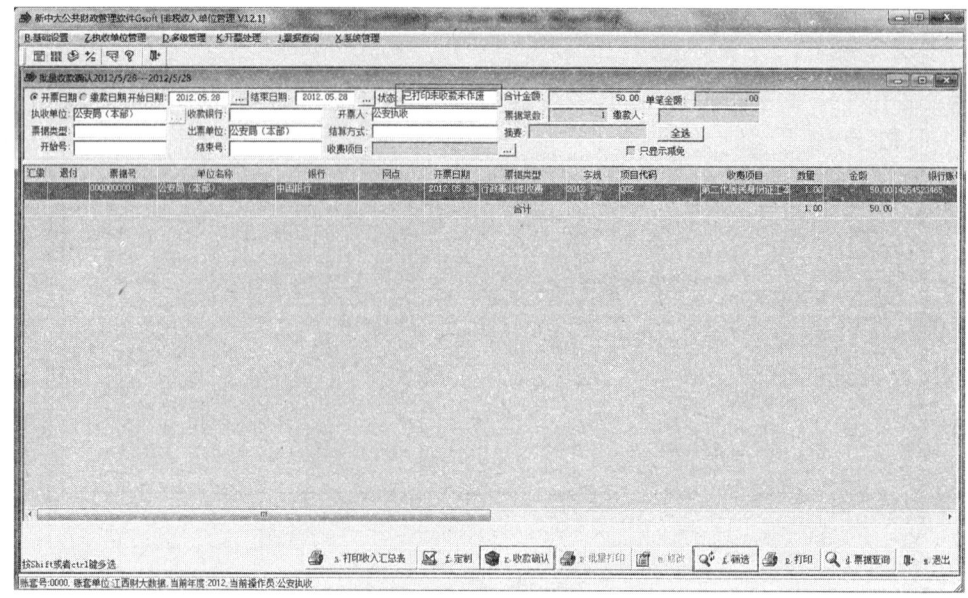

图 2-5-14　批量收款确认窗口

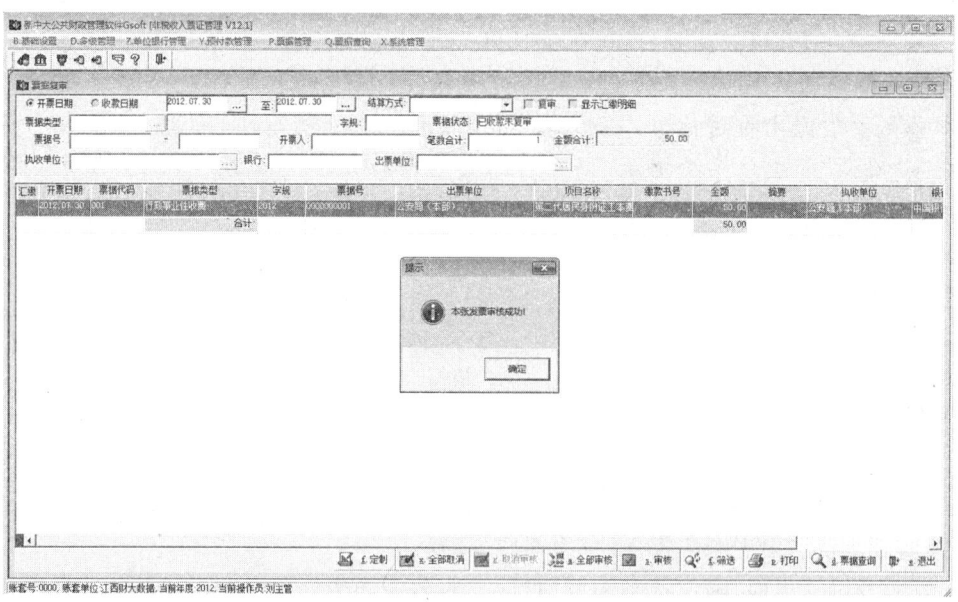

图 2-5-15　票据复审窗口

（九）票据核销

具体操作 9

公安局（本部）将已使用并已收款的票据交到票管员处，票管员需要对其进行核销。

由 pzy002 刘主管对已收款票据进行审核。更换操作员为 pzy002 刘主管身份登录系统，进入软件的非税收入票证管理系统。

选择"票据核销（开票明细）"菜单，系统弹出票据核销窗口，确认状态为"财政审核未核销"，单击"筛选"，系统弹出所有待核销票据，选择相应需要审核的单据后单击"核销"，系统提示"核销成功"，如图 2-5-16 所示。

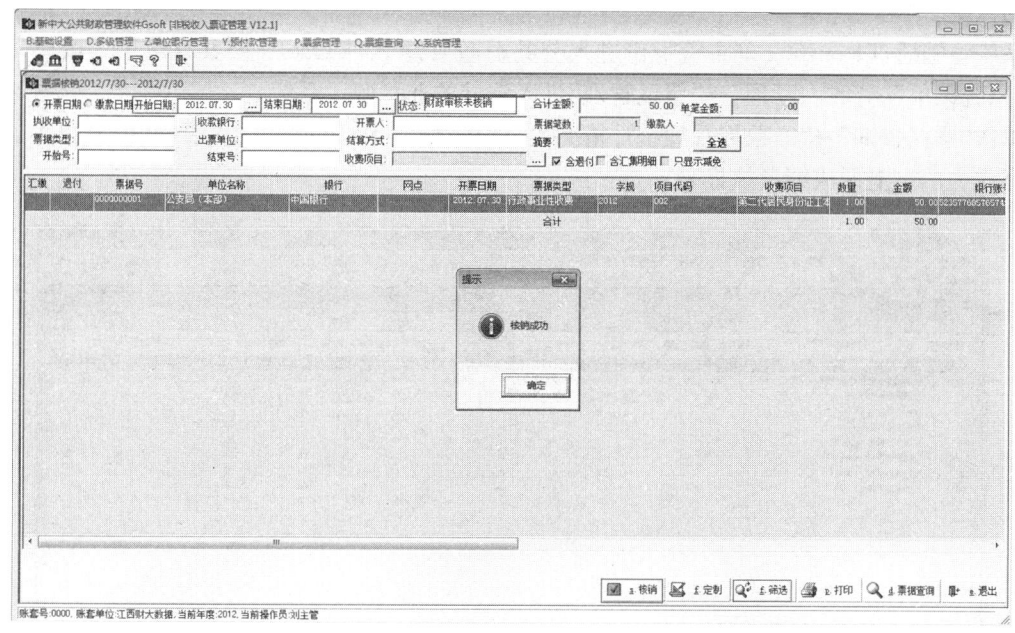

图 2-5-16　票据核销

（十）年底空白票上缴

具体操作 10

年底时，票管员需要统一将未使用的空白票上缴省局。

pzy002 刘主管对未使用的空白票上缴省局。更换操作员为 pzy002 刘主管身份登录系统，进入软件的非税收入票证管理系统。

选择"票据报损"菜单，系统弹出票据报损窗口，单击报损单位后"…"按钮，选择"001 公安局（本部）"；单击票据类型后"…"按钮，选择"行政事业性收费"；单击开始号后"…"按钮，选择"0000000002"，单击结束号后"…"按钮"0000000300"；手工输入报损原因"未使用"，单击"确认"，系统提示"保存成功"，如图 2-5-17 所示。

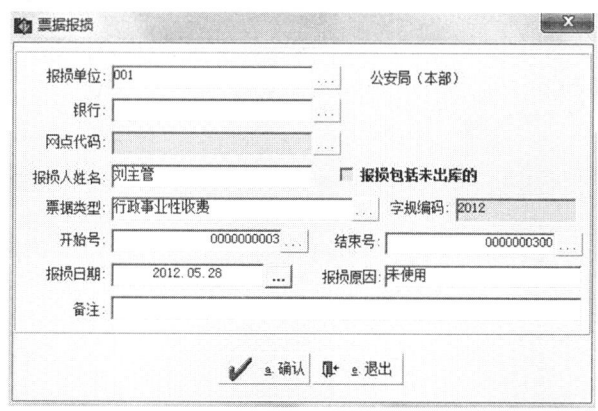

图 2-5-17　票据报损

（十一）生成票据管理情况统计报表

以下报表主要供老师监控学生实训模拟过程及查阅学生实训模拟结果，也可以作为学生成绩评定的依据。

　　系统注销后，以 pzy002 刘主管身份进入公共财政管理软件 Gsoft［公共财政工作管理平台］。选择"系统菜单"→"收入管理"→"票证管理"进入软件的非税收入系统。

　　单击"票据查询"→"9.票据管理统计情况表"如图 2-5-18 所示，单击"筛选"生成报表。这个报表可作为学生上课成绩考核报表。

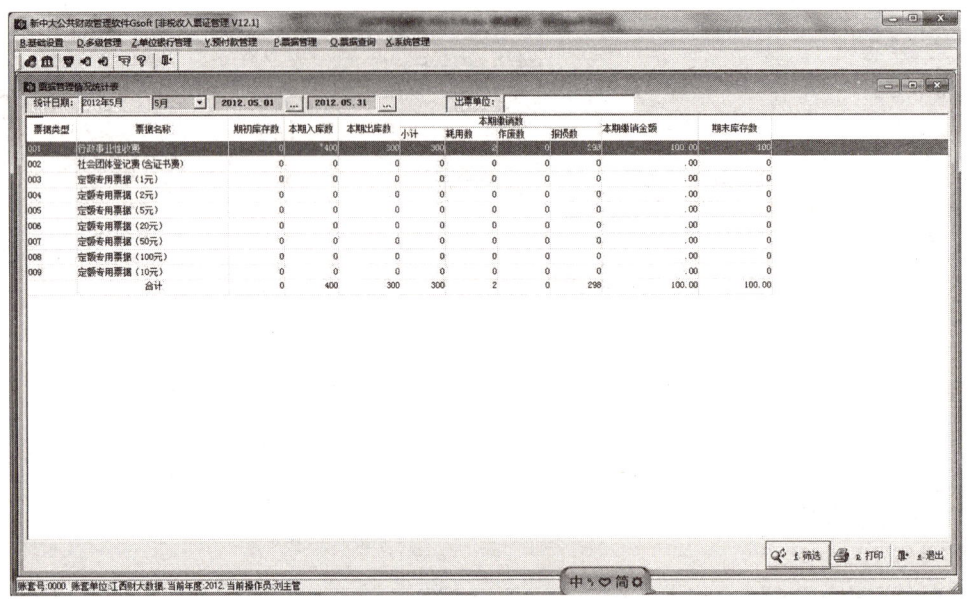

图 2-5-18　票据管理统计情况表

项目 六 工资管理系统

工资管理系统适用于各个行业对工资管理的要求,可实现工资核算、工资发放、个人所得税征收、公积金管理和员工档案管理。工资管理模块的基础数据大部分由用户自行设置,如定义金额类工资款项、定义款项公式、确定考勤款项、制定考勤指标及定义考勤款项公式、设置工资单和信用卡的输出格式等。

一、工资系统基础设置

在"基础设置"中,需要设置的内容有部门类型、部门名称、员工类型、工资款项、款项之间的计算关系、考勤指标、考勤款项、考勤款项和考勤指标间的计算关系、等级工资设置、工资列表中的排序方法、工资表(单)的打印格式、信用卡磁盘文件格式、配款单面额等。

(一)实训准备

学生收集单位信息、人员信息,包括工资款项和考勤指标等各方面信息并整理完毕。

(二)实训目的及要求

通过对实训的操作练习,学生能够掌握工资款项、员工类型等薪资信息的设置;掌握工资信息管理软件的使用。

(三)实训内容

根据实训资料,学生完成工资管理系统的初始化设置和基本设置。

(四)实训资料

公安局员工工资发放。

单位代码:01。

单位名称:公安局。

部门代码:05。

部门名称:公安局一队;属于"管理部门"的部门类型。

职员名单:0001,张虹,公安局一队,正式工;0002,张云,公安局一队,正式工;0003,柳尊,公安局一队,正式工;0004,杨铁,公安局一队,临时工;0005,李渔,公安局一队,正式工。

(五)实训指导

1. 初始化设置(财政局统一操作)

以 gztf01 李会计身份进入公共财政管理软件 Gsoft〔公共财政工作管理平台〕。选择"支出管理"——"工资管理",菜单"初始化设置"如图 2-6-1 所示。

1)使用对象设置

选择"初始化设置"→"使用对象设置",在弹出的对话框中选择使用对象"主管单位下属的预算单位使用",如图 2-6-1 所示。

2)工资发放模式设置

选择"初始化设置"→"工资发放模式设置",在弹出

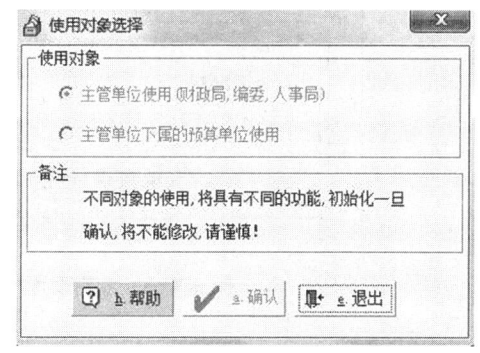

图 2-6-1 使用对象选择

的对话框中选择发放模式,可选择按月发放和一月多次发放两种,如图 2-6-2 所示。

3) 启用审批流

选择"初始化设置"→"启用审批流",在弹出的对话框中选择审批流模式,并填入审批单位代码。此代码是接受审批单人员所在单位,如图 2-6-3 所示。

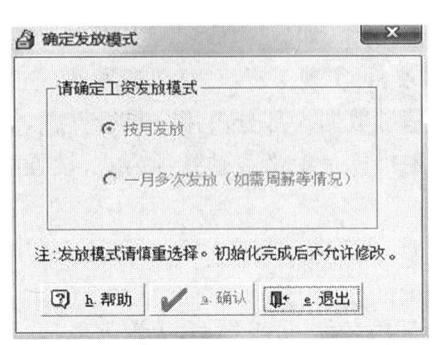

图 2-6-2　发放模式　　　　　图 2-6-3　启用审批流

4) 初始化确认

选择"初始化设置"→"初始化确认",在弹出的对话框中选择起始的月份,如图 2-6-4 所示。

选好后单击"确认"即可。

💮 **注意**

如果此处"确定"是灰色,说明初始化已经完成,直接进入基本设置。

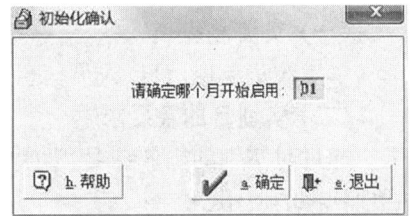

图 2-6-4　初始化确认

2. 基本设置(财政局统一操作)

由财政局统一设置经费、单位性质、工资款项、款项公式定义、打印格式、录入截止日期等。

1) 经费设置

进入"基本设置"→"经费设置",如图 2-6-5 所示。单击" 增加 ",填写编号和三项经费。

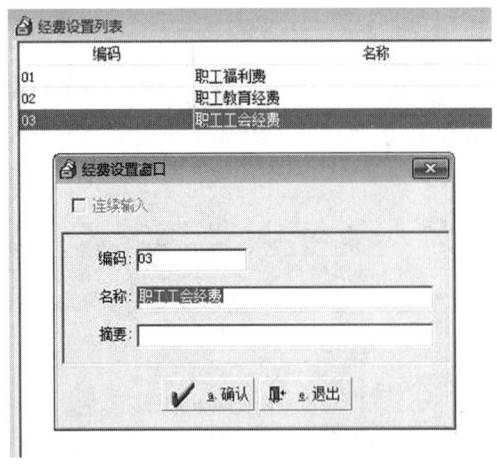

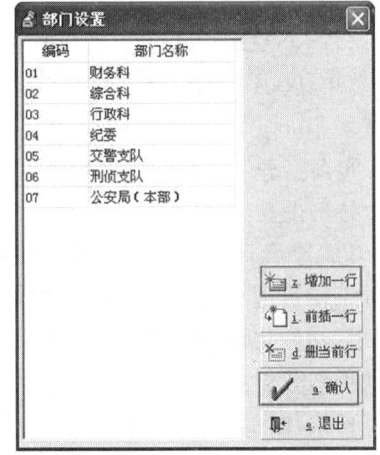

图 2-6-5　经费设置　　　　　图 2-6-6　部门设置

2) 添加部门

进入"基本设置"→"部门设置",如图 2-6-6 所示。单击"增加一行"按钮,输入代码:05;部门名称:公安局 01 分局;属于"管理部门"的部门类型。

3) 设置员工类型

进入"基本设置"→"人员性质设置",如图 2-6-7 所示。系统已自带有三种类型:正式工、临时工、退休工;如图 2-6-7 所示,亦可单击"增加一行"按钮,进行新的类型的增加。

4) 工资款项设置

单击"基本设置"→"工资款项"设置,直接在空位处输入工资款项,如图 2-6-8 所示。单击序号为 18 和 19 的空款项,新增款项名称为考勤 1 和考勤 2。

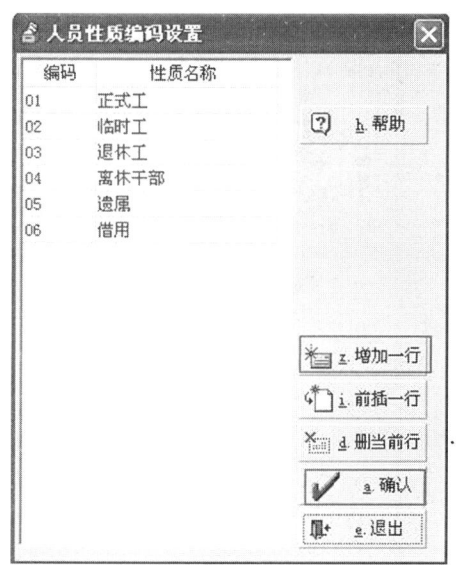

图 2-6-7　人员性质编码设置

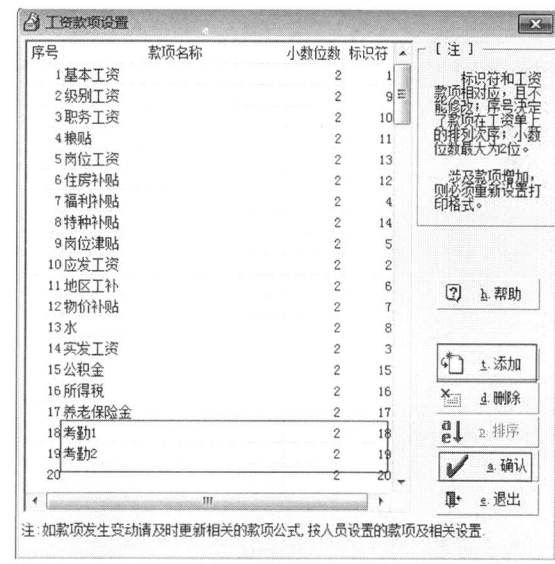

图 2-6-8　工资款项设置

5) 工资款项定义

单击"基本设置"→"工资款项定义"设置,设好工资款项就可以定义工资款项间的关系了,如图 2-6-9 所示。

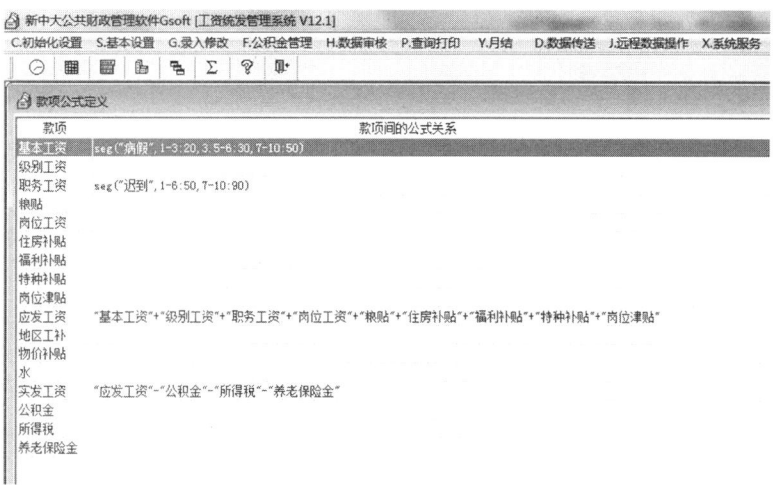

图 2-6-9　工资款项定义

在"工资款项定义"中设好公式就不用在"按人员和部门性质设置款型公式"中设置公式。

6) 确定考勤款项

进入"基本设置"→"考勤设置"→"确定考勤款项",如图 2-6-10 所示。

设定"迟到"和"请假"为考勤项,直接双击"是否考勤款项"一栏相对应的款项名称,单击变为"是",而后单击"存入"完成保存工作。

7) 考勤指标设置

进入"基本设置"→"考勤设置"→"考勤指标设置",如图 2-6-11 所示。在此设置的为考勤的内容,指标名称;增加一项"迟到",而后"确认"即可。

图 2-6-10　确定考勤款项　　　　　图 2-6-11　考勤指标设置

8) 考勤款项公式定义

进入"基本设置"→"考勤设置"→"考勤款项公式定义",如图 2-6-12 所示。双击"考勤款项"对应的"公式"列,进入"考勤款项计算公式"窗口。

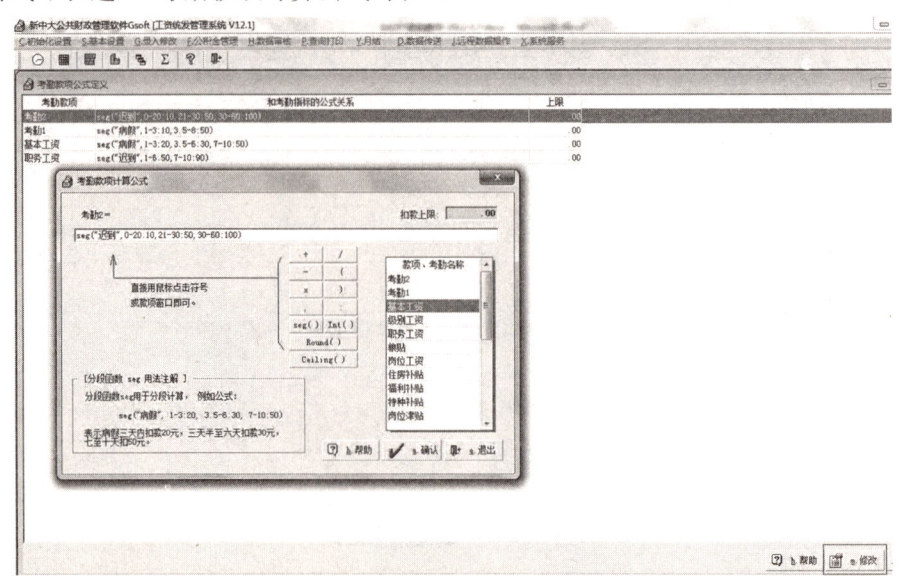

图 2-6-12　考勤款项公式定义

例如:请假= seg("病假指标",1-3:10,3.5-8:50);

迟到=seg("迟到指标",0-20:10,21-30:50,30-60:100)。

9) 人员异动原因设置

进入"基本设置"→"人员异动原因设置",如图2-6-13所示。单击"增加"按钮,输入代码和名称,单击"确认"。

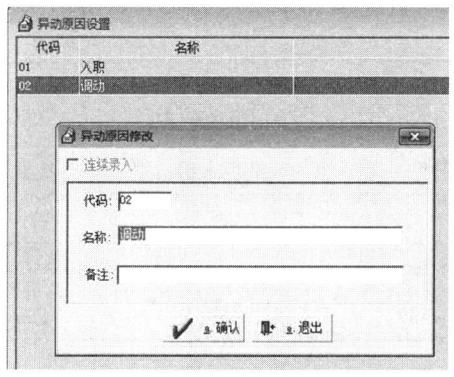

图 2-6-13　人员异动原因设置

二、工资系统日常业务

本章节将主要练习有关人事工资业务处理的部分内容,包括对员工名单和工资款项的录入、修改和管理。

(一) 实训准备

工资系统初始设置完毕之后,将包括单位信息、人员信息、工资款项及款项公式等设置完毕。

(二) 实训目的及要求

通过对实训的操作练习,了解工资统发管理系统的日常业务处理模式,掌握工资管理系统软件操作方式。

(三) 实训内容

如图 2-6-14 所示,根据实训资料,完成工资管理系统的日常业务操作。

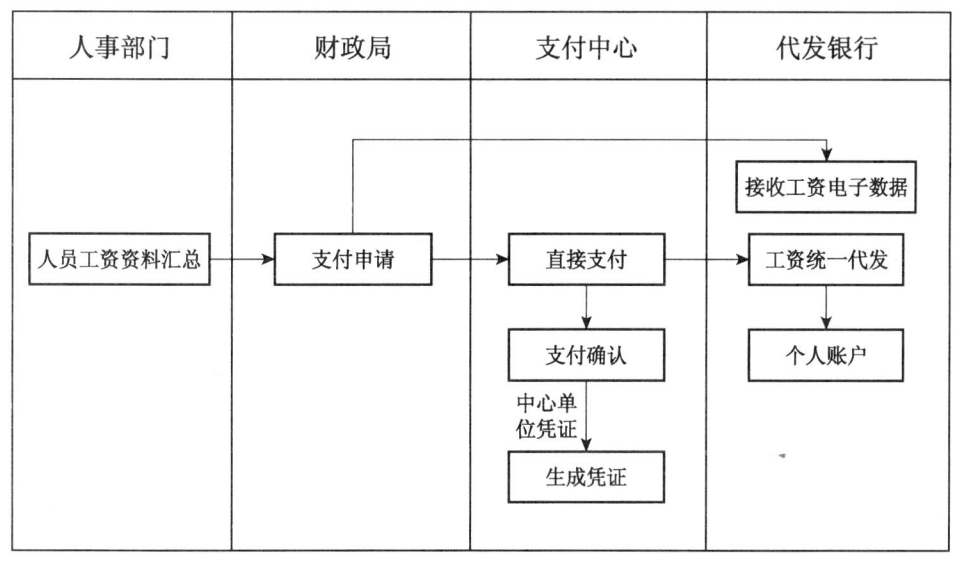

图 2-6-14　流程图

流程关键节点说明：

（1）人事部门汇总审核各单位人员编制、工资标准等资料数据并提交财政局。

（2）财政局根据核定的工资数据信息，向国库支付中心发出支付申请，并将工资单的电子数据传送至代发银行。

（3）国库支付中心将工资款项划走支付流程转至代发银行。

（四）实训资料

实训单位信息如表 2-6-1 所示。

表 2-6-1　　　　　　　　　　　　　实训单位信息

单位编码	单位名称	是否末级	代发银行	银行账号
12	公安局	否		
1200	公安局（本级）	否		
120001	公安局（本部）	是	工商银行	123456789

实训人员信息如表 2-6-2 所示。

表 2-6-2　　　　　　　　　　　　　实训人员信息

姓名	人员性质	所属经费代码	身份证号码	性别	进单位日期
张虹	正式工	01 职工福利费	330100198506020032	女	2005.04
张云	正式工	01 职工福利费	330103198006200036	男	2003.09
柳尊	正式工	01 职工福利费	330105197804280091	男	2002.09
杨铁	临时工	01 职工福利费	360104197806280078	男	2009.01
李渔	正式工	01 职工福利费	340103197506280092	男	2001.05

实训单位人员工资信息如表 2-6-3 所示。

表 2-6-3　　　　　　　　　　　　实训单位人员工资信息

姓名	基本工资	级别工资	职务工资	住房补贴	福利补贴	岗位津贴
张虹	1 000	1 000	300	200	100	200
张云	1 000	1 200	200	200	100	
柳尊	1 000	1 000	200	200	100	
杨铁	1 000	800	200			50
李渔	1 000	1 000	200	200	100	250

（五）实训指导

1. 单位资料录入

进入"录入修改"→"单位资料修改"单击"![增加]"按钮。按照编码规则的要求输入自己单位的代码，名称等信息，单击"保存"，如图 2-6-15 所示。

2. 人员资料录入

进入"录入修改"→"人员资料录入"界面后单击下方的"![增加]"按钮。在信息窗口中填上姓名、人员性质、所属编制、部门、所属经费代码、性别、进本单位日期、人员变动原因等信息，填好后单击"保存"即可，如图 2-6-16 所示。详细人员资料见实训资料。

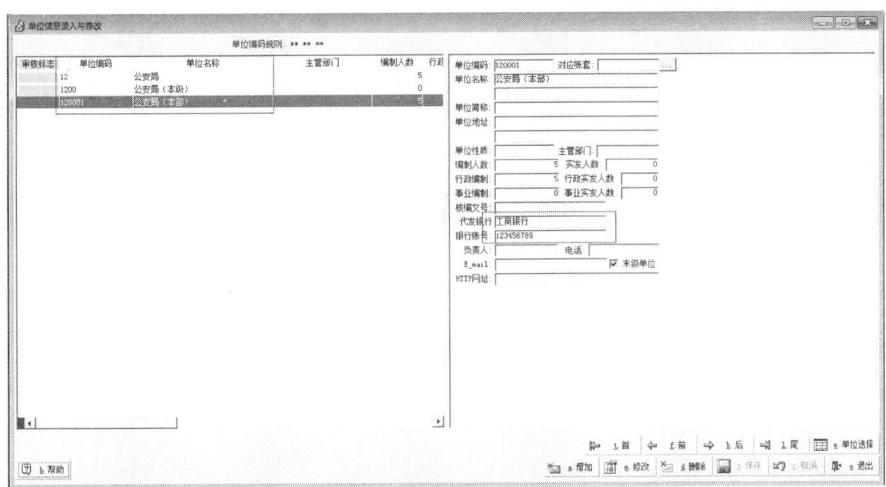

图 2-6-15　单位信息录入

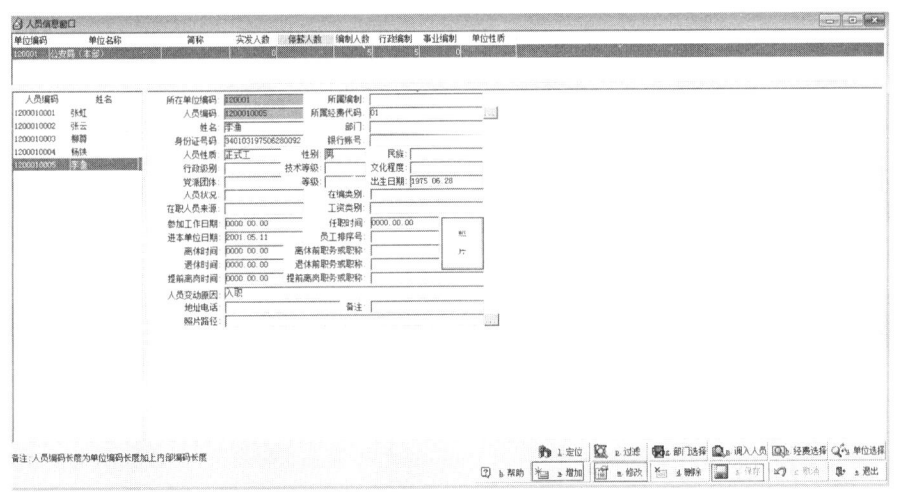

图 2-6-16　人员信息录入

3. 工资信息录入

进入"录入修改"→"录入人员银行账号",系统弹出范围窗口,如图 2-6-17 所示。单击"▢|",选择单位代码"1100 公安局(本部)",然后单击"确认",系统弹出公安局(本部)信用卡号列表。

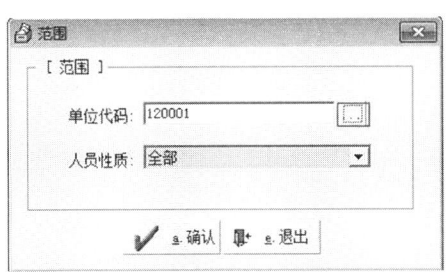

图 2-6-17　范围

在信用卡号列表中填入单位开户行的账号,如图2-6-18所示。在工商银行中输入卡号,单击"确认"完成保存。

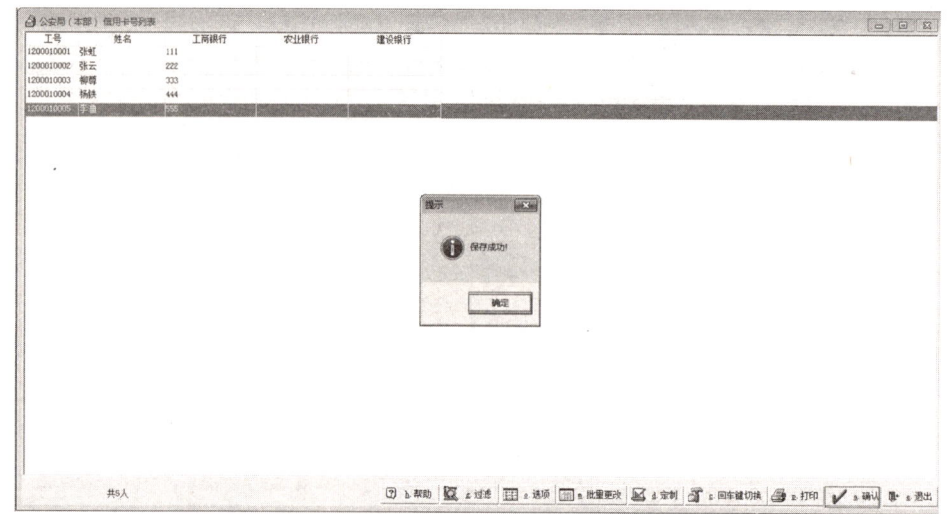

图 2-6-18　信用卡列表

4. 考勤录入

进入"录入修改"→"考勤录入",系统弹出"单位选择"窗口,如图 2-6-19 所示。选中"1100 公安局(本部)",然后单击"确认",系统弹出"公安局(本部)考勤录入"窗口。

如图 2-6-20 所示,录入员工的考勤情况:张虹病假 2 天;张云休假 1 天,迟到 25 分钟;单击"确认",完成考勤保存并退出。

5. 工资数据录入

系统提供了几种录入数据的方式:按员工逐页录入(按部门逐页录入、按员工类型逐页录入)、按款项连续录入(直接连续录入、按部门连续录入、按员工类型连续录入);在此以"按款项连续录入→直接连续录入"为例来录入工资;进入"录入修改"→"工资录入",系统弹出"员工性质选择"窗口,如图 2-6-21 所示。单击" 全选 "按钮,然后单击"确认",系统弹出"人员工资录入"窗口。

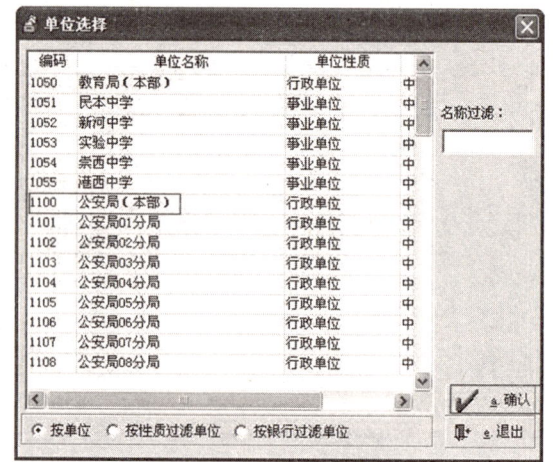

图 2-6-19　单位选择

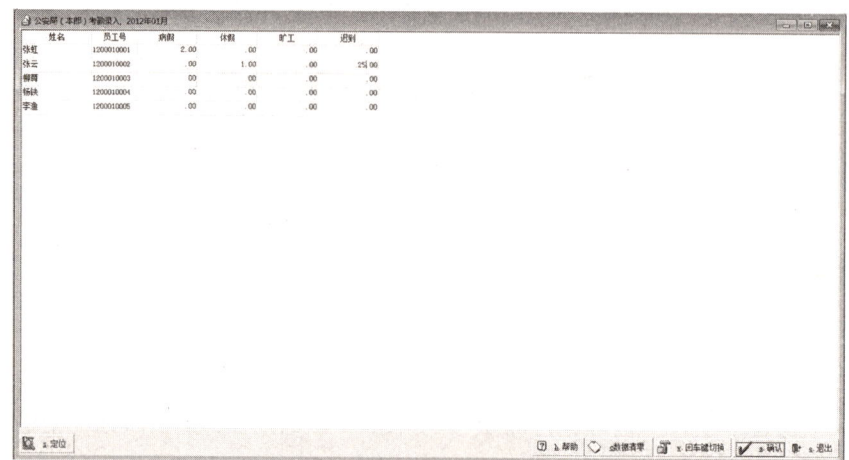

图 2-6-20　考勤录入

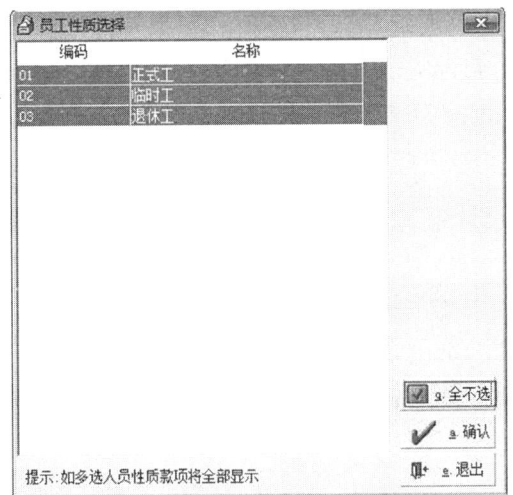

图 2-6-21　员工性质选择

在人员工资录入窗口中,按照实训资料进行录入工作。直接在相应的工资款项中录入数据,然后单击"保存",下一个人员工资录入前需选中左上角人员姓名,其他操作一致,如图 2-6-22 所示。

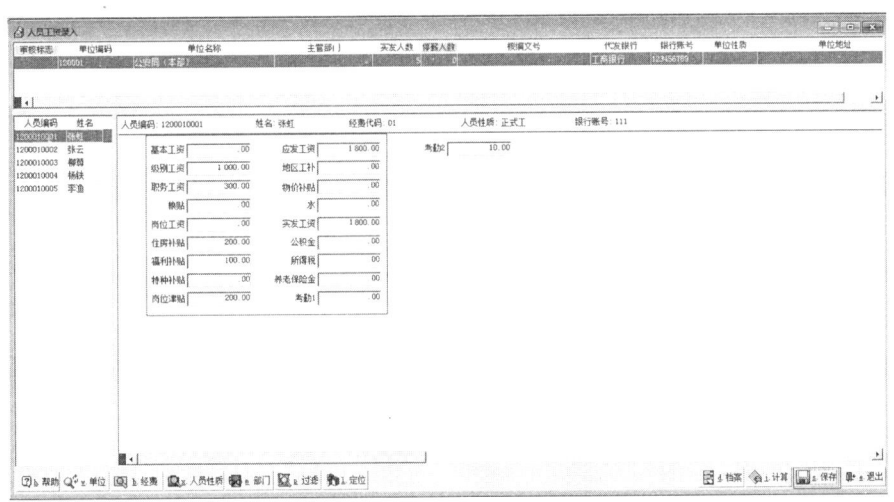

图 2-6-22　人员工资录入

6. 集中计算

进入"录入修改"——"集中计算"如图 2-6-23。点"确认"即可计算;而后到工资列表中可查询当月工资。

7. 工资月结

"月结"是为了结清本月数据,将系统切换至下一个月。在月结过程中本系统主要做以下三项工作:

(1)自动将本月的员工信息、工资款项结构、工资金额数据等复制给下一个月,形成下一月份的数据。

(2)生成转账凭证。

(3)如果本月为 12 月份,那么月结后将自动生成下一年的数据库,并将当前月份指为 1,以后的操作都将针

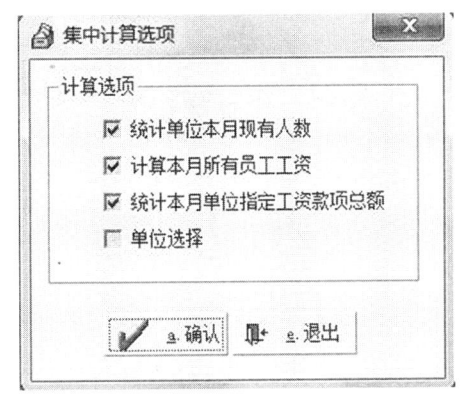

图 2-6-23　集中计算

对下一年进行。进入"Y. 月结"-"1. 月结",系统弹出"数据备份"窗口,单击"不备份"按钮,系统弹出"提示"窗口,因为上步操作已经完成了集中计算步骤,所以此处单击"否",系统弹出新的"提示"窗口,如图2-6-24所示。单击"是",系统自动计算直至弹出"已完成月结!",最后单击"确定"退出。

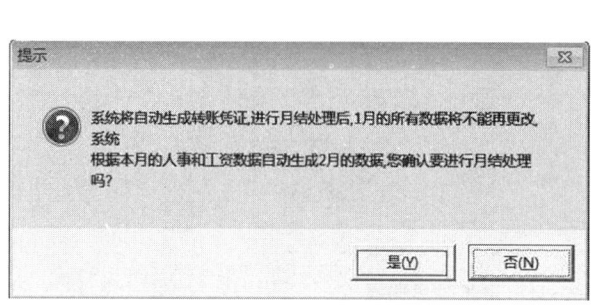

图 2-6-24　月结提示窗口

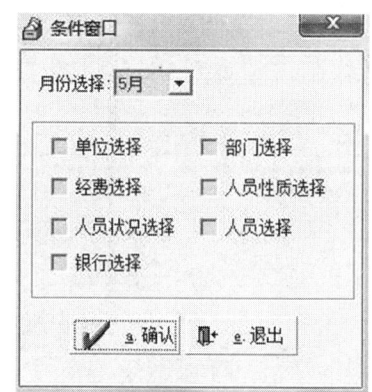

图 2-6-25　条件筛选窗口

8. 员工工资列表查询

进入"查询打印"→"工资明细表",如图 2-6-25 所示。

选择相应的查询范围,点"确认"便可查询,如图 2-6-26 所示。

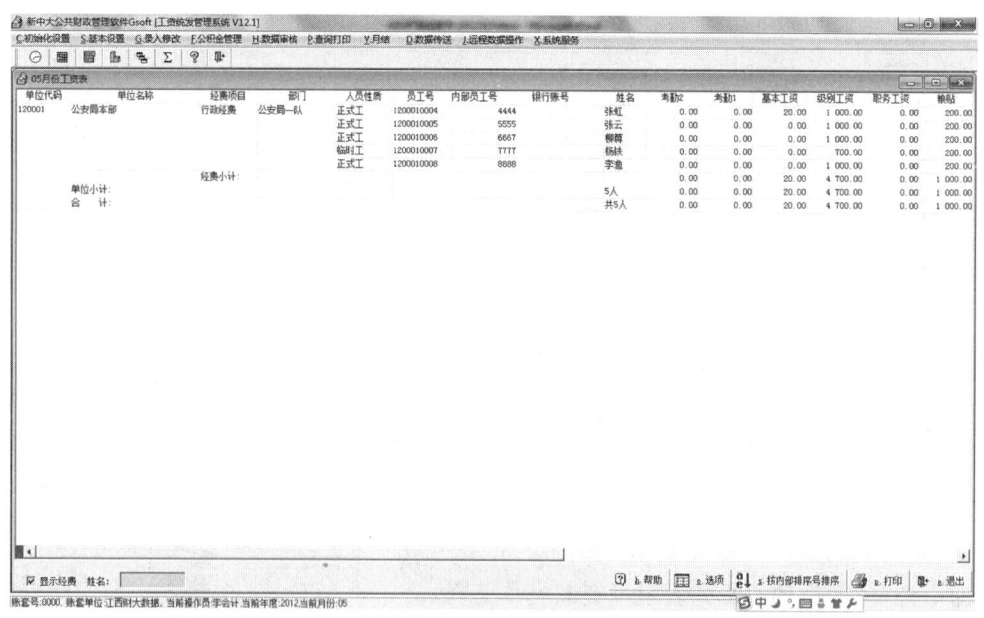

图 2-6-26　工资列表

项目 七 国有资产管理

资产管理系统为用户提供资产管理所需要的各种功能,如建立资产卡片、输入,并记录资产变动情况、生成所需的各种类型的账表。此外,在资产进行增减变动之后,能根据需要生成自动转账凭证,实现了资产系统与核算系统之间的无缝链接。其主要功能包括:资产卡片管理、资产变动管理、闲置资产处理、资产集中管理、资产报表。

一、实训准备

资产管理系统在进行日常业务管理前,要求就资产分类、属性格式、卡片格式、业务、单位和部门等基础数据进行整理规划,只有当这些基础数据整理并定义后,系统才能真正管理资产日常业务的方方面面。

二、实训目的及要求

通过对实训的操作,学生应掌握新增资产业务处理、资产调拨业务处理、资产变动业务处理、闲置资产管理、资产清查等资产管理操作。

三、实训内容

根据实训资料,学生模拟新增资产业务处理、资产调拨业务处理、资产变动业务处理、闲置资产管理、资产清查等资产管理操作。

如图 2-7-1 所示,新增资产流程关键节点说明如下:

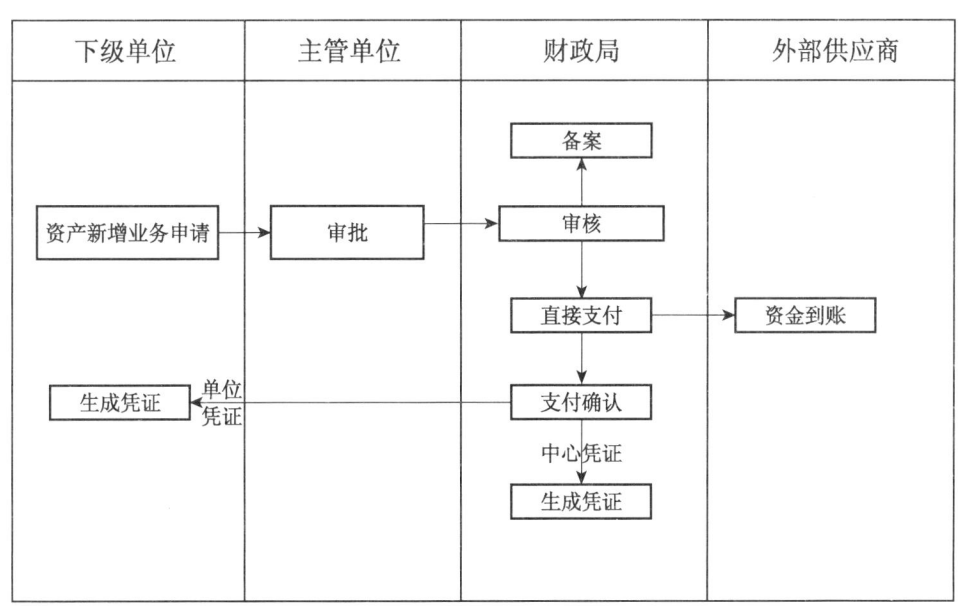

图 2-7-1 新增资产流程图(1)

（1）下级单位向主管单位对本单位资产购买业务类型申请。

（2）主管单位汇总各下级单位资产情况向财政局提出相应资产业务类型申请。

（3）财政局国资科及领导对资产新增审核。

（4）国库支付中心将资产新购纳入政府采购并走直接支付流程。

如图 2-7-2 所示,资产调拨流程关键节点说明如下:

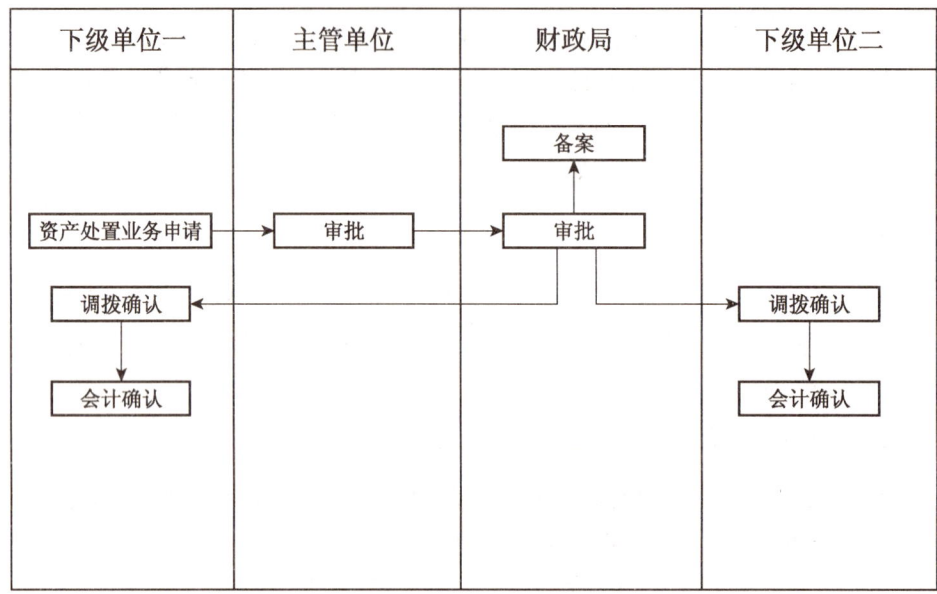

图 2-7-2　资产调拨流程图

（1）下级单位向主管单位上报本单位资产调拨业务类型申请。

（2）主管单位汇总各下级单位资产情况向财政局提出相应资产调拨申请。

（3）财政局国资科及领导对资产调拨审批。

（4）下级单位在进行资产变动调拨确认后会计再进行会计确认。

如图 2-7-3 所示,资产处置流程关键节点说明如下:

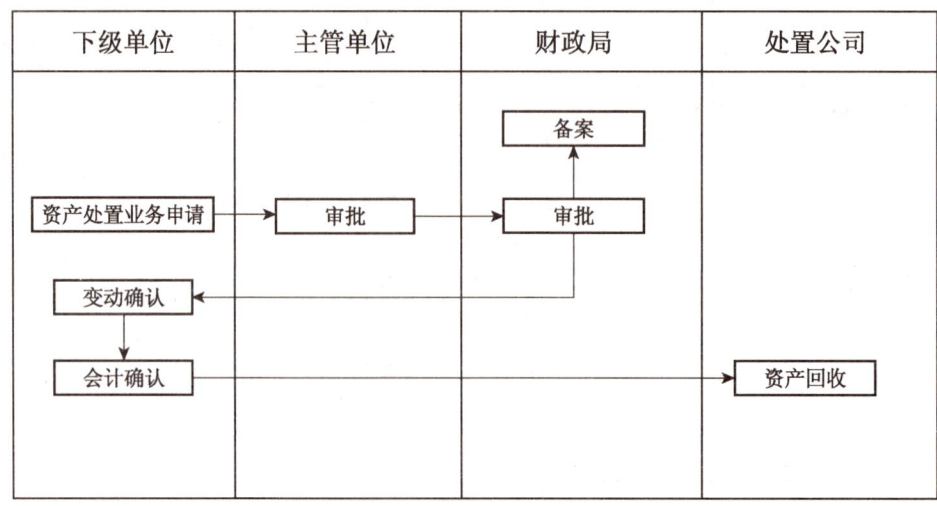

图 2-7-3　资产处置流程图

（1）下级单位向主管单位提出本单位资产处置业务类型申请。

（2）主管单位汇总各下级单位资产情况向财政局提出相应资产处置申请。

（3）财政局国资科及领导对资产处置审批。

（4）下级单位在进行资产变动处置确认后会计再进行会计确认。

四、实训资料

以下是两笔资产新购业务信息，作为实训课程练习备用。

（1）公安局（本部）新建公安局办公综合楼一栋用于行政办公。

　　部门：核算中心。

　　国标码：023000 办公用房。

　　单价：5 000 000。

　　原始金额：5 000 000。

　　当前金额：5 000 000。

　　资产性质：国有。

　　资产状态：在用。

　　资产来源：自建。

　　资金来源：预算内资金。

　　使用年限：50 年。

（2）公安局（本部）新购一批 DELL 笔记本电脑。

　　部门：核算中心。

　　国标码：711199 其他数字电子计算机。

　　数量：5 台。

　　单价：6 000。

　　原始金额：30 000。

　　当前金额：30 000。

　　资产性质：国有。

　　资产状态：在用。

　　资产来源：新购。

　　资金来源：预算内资金。

　　使用年限：5 年。

（3）将公安局（本部）笔记本电脑代码为"1110010003030006"调拨给经办机构（本部）使用。

（4）将公安局（本部）笔记本电脑代码为"1110010003030002"的电脑做报废处理。

（5）将公安局（本部）笔记本电脑代码为"1110010003030005"的电脑做闲置处理，被经办机构（本部）选中。

（6）盘点公安局（本部）所有资产。

五、实训指导

　⊗　注意

针对不同的单位，资产管理模式也是不同的，如果是统一管理模式，则将设置相应的总资产对应账套，如果仅仅是单位资产的管理，则勾选"不设总资产库"，如图 2-7-4 所示。

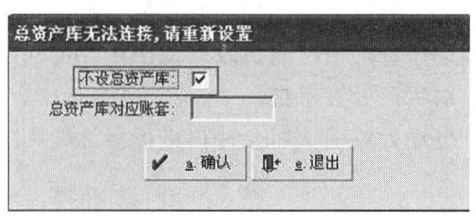

图 2-7-4　单位资产管理设置

(一) 资产初始化确认操作

(1) 以 gkk001 王主管身份登录系统,进入公共财政管理软件 Gsoft[公共财政工作管理平台]。选择"系统菜单"→"资产管理"→"资产管理"进入软件的资产管理系统。

(2) 选择"初始设置"菜单→"选项设置"→"资产库设置",出现如图 2-7-5 资产管理系统设置窗口。在此处只要勾选"单位资产库",然后单击"确认"完成选项设置。

(3) 选择"初始设置"菜单→"选项设置"→"初始完成确认",出现如图 2-7-6 初始化完成确认窗口。单击"确认",弹出"提示"窗口,单击"是",在弹出的"数据备份"窗口,单击按钮"🔍"选择备份路径,单击"确认",等待已完成备份的"提示"窗口出现,单击"确定",弹出"启用月份"窗口选择"1月",单击"确认"完成资产初始化。

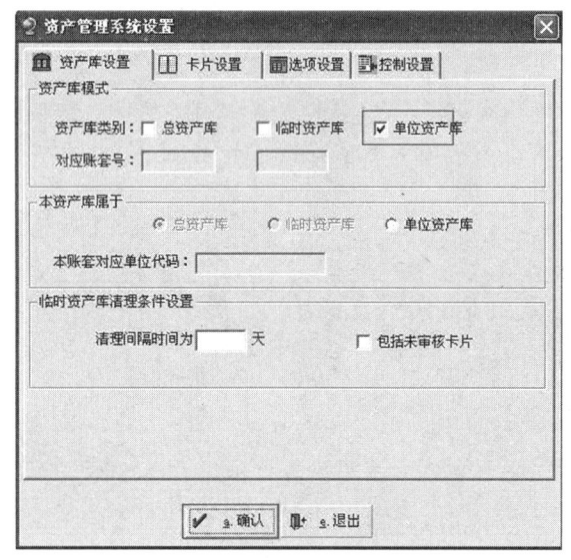

图 2-7-5　资产选项设置

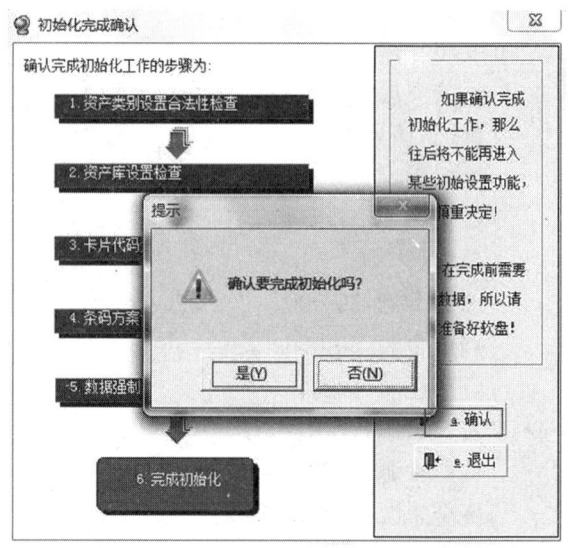

图 2-7-6　初始化完成确认窗口

(二) 日常新增资产业务处理

(1) 以 gkk004 何文员身份登录系统,进入公共财政管理软件 Gsoft[公共财政工作管理平台]。选择"系统菜单"→"资产管理"→"资产管理"进入软件的资产管理系统。

(2) 选择"日常业务"菜单→"资产管理"→"新增资产",出现如图 2-7-7"新增卡片筛选"条件过滤窗口。

在图 2-7-7 界面进行条件筛选后,单击"确认"按钮(也可以直接单击"确认"),进入新增卡片操作的主界面窗口,如图 2-7-8 所示。

在图 2-7-8 左边窗口先选择新增卡片对应的资产类别如 `101 办公业务用房`,然后单击右边窗口的" `增加` "按钮,出现图 2-7-9 窗口。

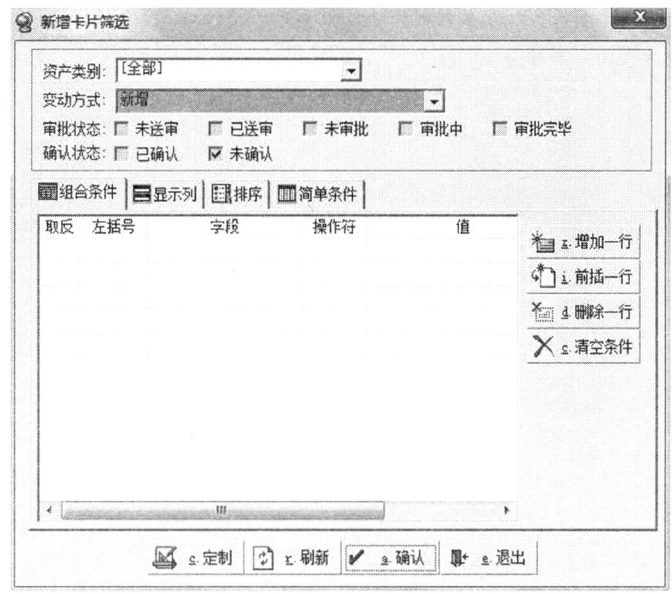

图 2-7-7　新增卡片筛选窗口

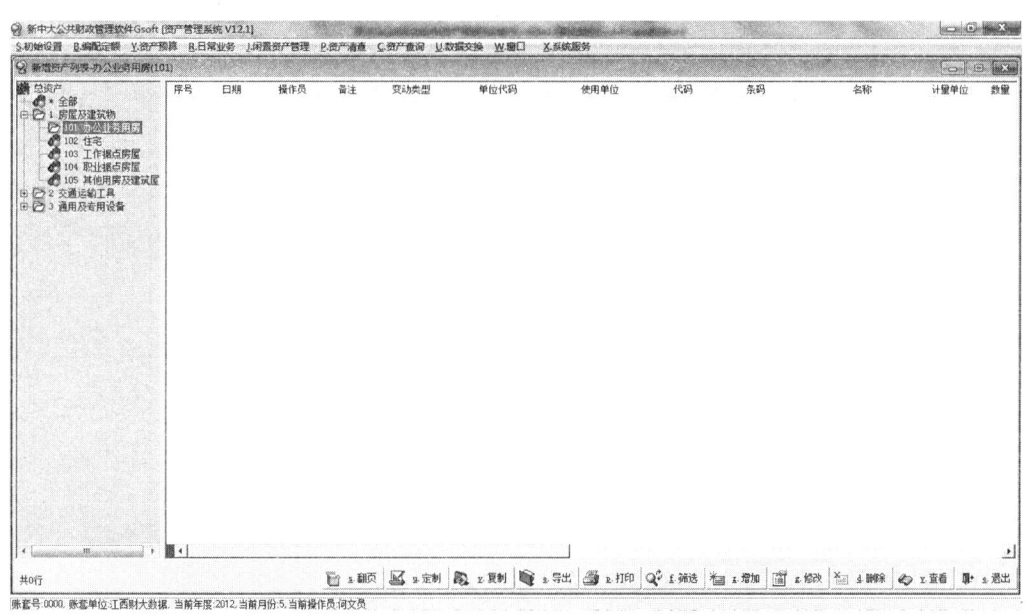

图 2-7-8　新增卡片操作

具体操作 1

　　单击单位代码后"⋯"按钮选择"111001000 公安局(本部)";单击国标码后"⋯"按钮选择"02300 办公用房";手工输入名称"公安局(本部)办公综合楼";单击计量单位选择"栋";数量"1";单价"5 000 000";原始金额"5 000 000";当前金额"5 000 000";单击资产性质选择"国有";资产状态选择"在用";资产来源选择"02 自建";资金来源选择"预算内资金";使用年限输入"50";最后单击"确认"保存退出。

　　公安局(本部)购置 5 台笔记本电脑录入过程同上,结果如图 2-7-10 所示。

　　先选择新增卡片对应的资产类别🗁 计算机设备,然后单击右边窗口的"🖱 z.增加"按钮。

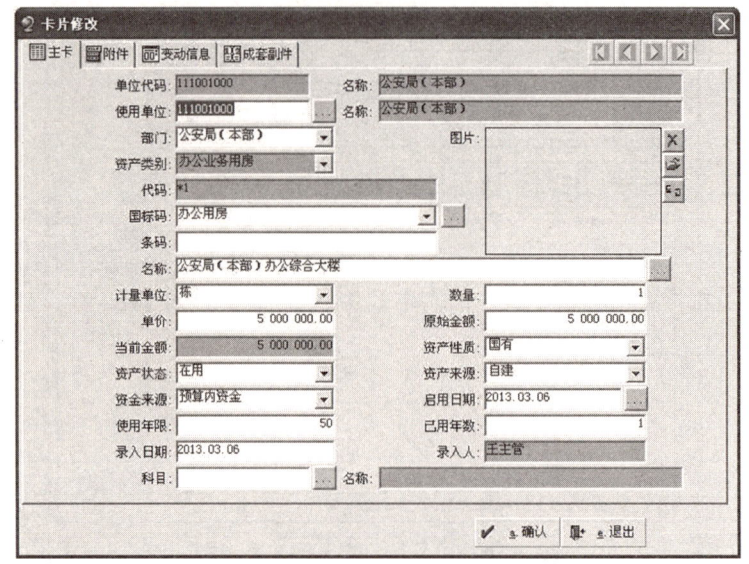

图 2-7-9 卡片新增界面

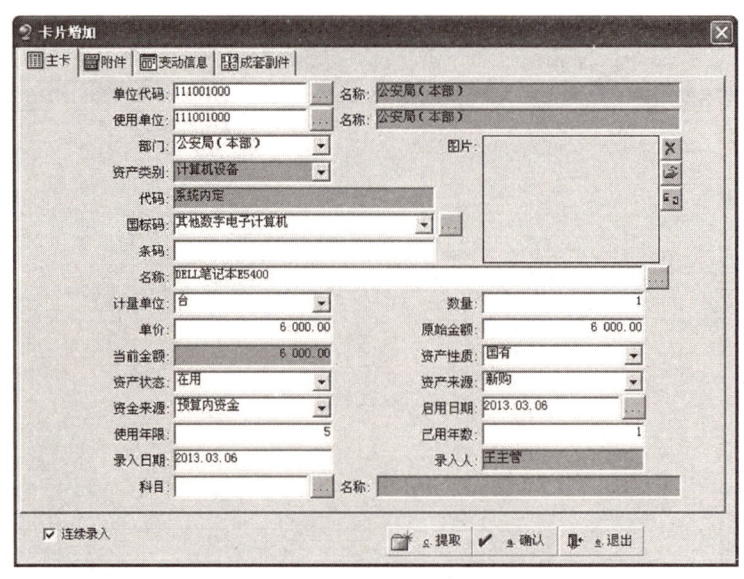

图 2-7-10 新购笔记本界面

具体操作 2

单击单位代码后" "按钮选择"111001000 公安局(本部)";单击国标码后" "按钮选择"711199 其他数字电子计算机";手工输入名称"DELL 笔记本 E5400";单击计量单位选择"台";数量"1";单价"6 000";原始金额"30 000";当前金额"30 000";单击资产性质选择"国有";资产状态选择"在用";资产来源选择"03 新购";资金来源选择"预算内资金";使用年限输入"5";最后单击"确认"保存退出。

(3)由 gkk001 王主管对录入的新增资产进行变动审批。更换操作员为王主管身份登录系统,进入软件的资产管理系统。选择"日常业务"菜单→"审批管理"→"审批管理"→"变动审批"→"审批",系统弹出查询条件窗口,选择条件后单击"确认",系统打开待确认的"变动列表—审批"窗口,如图 2-7-11 所示。

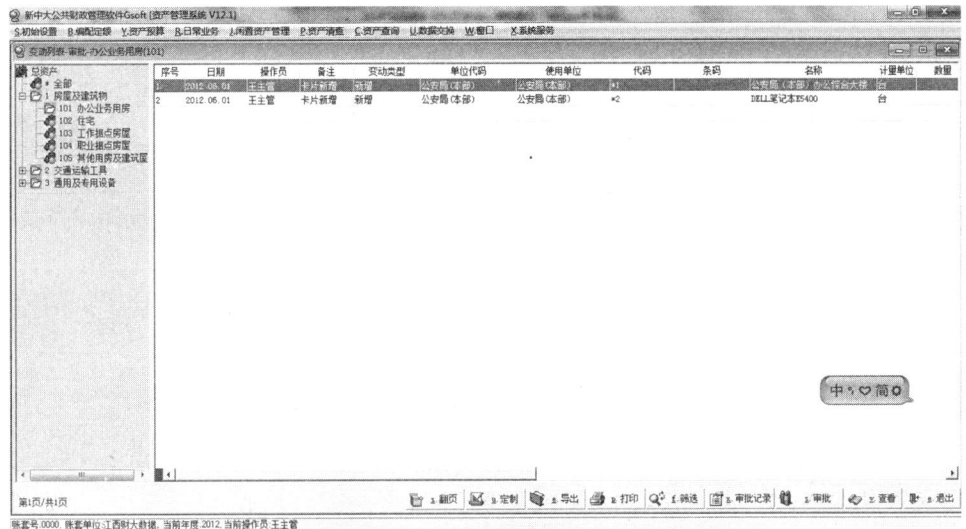

图 2-7-11　变动列表—审批界面

在图 2-7-11 界面选中需要变动确认的资产,单击"审批",系统将自动弹出审批意见窗口,如图 2-7-12 所示。填写"审批意见",单击"确认",审批下一条记录。

（4）由 gkk002 任经办对录入的新增资产进行变动确认。更换操作员为任经办身份登录系统,进入软件的资产管理系统。选择"日常业务"菜单→"变动确认",系统弹出条件筛选窗口,选择条件后单击"确认",系统打开待确认的"变动列表"窗口,如图 2-7-13 所示。

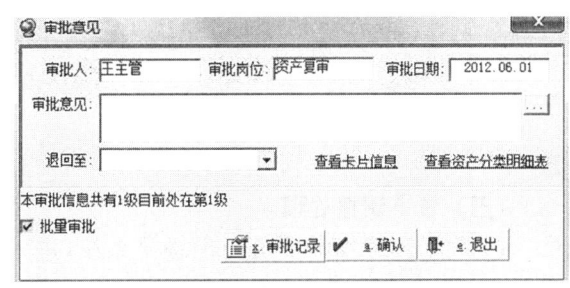

图 2-7-12　审批意见界面

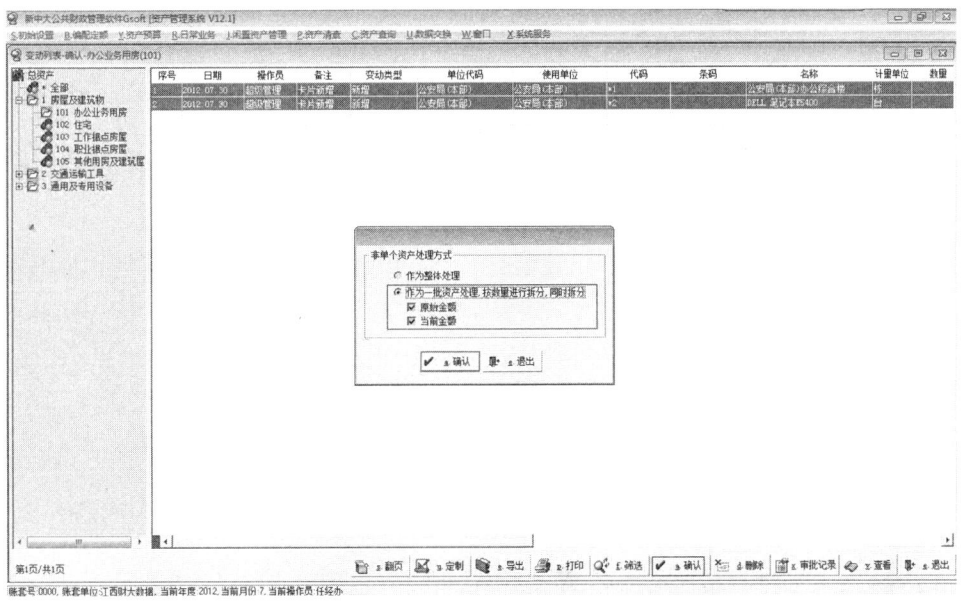

图 2-7-13　变动确认界面

在图 2-7-13 界面选中需要变动确认的资产,单击"确认",系统将自动弹出消息窗如图 2-7-14。提示"处理成功",单击关闭,确认下一条记录。

图 2-7-14 变动确认消息窗

(三) 资产调拨处理

(1) 以 gkk004 何文员身份登录系统,进入公共财政管理软件 Gsoft[公共财政工作管理平台]。选择"系统菜单"→"资产管理"→"资产管理"进入软件的资产管理系统。

(2) 选择"日常业务"菜单→"资产管理"→"资产调拨",出现图 2-7-15"查询条件"过滤窗口。

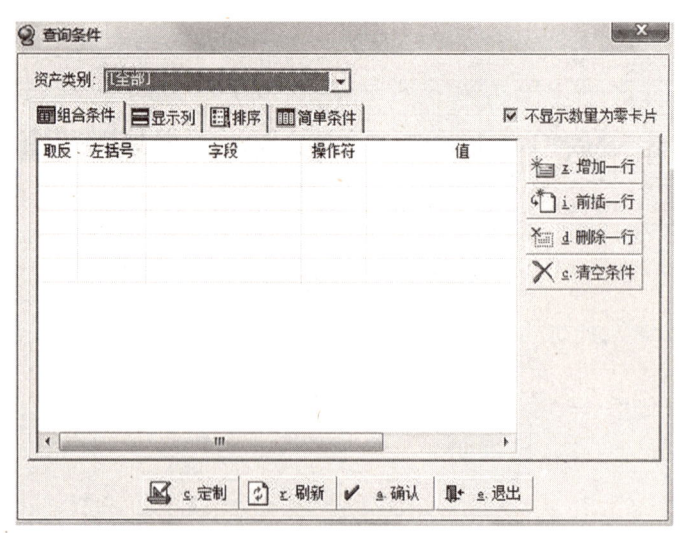

图 2-7-15 查询窗口

在图 2-7-15 界面进行条件筛选后,单击"确认"按钮(也可以直接单击"确认"),进入资产调拨操作的主界面窗口,如图 2-7-16 所示。

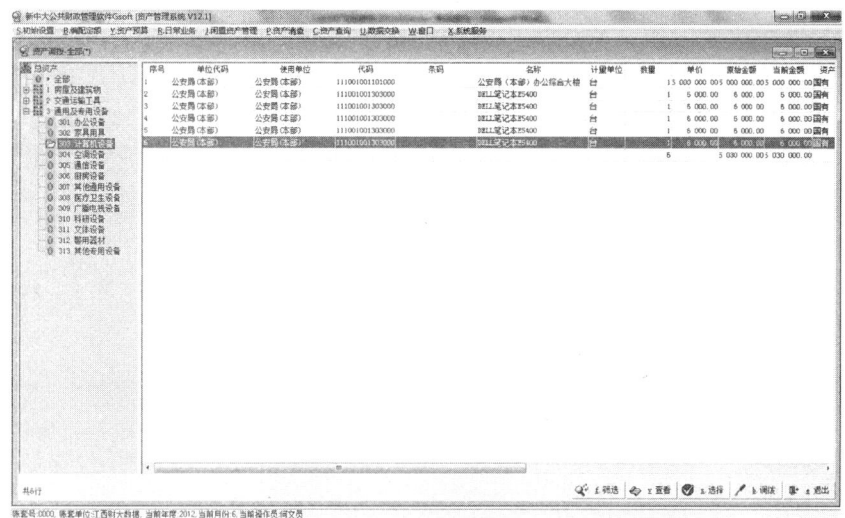

图 2-7-16　资产调拨窗口

选中需要调拨的资产卡片(如最后一条序号为 6),单击"调拨",弹出"卡片调拨批处理",如图 2-7-17 所示。

图 2-7-17　卡片调拨批处理

具体操作 3

单击调入单位代码选择"999002001 经办机构(本部)";单击使用单位选择"999002001 经办机构(本部)";单击使用部门选择"经办机构(本部)";单击资产状态选择"在用";单击审批流程(增加)选择"资产审批";单击审批流程(减少)选择"资产审批";然后单击"确认",弹出如图 2-7-18 消息窗口。单击"确认",关闭后退出。

(3) gkk001 王主管对录入的新增资产进行变动审批。更换操作员为王主管身份登录系统,进入软件的资产管理系统。选择"日常业务"菜单→"审批管理"→"审批管理"→"变动审批"→"审批",系统弹出查询条件窗口,选择条件后单击"确认",系统打开待确认的"变动列表—审批"窗口,如图 2-7-19 所示。

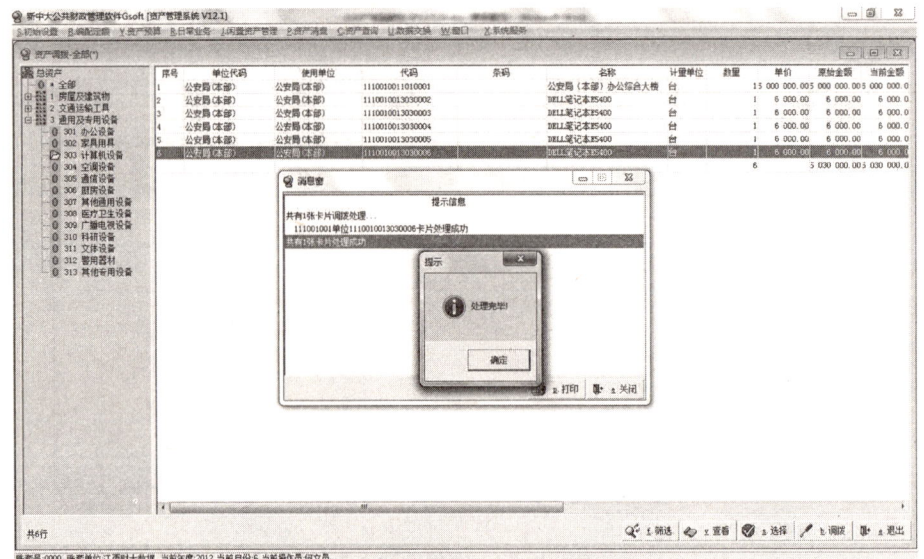

图 2-7-18　调拨消息窗

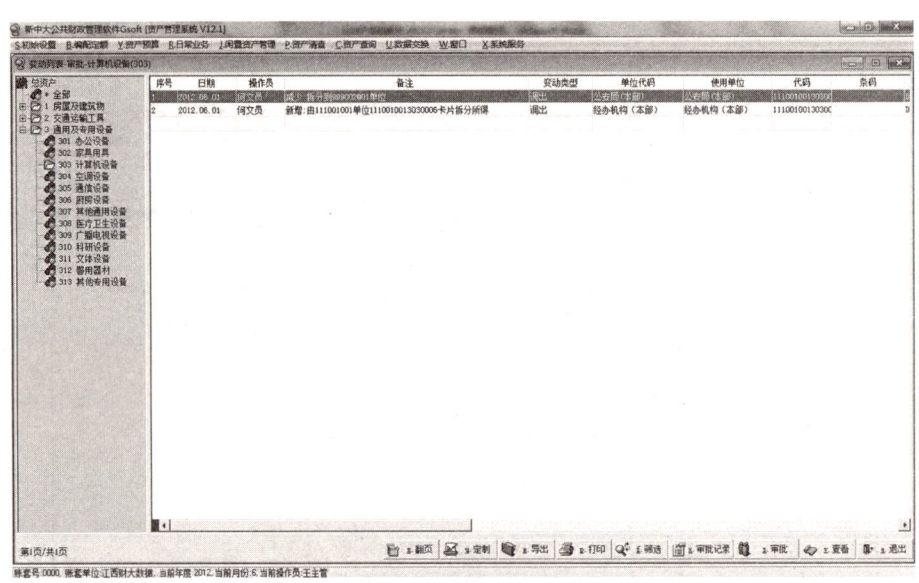

图 2-7-19　变动列表—审批界面

在图 2-7-19 界面选中需要变动确认的资产,单击"审批",系统将自动弹出审批意见窗口,如图2-7-20所示。填写"审批意见",单击"确认",审批下一条记录。

（4）由 gkk002 任经办对录入的调拨资产进行变动确认。更换操作员为任经办身份登录系统,进入软件的资产管理系统。选择"日常业务"菜单→"变动确认",系统弹出条件筛选窗口,选择条件后单击"确认",系统打开待确认的"变动列表"窗口,如图 2-7-21 所示。

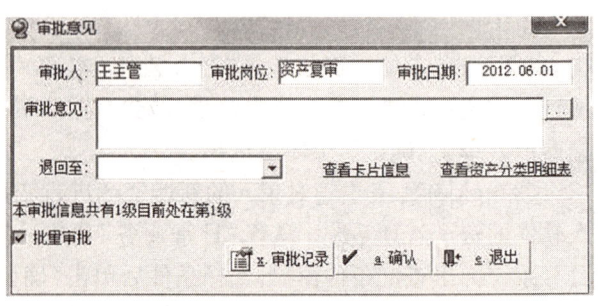

图 2-7-20　审批意见界面

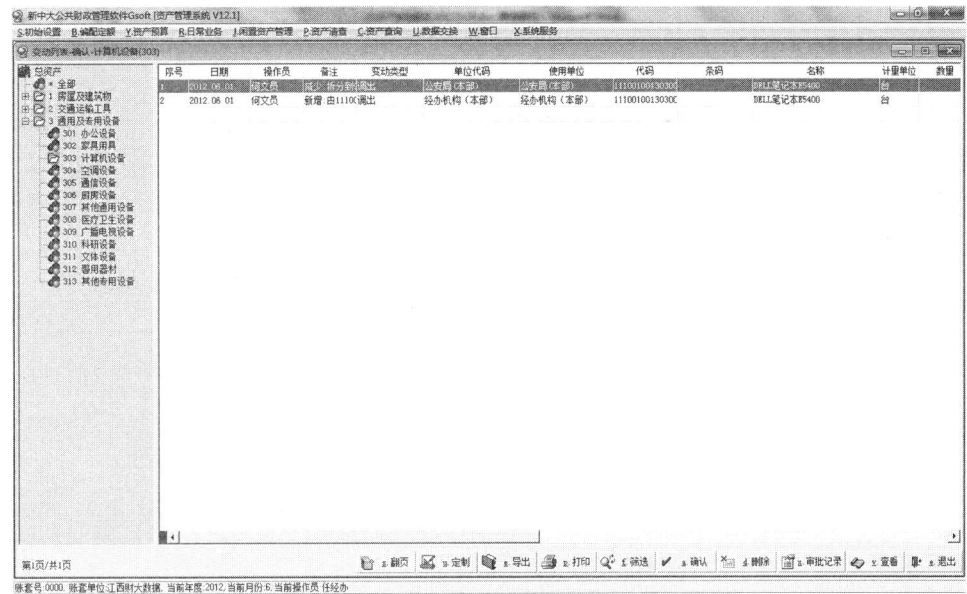

图 2-7-21 变动确认界面

在图 2-7-21 界面选中需要变动确认的资产,单击"确认",系统将自动弹出消息窗口,如图 2-7-22 所示。提示"处理成功",单击关闭,确认下一条记录。

图 2-7-22 变动确认消息窗

🕲 **注意**

需要先主要审批调拨减少的,再审批调拨增加的。

(四)资产变动业务处理

(1)以 gkk004 何文员身份登录系统后,进入公共财政管理软件 Gsoft[公共财政工作管理平台]。选择"系统菜单"→"资产管理"→"资产管理"进入软件的资产管理系统。

（2）选择"日常业务"菜单→"资产管理"→"资产变动"，出现图2-7-23"查询条件"过滤窗口。

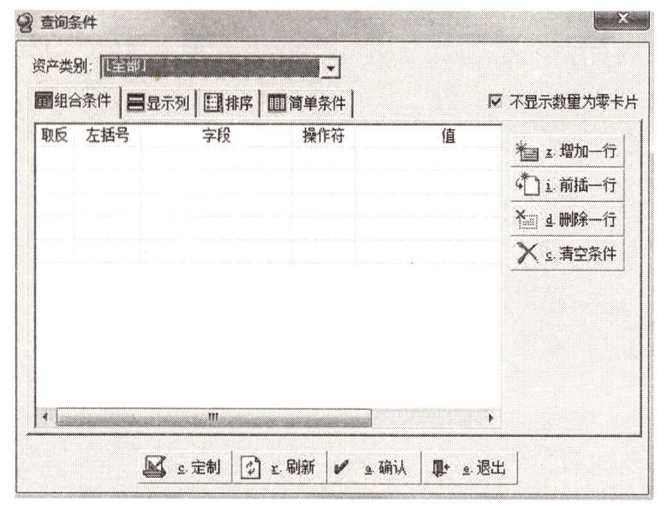

图2-7-23　查询窗口

在图2-7-23进行条件筛选后，单击"确认"按钮（也可以直接单击"确认"），进入资产列表主界面窗口，如图2-7-24所示。

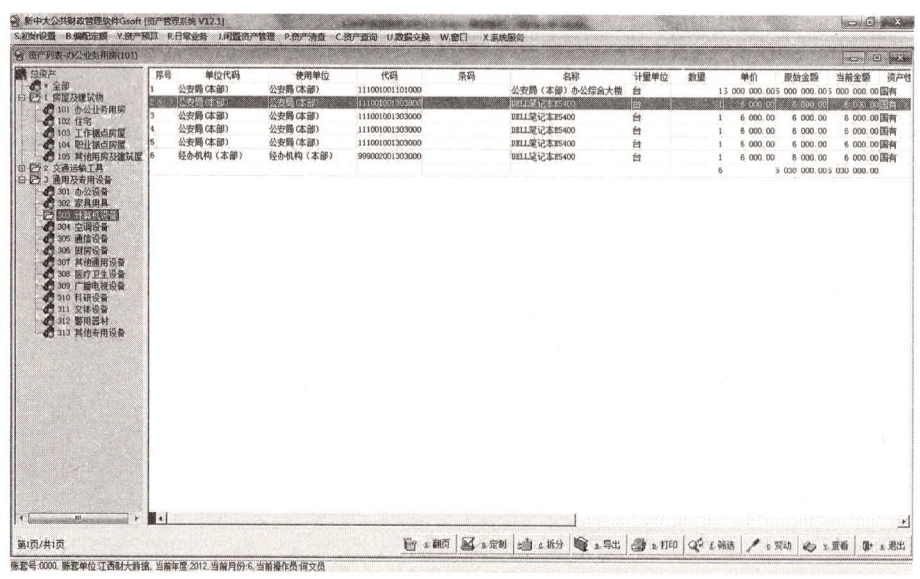

图2-7-24　资产列表窗口

具体操作4

选中需要报废的资产卡片（如第二条序号为2），单击"变动"，弹出"变动类型选择"，选中"287计算机设备报废"单击"确认"，弹出"卡片变动-计算机设备报废"窗口，如图2-7-25所示。单击资产状态选择"报废"，单击"确认"。

（3）由gkk001王主管对录入的报废资产进行变动审批。更换操作员为王主管身份登录系统，进入软件的资产管理系统。选择"日常业务"菜单→"审批管理"→"审批管理"→"变动审批"→"审批"，系统弹出查询条件窗口，选择条件后单击"确认"，系统打开待确认的"变动列表—审批"窗口，如图2-7-26所示。

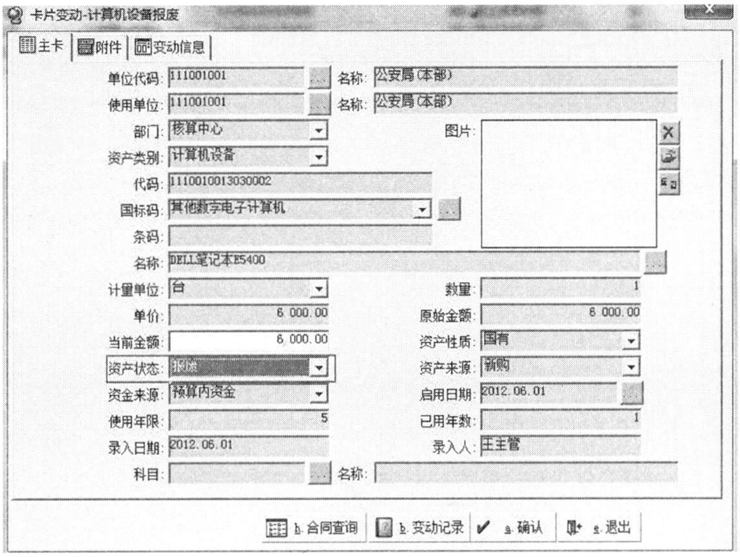

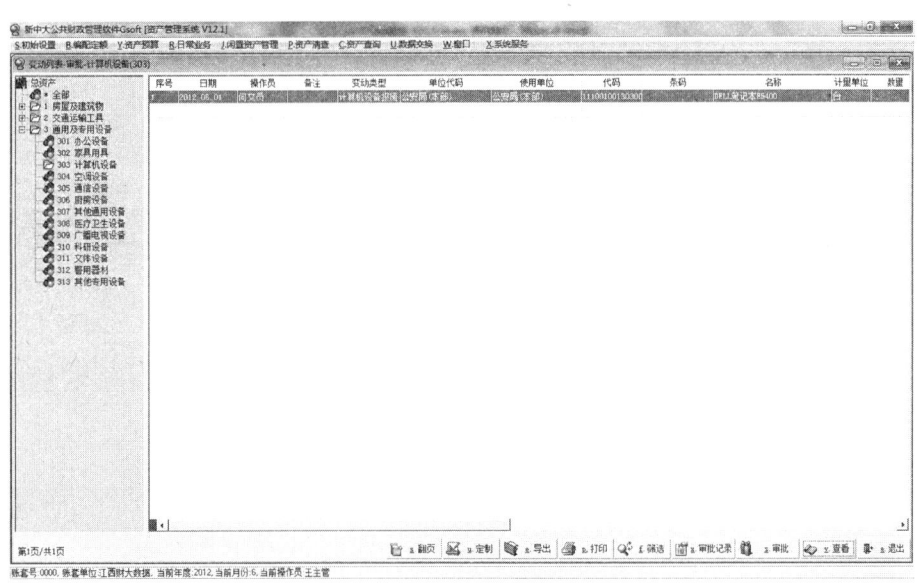

图 2-7-25　变动类型选择

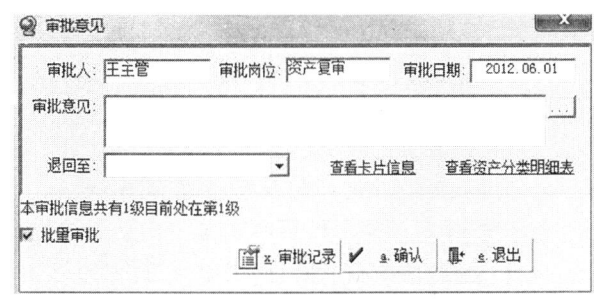

图 2-7-26　变动列表—审批界面

在图 2-7-26 界面选中需要变动确认的资产，单击"审批"，系统将自动弹出审批意见窗口，如图2-7-27所示，填写"审批意见"，单击"确认"，审批下一条记录。

（4）由 gkk002 任经办对录入的报废资产进行变动确认。更换操作员为任经办身份登录系统，进入软件的资产管理系统。选择"日常业务"菜单→"变动确认"，系统弹出条件筛选窗口，选择条件后单击"确认"，系统打开待确认的"变动列表"窗口，如图2-7-28所示。

图 2-7-27　审批意见界面

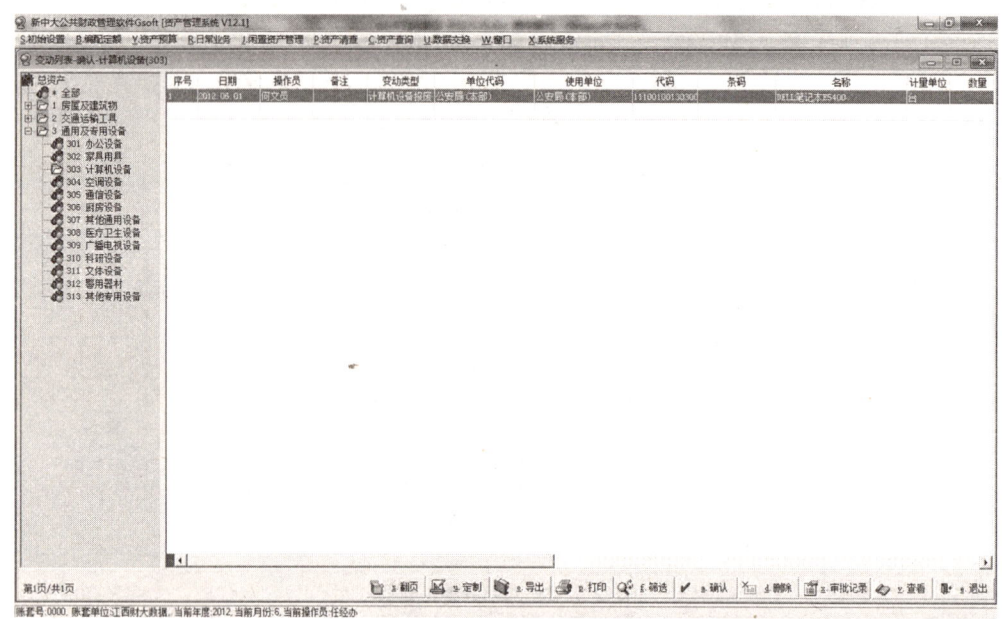

图 2-7-28　变动确认界面

在图 2-7-28 界面选中需要变动确认的资产,单击"确认",系统将自动弹出消息窗口,如图 2-7-29 所示。提示"处理成功",单击关闭,确认下一条记录。

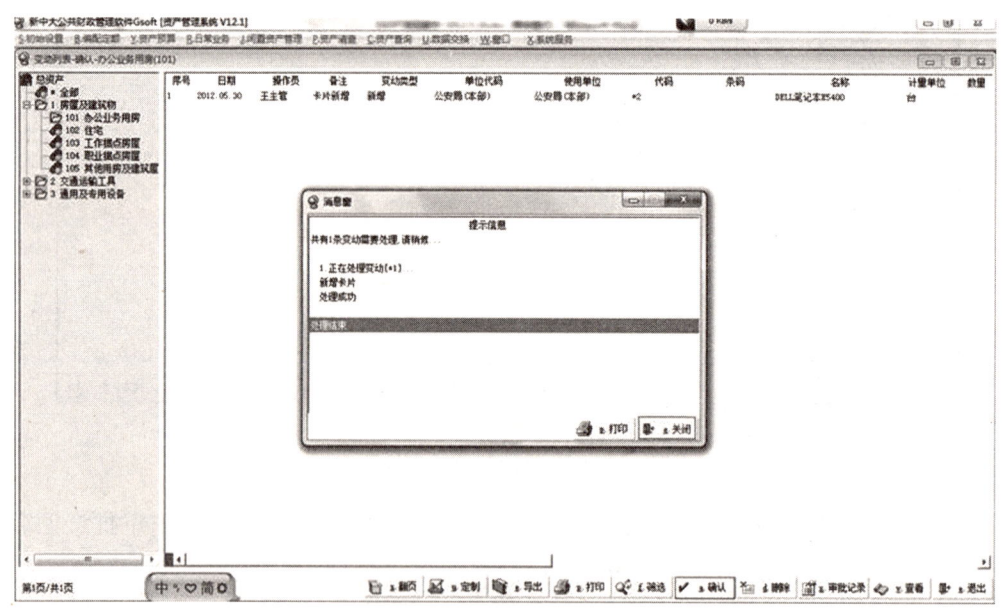

图 2-7-29　变动确认消息窗

(五) 闲置资产管理

(1) 以 gkk004 何文员身份登录系统,进入公共财政管理软件 Gsoft[公共财政工作管理平台]。选择"系统菜单"→"资产管理"→"资产管理"进入软件的资产管理系统。

(2) 选择"闲置资产管理"菜单→"提供方",出现图 2-7-30"查询条件"过滤窗口。

在图 2-7-30 进行条件筛选后,单击"确认"按钮,进入"卡片列表"窗口,如图 2-7-31 所示。

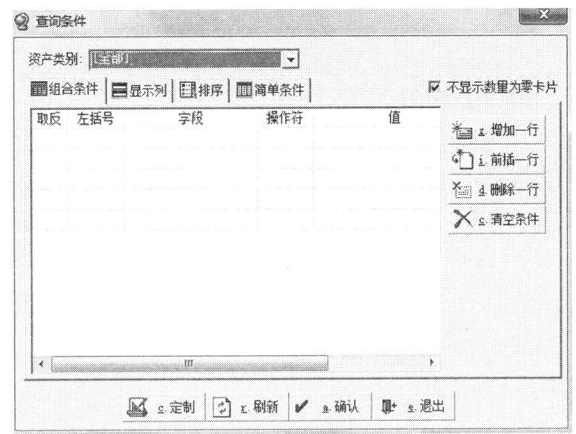

图 2-7-30 查询窗口

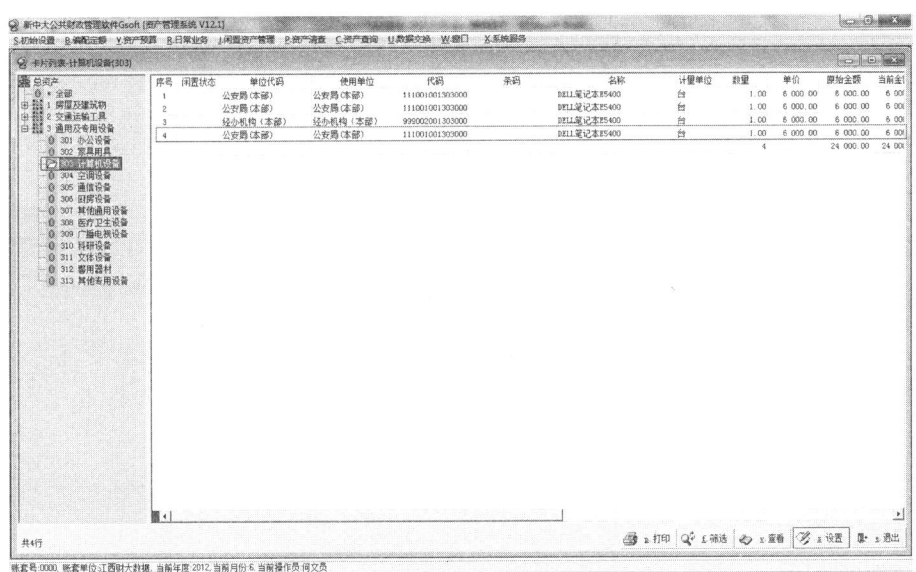

图 2-7-31 卡片列表窗口

在图 2-7-31 界面，选中左侧资产分类"303 计算机设备"，再选中需要闲置的资产（如第 1 条序号为 1）单击"设置"，选中"置为空闲"，弹出图 2-7-32。填写"意见"，单击"确认"，弹出消息框，关闭退出。

（3）以 gkk003 陈文员身份登录系统，进入公共财政管理软件 Gsoft［公共财政工作管理平台］。选择"系统菜单"→"资产管理"→"资产管理"进入软件的资产管理系统。

（4）选择"闲置资产管理"菜单→"需求方"，出现图 2-7-33"查询条件"过滤窗口。

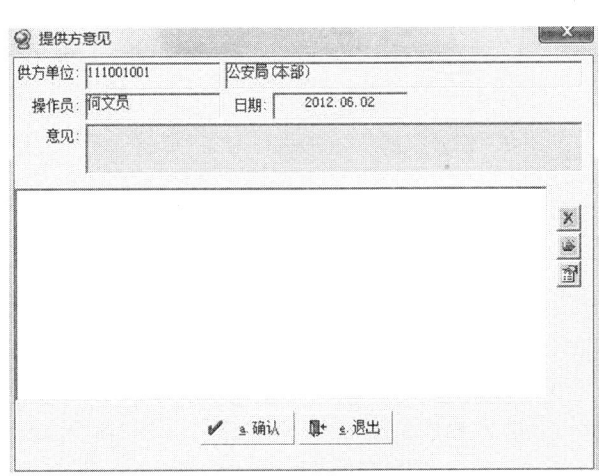

图 2-7-32 提供方意见

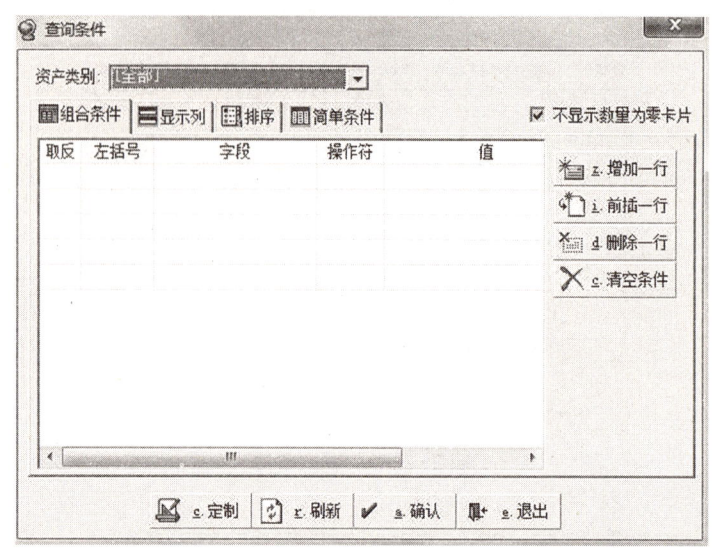

图 2-7-33 查询窗口

在图 2-7-33 进行条件筛选后，单击"确认"按钮，进入"卡片列表"窗口，如图 2-7-34 所示。

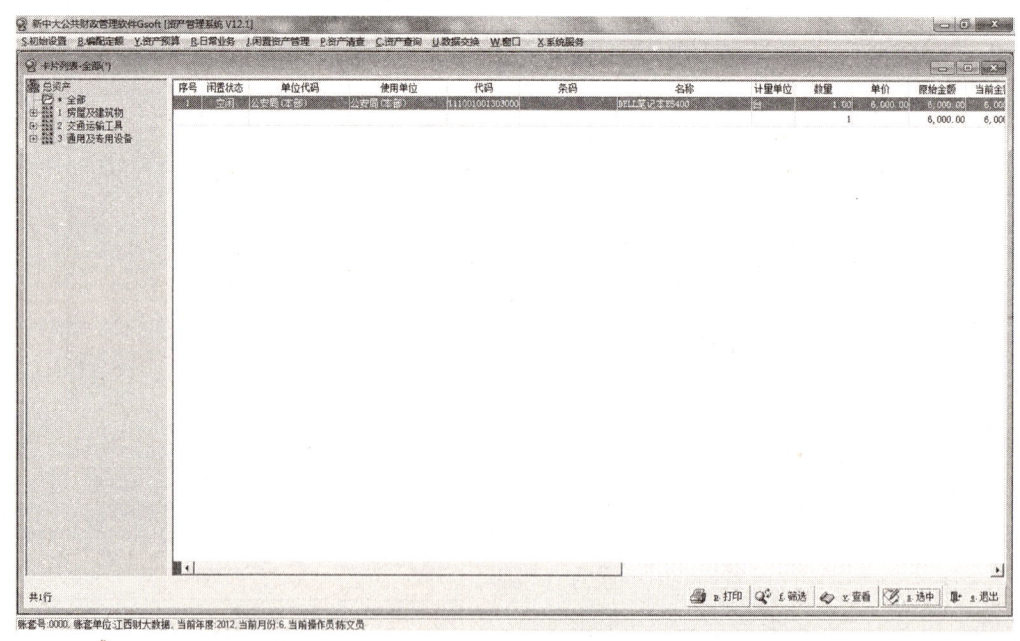

图 2-7-34 卡片列表窗口

在图 2-7-31 界面，选中左侧资产分类"303 计算机设备"，再选中需求的空闲资产，单击"选中"，再选中"选中"，弹出图 2-7-35。单击需求单位后"......"按钮，选择"999002001 经办机构（本部）"，填写需求方"意见"，单击"确认"，弹出消息框，关闭退出。

（3）由 gkk002 任经办对处置的闲置资产进行处置确认。更换操作员为任经办身份登录系统，进入软件的资产管理系统。选择"闲置资产管理"菜单→"处置确认"，系统弹出查询条件窗口，选择条件后单击"确认"，系统打开待确认的"卡片列表—全部"窗口，如图 2-7-36 所示。

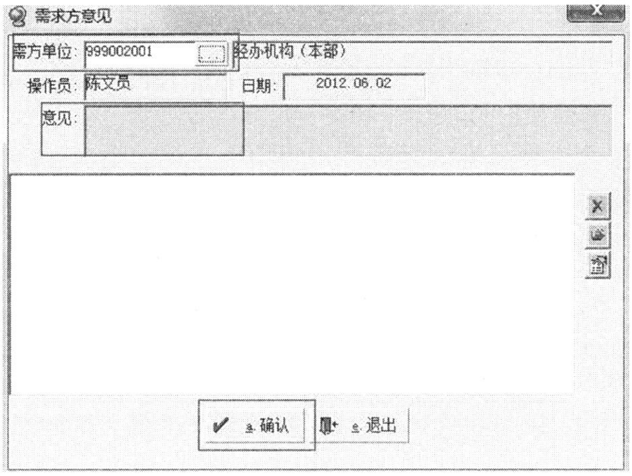

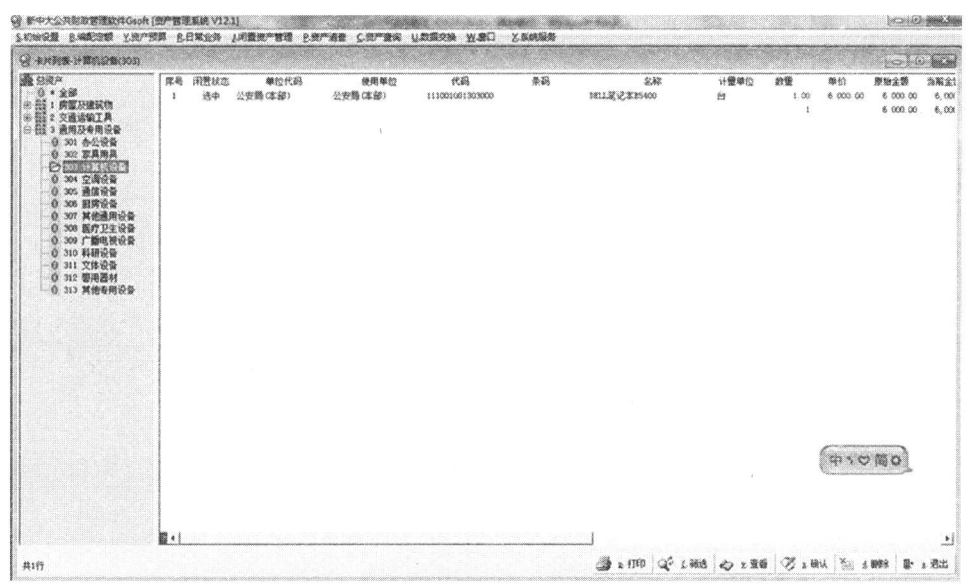

图 2-7-35　提供方意见

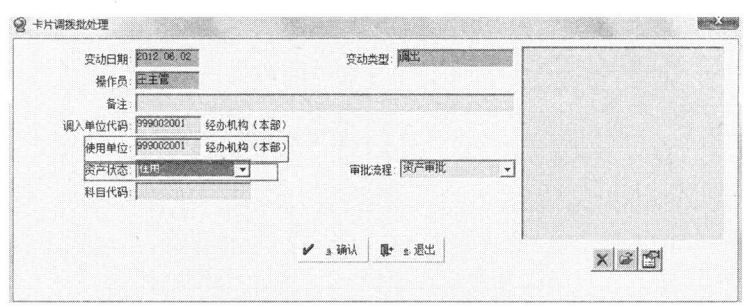

图 2-7-36　闲置资产处置确认

在图 2-7-36 界面,选中左侧资产分类:"📂 303 计算机设备";选择右侧需要确认的资产,单击"确认",系统弹出"卡片调拨批处理"窗口,如图 2-7-37 所示。

图 2-7-37　卡片调拨批处理窗口

具体操作5

单击使用单位选择"999002001 经办机构(本部)";资产状态"在用";审批流程"资产审批";单击"确认",系统弹出消息及提示窗口,单击"确定",最后"关闭"。

(4)由 gkk001 王主管对录入的闲置资产进行调拨审批。更换操作员为王主管身份登录系统,进入软件的资产管理系统。选择"日常业务"菜单→"审批管理"→"审批管理"→"变动审批"→"审批",系统弹出查询条件窗口,选择条件后单击"确认",系统打开待确认的"变动列表—审批"窗口,如图 2-7-38 所示。

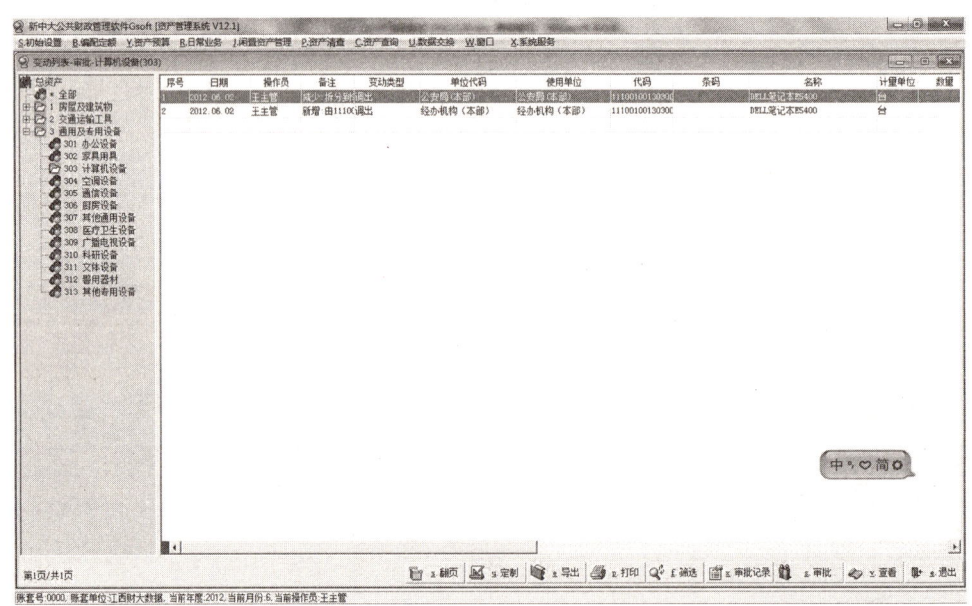

图 2-7-38　变动列表—审批界面

在图 2-7-38 界面选中需要变动确认的资产,单击"审批",系统将自动弹出审批意见窗口,如图 2-7-39 所示。填写"审批意见",单击"确认",审批下一条记录。

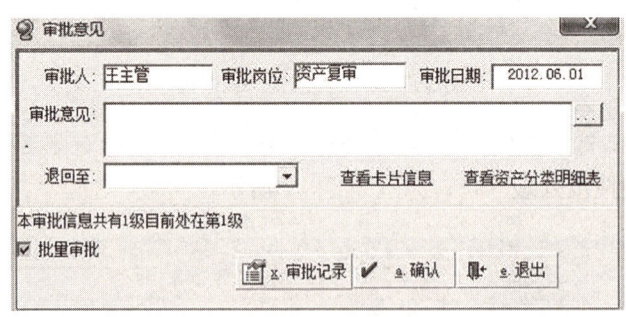

图 2-7-39　审批意见界面

(5)由 gkk002 任经办对录入的闲置资产进行变动确认。更换操作员为任经办身份登录系统,进入软件的资产管理系统。选择"日常业务"菜单→"变动确认",系统弹出条件筛选窗口,选择条件后单击"确认",系统打开待确认的"变动列表"窗口,如图 2-7-40 所示。

在图 2-7-40 界面选中需要变动确认的资产,单击"确认",系统将自动弹出消息窗口,如图 2-7-41 所示。提示"处理成功",单击关闭,确认下一条记录。

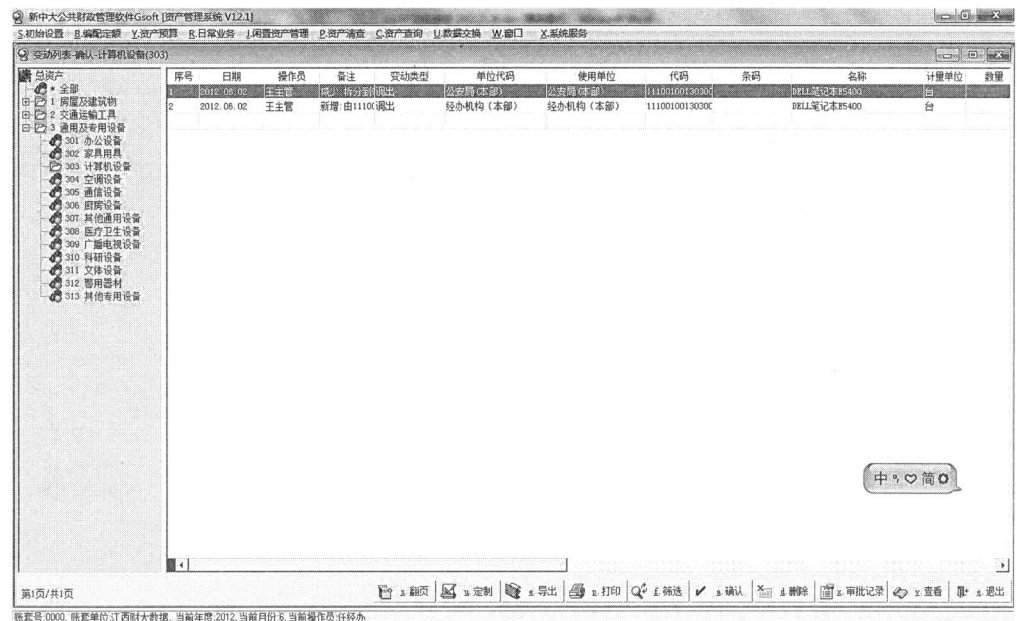

图 2-7-40　变动确认界面

图 2-7-41　变动确认消息窗

(六) 资产清查管理

(1) 以 gkk004 何文员身份登录系统,进入公共财政管理软件 Gsoft[公共财政工作管理平台]。选择"系统菜单"→"资产管理"→"资产管理"进入软件的资产管理系统。

(2) 选择"资产清查"菜单→"盘点卡管理",出现图 2-7-42 盘点卡片列表窗口。

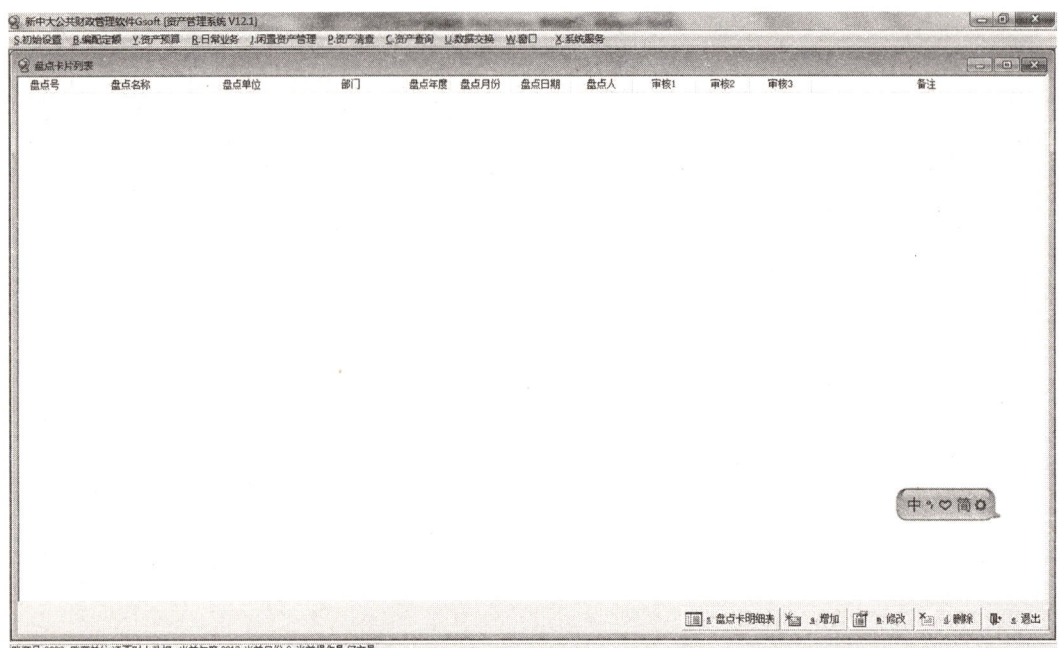

图 2-7-42　盘点卡列表窗口

盘点卡建立过程：单击"　z.增加　"出现图 2-7-43。

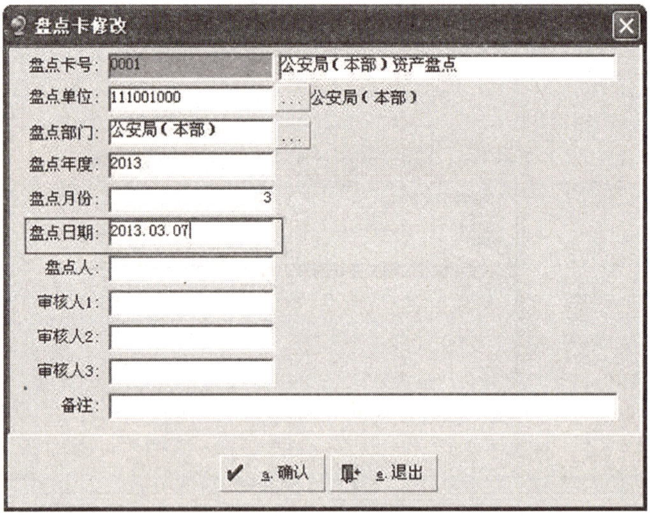

图 2-7-43　盘点新增窗口

具体操作 6

手工输入盘点卡名称"公安局（本部）资产盘点"；单击盘点单位"111001000 公安局本部"；单击盘点部门"111001000 公安局本部"；单击盘点日期，将盘点日期往后修改一天，如今年是 2013 年 3 月 6 日，则盘点日期修改为 2013.03.07。

单击"确认"，出现图 2-7-44。

单击"盘点卡明细表"，系统弹出图 2-7-45。

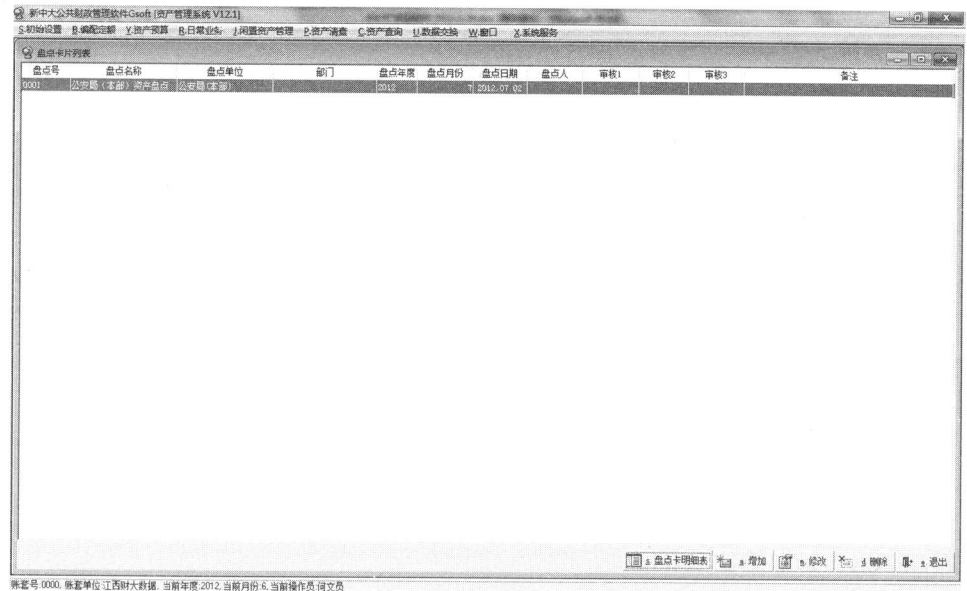

图 2-7-44　盘点卡列表窗口

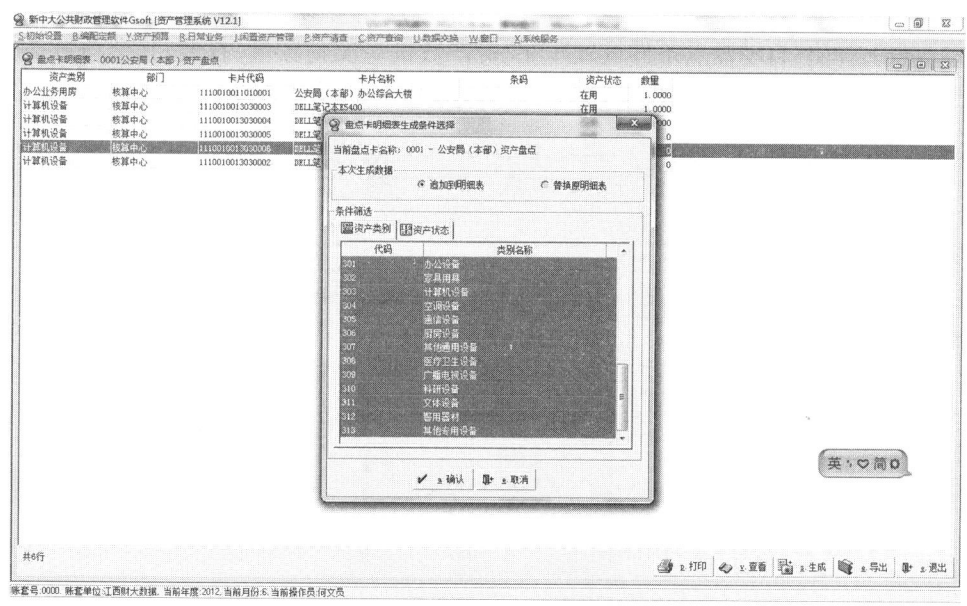

图 2-7-45　盘点卡明细生成窗口

具体操作 7

在图 2-7-45 界面,点击"资产类别"按钮,在下面列表区域,右键单击,界面上方出现"1.全部选中",用鼠标选中,列表区域颜色变成蓝色代表已全部选中;点击"资产状态"按钮,在下面列表区域,右键单击,界面上方出现"1.全部选中",用鼠标选中,列表区域颜色变成蓝色代表已全部选中;单击"确认"按钮完成盘点卡明细操作,系统弹出盘点卡明细生成成功,单击"确定"完成。

(3)以 gkk004 何文员身份进行资产盘点,选择"资产清查"菜单→"资产盘点",出现图 2-7-46 资产盘点窗口。

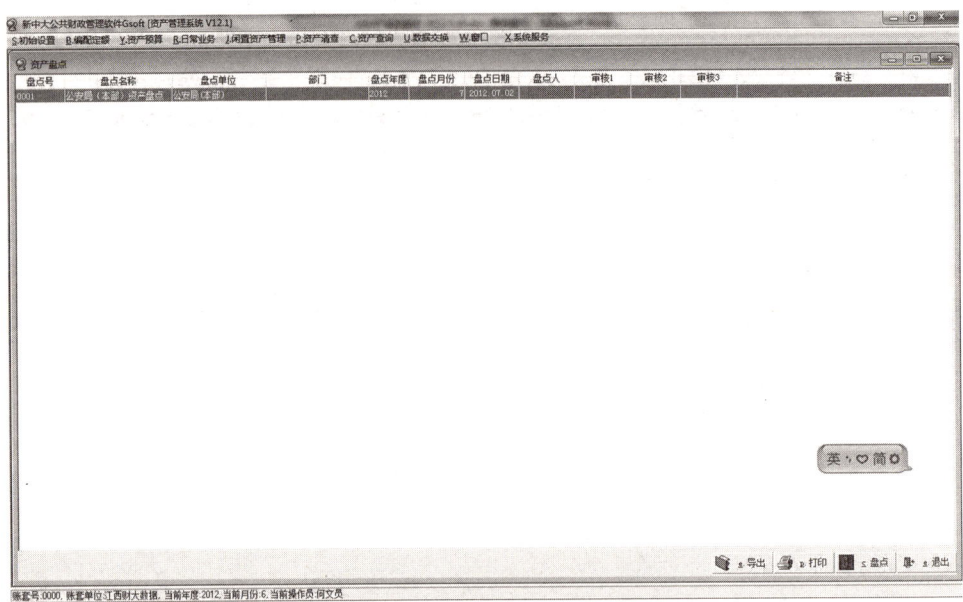

图 2-7-46　资产盘点窗口

具体操作 8

在图 2-7-46 界面,单击"盘点"生成图 2-7-47 资产盘点明细。在实物数量中输入对应数量;单击"自动盘点",弹出"自动盘点条件设置",在"资产数量=实物数量"打钩,其余项目不勾选,单击"确认",此时在资产盘点窗口的盘点结果栏将显示结果,然后单击"保存"退出。

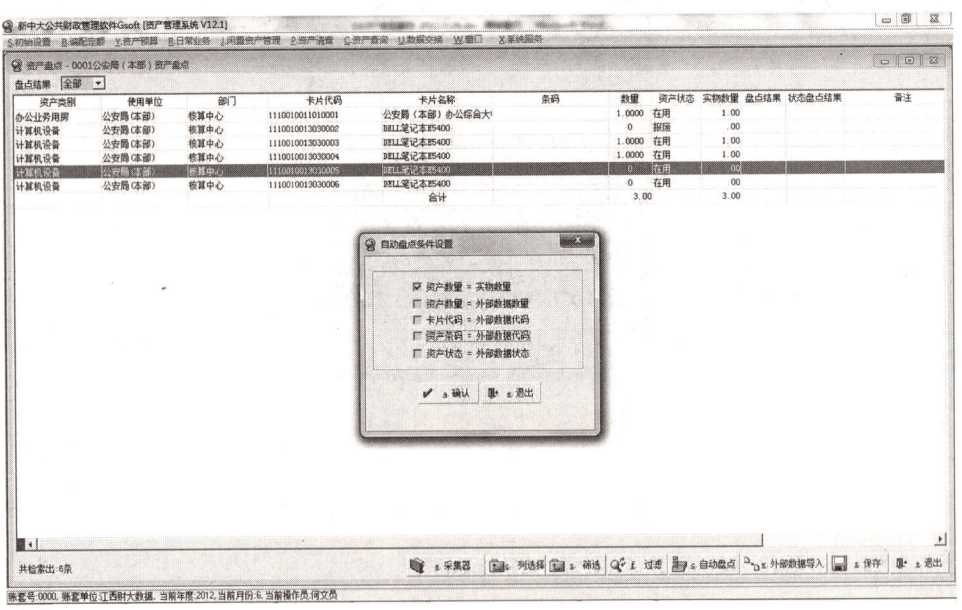

图 2-7-47　资产盘点明细

(4) 由 gkk001 王主管对录入的盘点资产进行盘点资产审核。更换操作员为王主管身份登录系统,进入软件的资产管理系统。选择"资产清查"菜单→"盘点结果审核",系统打开待确认的"资产盘点卡审核"窗口,如图 2-7-48 所示。

在图 2-7-48 界面选中需要审核的资产,单击"审核",系统支持三个不同人员三次审核。

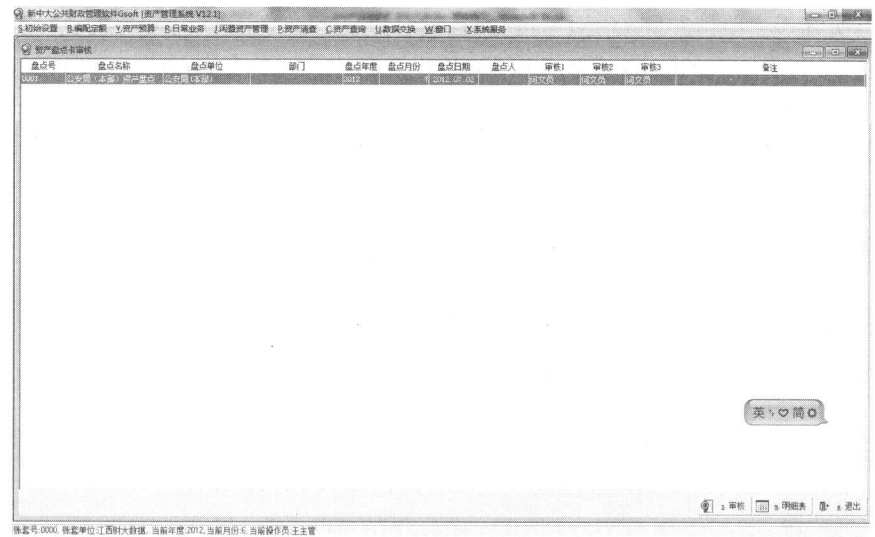

图 2-7-48　资产盘点卡审核界面

（七）资产查询报表

以下报表主要供老师监控学生实训模拟过程及查阅学生实训模拟结果，也可以作为学生成绩评定的依据。

系统注销后，以 gkk001 王主管身份进入公共财政管理软件 Gsoft［公共财政工作管理平台］。选择"系统菜单"→"资产管理"→"资产管理"进入软件的资产管理系统。

资产查询报表主要由十类报表组成，分别为资产列表、变动明细表、分类统计表、变动汇总表、增减明细表、资产报表、资产总分类账、资产明细分类账、增减变动汇总表等。其中主要为行政事业单位使用的为资产分类明细表、单位资产明细表、变动明细表等。

1. 资产分类明细表

单击"资产查询"→"资产列表"→"资产分类明细表"，如图 2-7-49 所示。这个报表可作为学生上课成绩考核报表。

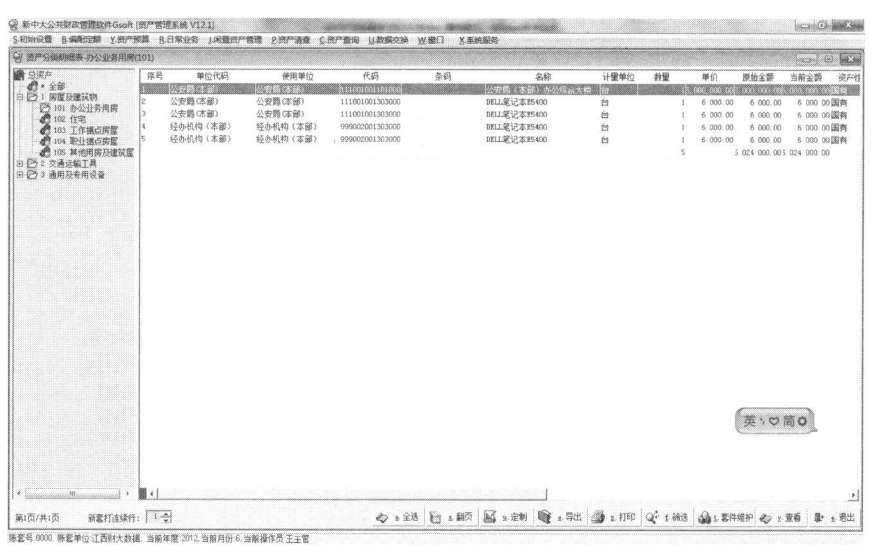

图 2-7-49　资产分类明细表

资产分类明细表主要由左侧的资产类别和右侧对应资产类别的单位资产组成,用户可以根据资产类别的选择,查看所有的该类别资产台账,也可根据打开时的条件查询窗口选择更加精细的查询结果。

2. 单位资产明细表

单击"资产查询"→"资产列表"→"单位资产明细表",如图 2-7-50 所示。这个报表可作为学生上课成绩考核报表。单位资产明细表主要由左侧的资产单位和右侧对应资产单位的单位资产组成,用户可以根据资产单位的选择,查看所有的该单位资产台账,也可根据打开时的条件查询窗口选择更加精细的查询结果。

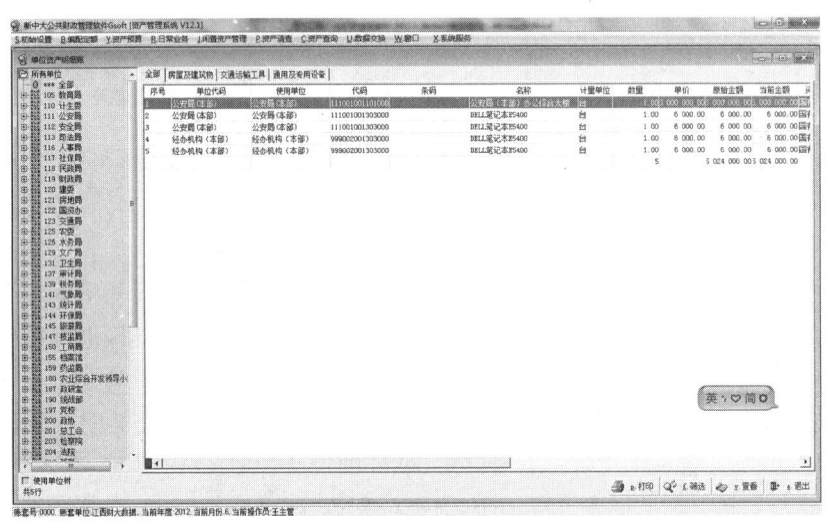

图 2-7-50　单位资产明细表

3. 变动明细表

单击"资产查询"→"变动明细表",如图 2-7-51 所示。这个报表可作为学生上课成绩考核报表。

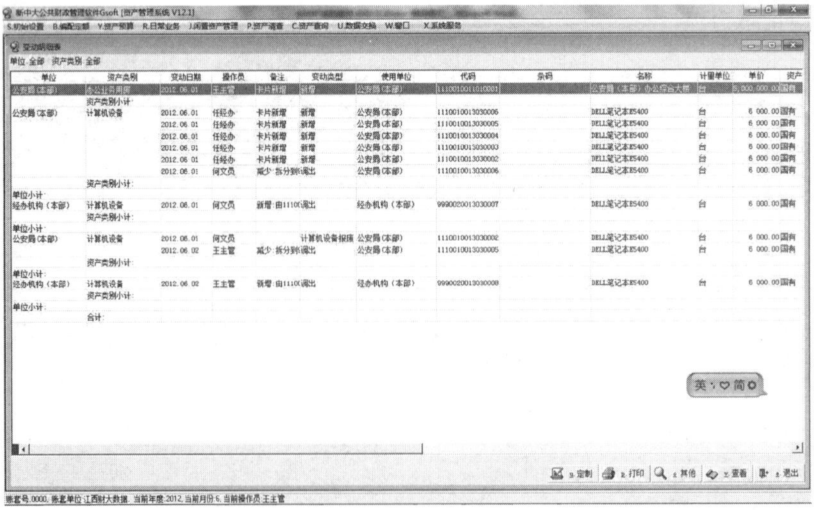

图 2-7-51　变动明细表

变动明细表将所有资产单位变动的所有情况罗列出来方便用户查询,也可根据打开时的条件查询窗口选择更加精细的查询结果。

第三单元

综合能力实训

项目 一　地方财政运行状况分析

一、实训目的

通过实训,学生可以加深对财政税收相关知识的理解,掌握对财税业务的综合分析方法、数据处理能力和财税应用写作能力。

二、实训要求

学生在收集整理相关资料的基础上,按照模板写作地方财政运行综合分析报告。

三、实训内容

(一) 资料收集整理

(1) 收集整理某县(市)基本情况。

(2) 收集整理某县(市)有关社会经济数据。

(3) 收集整理某县(市)有关财政数据。

(二) 分析方法

1. 比较分析法

比较分析法的理论基础,是客观事物的发展变化是统一性与多样性的辩证结合。共同性使它们具有了可比的基础,差异性使它们具有了不同的特征。

1) 趋势分析法

趋势分析就是分析期与前期或连续数期项目金额的对比。这种对财政指标的纵向分析比较的方法是一种动态的分析。

通过分析期与前期(上季、上年同期)财政指标的对比,可以从差异中及时发现问题,查找原因,改进工作。连续数期的比较,能够反映出财政指标的发展动态,以揭示当期增减变化,判断引起变动的主要项目是什么,这种变化的性质是有利还是不利,发现问题并评价当前财政管理水平,同时也可以预测事物未来的发展趋势。

2) 同业分析

将本地区的主要财政指标与同行业的平均指标或同行业中先进指标对比,可以全面评价财政管理水平。与行业平均指标对比,可以分析判断该地区财政在同行业中所处的位置。和先进地区的指标对比,有利于吸收先进经验,克服本地区财政管理的缺陷。

3) 预算差异分析

将分析期的实际数与预算数额比较,分析预算完成的程度,为改进财政管理提供方向。

2. 比率分析法

比率分析法就是把某些彼此存在关联的项目加以对比,计算出比率,据以确定经济活动变化程度的分析方法。比率是相对数,采用这种方法,能够把某些条件下的不可比较的指标变为可以比较的指标,以利于进行分析。比率指标主要有以下三类。

1）相关比率

相关比率是以某个项目与相互关联但性质又不相同的项目加以对比所得的比率,反映有关经济活动的相互关系。利用相关比率指标,可以考察有联系的相关工作安排得是否合理,以保障财政经济活动顺利进行。如将政府债务余额与本地区当年GDP加以对比,计算出债务负担率,据以判断政府的偿债能力。

2）构成比率

构成比率又称结构比率,它是某项经济指标的各个组成部分与总体的比率,反映部分与总体的关系。其计算公式为:

$$构成比率 = 某一组成部分数额 \div 总体数额$$

利用构成比率,可以考察总体中某个部分的形成和安排是否合理,以便协调各项财政活动。

3）效率比率

效率比率是某项经济活动中所费与所得的比率,反映投入与产出的关系。利用效率比率指标,可以进行得失比较,考察财政管理成果,评价财政支出绩效。如将支出净效益与该项目财政投入加以对比,可计算出效益成本率,可以分析比较财政支出绩效的高低及其增减变化情况。

（三）分析模板

周口市财政发展报告

1. 周口市财政发展概述

周口市位于河南省东南部,东临安徽阜阳市,西接河南漯河市、许昌市,南与驻马店市相连,北和开封市、商丘市接壤,2000年6月8日,经国务院批准撤地设市。全市国土面积11 959平方千米,现有人口1 120.6万人。辖扶沟县、西华县、商水县、太康县、鹿邑县、郸城县、淮阳县、沈丘县、项城市、川汇区10个县市区和一个省级开发区——周口经济开发区。

周口市历史悠久厚重,距今有6 000多年的文明史,素有"华夏先驱,九州圣迹"之美誉。太昊伏羲氏建都宛丘(今淮阳县),定姓氏,制嫁娶,燃起了人类文明的第一缕曙光;中国女神女娲氏都于西华,抟土造人,炼石补天,被尊为中华人文始母;炎帝神农氏始都于陈(今淮阳县),尝百草,艺五谷,开创中国种植、养殖的新纪元。周口因此而成为中华文明传承史上占据重要地位的"三皇故都文化圣地"。

1）周口市经济社会发展概况

2012年,周口市全市生产总值完成1 592.4亿元,增长10.7%;全社会固定资产投资1 040.3亿元,增长22%;社会消费品零售总额664.1亿元,增长16.1%;公共财政收入60.1亿元,增长23.4%,支出324.9亿元,增长32.7%;城镇居民人均可支配收入16 503元,农民人均纯收入6 199元,分别增长13.2%和13.8%;节能减排完成省政府下达的目标任务,各项事业呈现持续、健康、向上的良好发展态势。实施亿元以上在建项目424个,完成投资568.9亿元,增长89.4%;争取中央和省项目资金25.7亿元;138个重点项目和分两批集中开工的200个新建项目,完成投资524.8亿元,是年度计划的122.1%。其中,"双十五工程"完成投资107.5亿元,是年度计划的143.2%。

2）周口市财政发展概况

2012年,周口市全市公共财政收入完成60.1亿元,为预算的109.1%,增长23.4%,增收11.4亿元。其中:税收收入完成40.4亿元,增长22.4%,增收7.4亿元。税收收入占公共财政收入的比重为67.3%。公共财政支出完成324.9亿元,为预算的97.4%,增长32.7%,增支80.1亿元。

2012年周口市政府性基金收入完成71.8亿元,为预算的196.9%,增长128.6%,增收40.4亿元,主要是国有土地使用权出让收入增收37.3亿元。政府性基金支出2012年完成67.1亿元,为预算的78.4%,增长136.5%,增支38.8亿元,主要是国有土地使用权出让收入安排的支出增支33.3亿元。

    2)周口市财政收入规模分析

    地方政府财政收入规模的大小,对社会经济发展具有重要影响,特别是在我国社会主义市场经济条件下,地方政府财政收入规模无论是过大还是过小,都会影响社会经济及财政自身的发展:财政收入规模过大,会加重社会经济负担,拖累社会经济发展;财政收入过小,则会加剧地方财政收支矛盾,影响地方政府机构的正常运转,难以满足当地社会公共需要,同样不利于经济和社会发展。因此,适度的地方政府财政收入规模是市场经济发展的客观要求,也是社会经济健康发展的重要保证。

    (1)周口市财政收入绝对规模分析。多年来,周口市加强经济运行调节,持续推进各项建设,经济保持了平稳较快的增长态势,财政收入规模绝对数不断增加。周口市公共预算收入如表3-1-1所示。

表3-1-1 周口市公共预算收入表

年份(年)	公共预算收入 (亿元)	财政收入较 上年增加数	财政收入增长率	在全省的位次
2003	12.84	0.01	0.07%	8
2004	13.54	0.71	5.50%	10
2005	13.34	−0.20	−1.49%	14
2006	15.24	1.90	14.22%	16
2007	19.65	4.41	28.95%	15
2008	25.49	5.84	29.73%	13
2009	30.86	5.37	21.08%	11
2010	38.31	7.45	24.13%	12
2011	48.72	10.41	27.17%	12
2012	60.13	11.41	23.43%	12

    从表3-1-1可以看出,周口市财政收入规模的绝对数稳步增加,2003年突破10亿元大关,2009年突破30亿元大关,2012年突破60亿元;2007年以来年均增加绝对数为7.48亿元,2007年以来年均增加的相对数为25.75%;当年财政收入在全省的位次先降后升,第一阶段从2003年的第8位回落到2006年的第16位,第二阶段从2006年的第16位上升至第12位。其中,2009年财政收入在全省的位置曾上升到第十一位。

    我们将公共预算收入和财政收入的环比增长率在图示上列示,如图3-1-1所示。可以直观地看出,周口市2003—2012年公共财政预算收入增长最快的2008年,增速为29.73%;增速最慢的是2005年,增速仅有−1.49%。从增长趋势上看,2003—2012年,财政收入绝对数逐年增长的趋势没有变化,环比增长率经历了先抑后扬的变化过程。

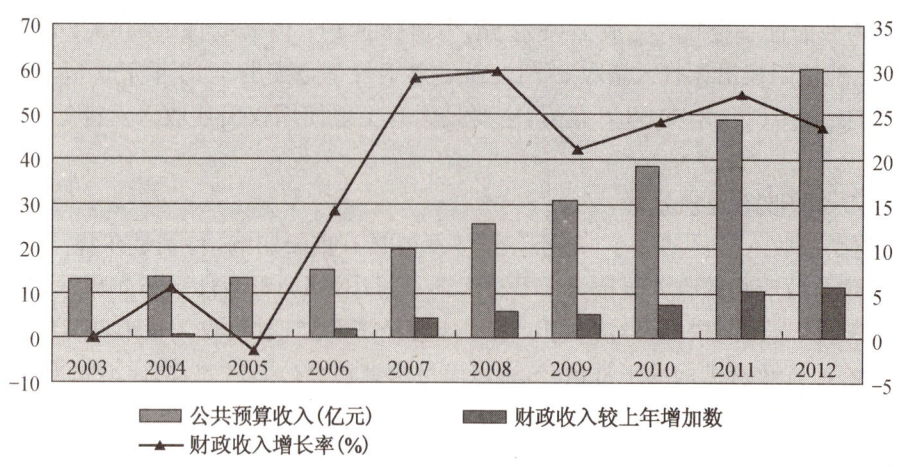

图 3-1-1 周口市 2003—2012 年公共财政预算收入

（2）周口市财政收入相对规模分析。2003—2012 年周口市财政收入占市 GDP 的比重如表 3-1-2 所示。

表 3-1-2　　　　　　2003—2012 年周口市财政收入占市 GDP 的比重

年份（年）	周口市财政收入（亿元）	周口市 GDP（亿元）	财政收入占 GDP 比重
2003	12.84	403.46	3.18%
2004	13.54	521.98	2.59%
2005	13.34	595.50	2.24%
2006	15.24	677.74	2.25%
2007	19.65	798.54	2.46%
2008	25.49	984.13	2.59%
2009	30.86	951.63	3.24%
2010	38.31	1 228.30	3.12%
2011	48.72	1 407.49	3.46%
2012	60.13	1 574.72	3.82%

从表 3-1-2 可以看出，2003—2012 年，在周口市国内生产总值不断增加的情况下，周口市财政收入占市生产总值比重从 2003 年的 2.46% 增加到 3.82%，增加了 1.36 个百分点，这说明了周口市企业的经营效益在不断增大，产业结构在不断优化。

周口市 2003—2012 年财政收入占市 GDP 的比重情况如图 3-1-2 所示。可以看出，周口市 2003—2012 年财政收入占 GDP 的比重呈现稳步上升的趋势，仅在 2004 年和 2010 年出现了小幅度的下降，即从 2003 年所占比例 3.18% 下降至 2004 年的 2.59%，从 2009 年所占比例 3.24% 下降至 2010 年的 3.12%；在 2012 年时周口市财政收入占市 GDP 的比重达到最大值为 3.82%，在 2007 年比重最小为 2.46%。

周口市财政收入占河南省财政收入的比重如表 3-1-3 所示。可以看出，周口市公共财政收入绝对数不断增加，相对数呈现稳定的趋势的态势。2003—2012 年周口市财政收入占河南省财政收入的比重从 2003 年的 3.80% 下降到 2006 年的 2.04%，到达谷底，之后逐步缓慢上升，增加到 2012 年的 2.95%，步入稳定增长阶段。

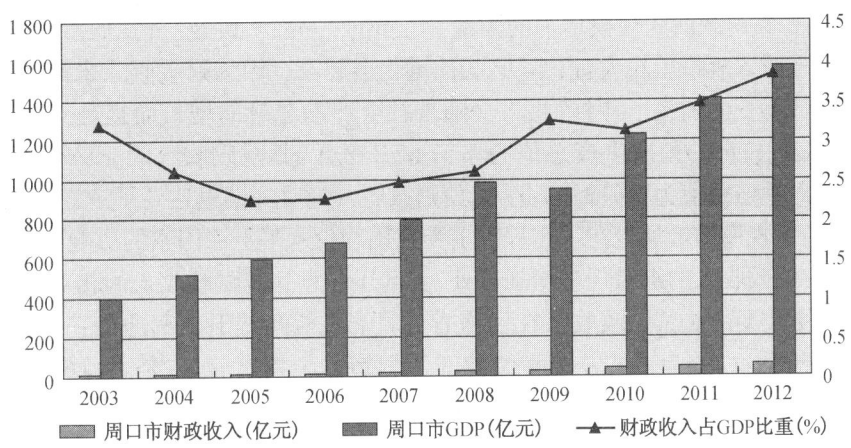

图 3-1-2　周口市 2003—2012 年财政收入占市 GDP 的比重情况

表 3-1-3　　　　　　　　　　周口市财政收入占河南省财政收入的比重

年份(年)	周口市财政收入(亿元)	河南省财政收入(亿元)	占全省财政收入比重
2003	12.84	338.05	3.80%
2004	13.54	428.78	3.16%
2005	13.34	537.65	2.48%
2006	15.24	679.17	2.24%
2007	19.65	862.08	2.28%
2008	25.49	1 008.90	2.53%
2009	30.86	1 039.66	2.74%
2010	38.31	1 381.32	2.77%
2011	48.72	1 721.76	2.83%
2012	60.13	2 040.33	2.95%

　　周口市 2003—2012 年财政收入占河南省财政收入的比重情况如图 3-1-3 所示。可以看出，呈现 U 字形反转的趋势,在 2003 年时周口市财政收入占市占河南省财政收入的比重达到最大值为 3.80%,在 2007 年比重最小为 2.28%。

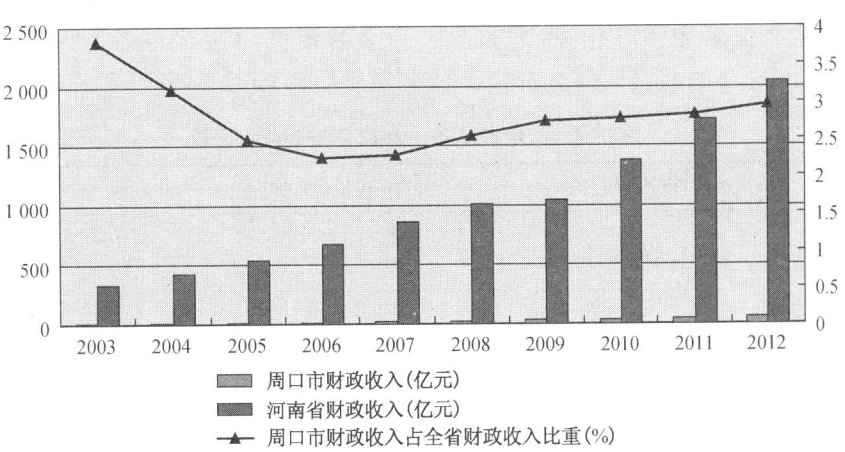

图 3-1-3　周口市 2003—2012 年财政收入占河南省财政收入的比重情况

（3）影响周口市财政收入规模增加的因素。在我国，一般来讲，经济发展水平越高，国内生产总值就越多，财政收入规模就较大，占GDP的比重也会越高。因为财政收入来源于对社会产品的分配，在其他条件不变的前提下，财政收入会随着社会产品总量的增长而提高。从周口市的实际情况看，2007年，周口市的国内生产总值为1 574.72亿元，其财政收入为19.65亿元；到了2012年，周口市的国内生产总值为1 618.93亿元，使财政收入绝对规模也达到了60.13亿元。当然，周口市财政收入绝对规模的增加也在一定程度上受我国物价水平上涨因素的影响。

除了周口市财政收入的绝对规模增加以外，我们还注意到其财政收入的相对规模也有一个较大幅度的增长，更重要的是其财政收入在河南省的排名在逐年提升。其原因：一是周口的民营经济、乡镇企业发展的好，周口的中小企业支撑着周口市的经济发展；二是周口的农村经济发展的好，周口的农村经济在全省的排名也是很靠前的。

3）周口市财政收入结构分析

财政收入结构是指财政收入来源的多种构成、比例及其相互关系。它主要包括财政收入的价值构成、社会经济结构、部门结构、项目结构以及地区结构。这里，我们主要分析周口市财政收入的项目结构、部门结构以及地区结构。

周口市财政收入的项目结构如表3-1-4所示。

表3-1-4　　　　　　　　周口市2007—2012年财政收入中税收收入的比重

年份	公共预算收入（万元）	税收收入（万元）	税收收入占比	非税收入（万元）	非税收入占比
2007	196 481	132 299	67.33%	64 182	32.67%
2008	254 893	178 646	70.09%	76 247	29.91%
2009	308 618	211 998	68.69%	96 620	31.31%
2010	383 100	268 000	69.96%	115 100	30.04%
2011	487 200	330 400	67.82%	156 900	32.20%
2012	601 347	404 451	67.26%	196 896	32.74%

表3-7-4列示了周口市从2007年到2012年的公共预算收入、税收收入及其占比、非税收入及其占比。可以看出，周口市税收收入的绝对额随着时间的推移在逐年增加，从2007年的196 481万元增加到2012年的601 347万元，增加了3.06倍；同时，税收收入占公共预算收入的比重也在随着时间的推移增加，从2007年的67.33%增加到2012年的67.26%，几乎没有变化。从纳入公共预算的非税收入来看则正好相反，非税收入占公共预算的比重在逐年下降，从2007年的32.67%下降到2011年的32.20%，之后的2012年有所反弹至32.74%。

表3-1-5　　　　　　　　周口、全国、全省2007—2012年宏观税负比较

年份	周口市税收收入占比	河南省税收收入占比	全国税收收入占比
2007	67.33%	72.5%	（中国统计年鉴计算，下同）88.89%
2008	70.09%	73.6%	88.41%
2009	68.69%	73.0%	86.87%
2010	69.96%	73.6%	88.10%
2011	67.82%	73.4%	86.39%
2012	67.26%	72.0%（统计公报）	85.83%（统计公报）

表 3-1-5 列示了周口市税收收入占比、河南省税收收入占比和全国税收收入占比。从表中可以明显看出,无论是河南省的这一比例还是周口市的这一比例都没有全国税收收入占比高,差距最大的年份是 2007 年达到 21.56 个百分点,其他年份的差距也都在 19 个百分点左右。但可喜的是,周口市税收占财政收入的比重在逐年上升,2007 年这一比例为 67.33%,到 2010 年达到了 69.96%,上升了 2.63 个百分点,这一趋势是好的,而我国这一比例是逐年下降的。税收在多数国家财政收入中的比重都超过了 90%,著名经济学家熊彼特由此将现代国家称为税收国家。可见,税收国家是在财政国家的模式下从收入层面对国家进行的定位。周口市乃至河南省税收占财政收入比重较低,警示我们要在近年来我国财政收入不断增长的同时,关注财政收入结构问题。

表 3-1-6　　　　　　　　　　　周口市 2007—2012 年税收收入的项目结构

年份	税收收入(万元)	增值税(万元)及其占比		营业税(万元)及其占比		企业所得税(万元)及其占比		个人所得税(万元)及其占比	
2007	132 299	21 599	16.33%	50 233	37.97%	4 593	3.47%	10 369	7.84%
2008	178 646	26 005	14.56%	70 360	39.39%	7 454	4.17%	9 165	5.13%
2009	211 998	28 643	13.51%	77 821	36.71%	10 557	4.98%	8 862	4.18%
2010	268 000	31 700	11.83%	93 200	34.78%	14 700	5.49%	8 700	3.25%
2011	330 400	37 300	11.29%	127 500	38.59%	26 100	7.90%	8 600	2.60%
2012	404 451	37 559	9.29%	142 336	35.19%	36 842	9.11%	7 710	1.91%

表 3-1-6 列示了周口市 2007—2012 年间四大税种(增值税、营业税、企业所得税、个人所得税)收入及其占税收收入总额的比重。可以看出,四大税种的绝对额都呈现逐年上升的态势;营业税在税收中所占比重最大,其次是增值税,再次是企业所得税和个人所得税;在四大税种中,营业税占比在逐年下降,其中营业税从 2007 年的 37.97% 下降至 2012 年的 35.19%,下降了 2.78 个百分点,下降的幅度不大;而增值税和个人所得税的占比也在逐年下降,其中增值税从 2007 年到 2012 年下降了 7.04 个百分点,个人所得税下降了 5.93 个百分点,下降的幅度都较大;企业所得税占比则呈现上升趋势,2007 年 3.47%,而到了 2012 年,这一比例为 9.11%,上升了 5.64 个百分点,上升幅度较大。

4) 周口市财政支出规模分析

(1) 周口市财政支出规模的绝对数。周口市 2003—2012 年财政支出规模如表 3-1-7 所示。

表 3-1-7　　　　　　　　　　　周口市 2003—2012 年财政支出规模

年份	公共预算支出(亿元)	财政支出较上年增加数(亿元)	财政支出较上年增加比重	在全省的位次
2003	35.13	3.58	11.36%	5
2004	42.00	6.87	19.56%	6
2005	54.62	12.62	30.06%	4
2006	78.57	23.95	43.86%	4
2007	101.04	22.47	28.60%	4
2008	128.83	27.79	27.51%	4
2009	162.93	34.10	26.47%	4
2010	193.70	30.77	18.89%	4

年份	公共预算支出（亿元）	财政支出较上年增加数（亿元）	财政支出较上年增加比重	在全省的位次
2011	244.83	51.13	26.40%	4
2012	323.56	78.73	32.15%	4
年均增加		29.20	26.49%	

从表 3-1-7 中可以看出，周口市的财政支出是在稳步增加的，2003 年财政支出 36.13 亿元，2012 年增长到 323.56 亿元，2003 年以来年均增加 39.20 亿元，年均增长率为 26.49%，增长比较迅速，在全省的排名从 2003 年第五名，上升到 2012 年的第四名。

图 3-1-4 为周口市 2003—2012 年财政支出规模。可以直观地看出，周口市 2003—2012 年公共财政预算支出绝对数逐年稳步增加；从增长率来看，呈波浪形上升的趋势，年度之间增长速度不均衡，增长最快的就是 2006 年，增速为 43.86%；增速最慢的是 2003 年，增速仅有 11.36%。

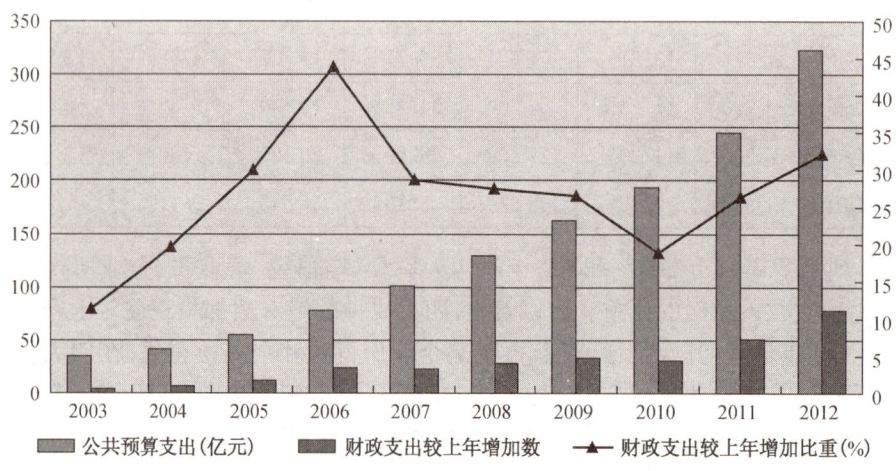

图 3-1-4　周口市 2003—2012 年财政支出规模

（2）周口市财政支出规模的相对数。2003—2012 年周口市财政支出占周口市 GDP 的比重如表 3-1-8 所示。

表 3-1-8　　　　　　2003—2012 年周口市财政支出占周口市 GDP 的比重

年份（年）	周口市财政支出（亿元）	周口市 GDP（亿元）	占 GDP 的比重
2003	35.13	403.46	8.71%
2004	42.00	521.98	8.05%
2005	54.62	595.50	9.17%
2006	78.57	677.74	11.59%
2007	101.04	798.54	12.65%
2008	128.83	984.13	13.09%
2009	162.93	951.63	17.12%
2010	193.70	1 228.30	15.77%
2011	244.83	1 407.49	17.40%
2012	323.56	1 574.72	20.55%

从表 3-1-8 中可以看出,周口市财政支出与周口市 GDP 之间的关系。2007 年周口市财政支出为 101.04 亿元,GDP 为 798.54 亿元,财政支出占周口市 GDP 的比重为 12.65%,到 2012 年,财政支出为 323.56 亿元,GDP 为 1 574.72 亿元,财政支出占 GDP 的比重为 15.77%,增长比较迅速。其中,2008 年收到金融危机的影响,财政收入占 GDP 的比例并没有因此受到太大的影响,2007—2012 年财政支出占 GDP 比例都在稳定增长,只有 2008 年受到金融危机影响增长趋缓。

图 3-1-5 为周口市 2003—2012 年财政支出占周口市 GDP 的比重情况。可以看出,周口市 2003—2012 年财政支出占该市 GDP 的比重呈现稳步上升的趋势,仅 2004 年和 2010 年出现了小幅度的下降,与财政收入的变动趋势保持一致,从 2003 年所占比例 8.71% 下降至 2004 年的 8.05%,从 2009 年所占比例 17.12% 下降至 2010 年的 15.77%;2012 年周口市财政支出占市 GDP 的比重达到最大值为 20.55%,2004 年比重最小为 8.05%。

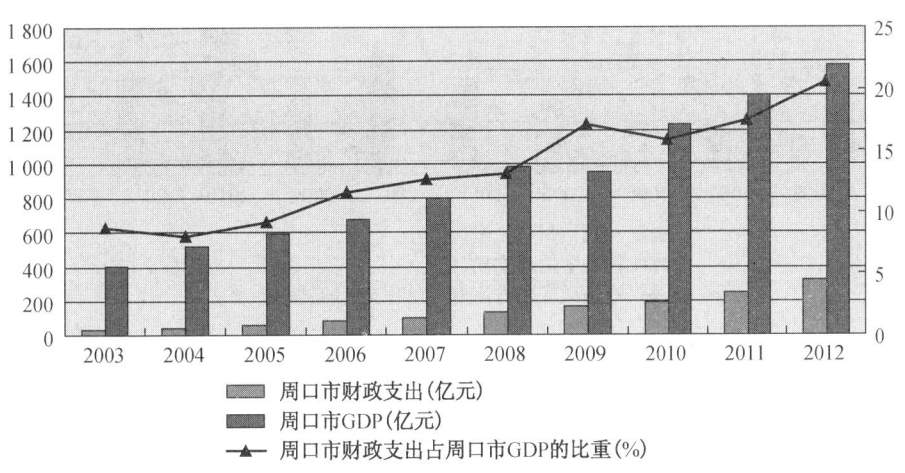

图 3-1-5　周口市 2003—2012 年财政支出占周口市 GDP 的比重情况

表 3-1-9　　　　　　　　周口市财政支出占河南省财政支出的比重

年份(年)	周口市财政支出(亿元)	河南省财政支出(亿元)	占河南省财政支出的比重
2003	35.13	716.6	4.90%
2004	42.00	879.96	4.77%
2005	54.62	1 116.04	4.89%
2006	78.57	1 440.09	5.46%
2007	101.04	1 870.61	5.40%
2008	128.83	2 281.61	5.65%
2009	162.93	2 905.76	5.61%
2010	193.70	3 416.14	5.67%
2011	244.83	4 248.82	5.76%
2012	323.56	5 006.40	6.46%

表 3-1-9 为 2003—2012 年周口市财政支出占河南省财政支出的比重,可以看出周口市财政支出与河南省财政支出之间的关系。在周口市财政支出增长的同时,河南省的财政支出也在增长,但是,周口市财政支出占河南省财政支出的比重从 2003 年的 4.90% 增加到 2012 年的 6.46%,说明周口市财政支出在河南省财政支出的比重,呈缓慢均衡增长。

周口市 2003—2012 年财政支出占河南省财政支出的比重如图 3-1-6 所示。可以看出,呈现缓慢均衡增长的趋势;周口市财政支出占全省财政支出的比重最低是 2004 年的 4.77%,比重最高为 2012 年的 6.46%,其他年份波动不大。

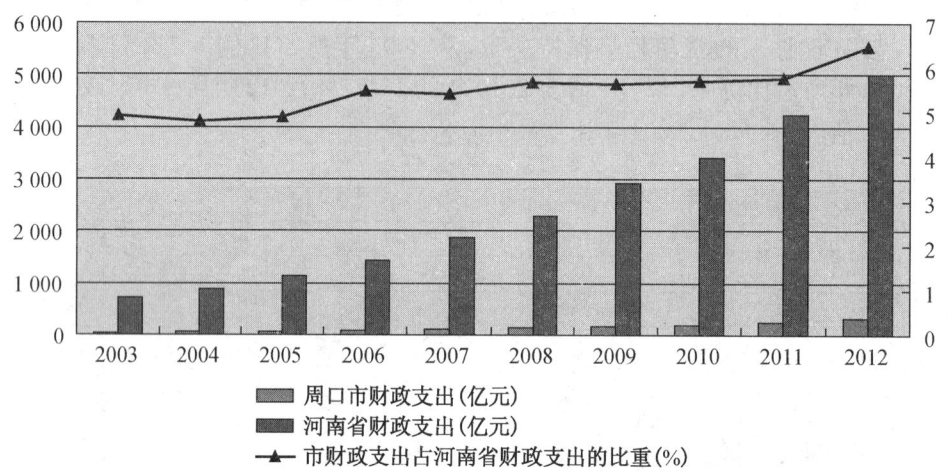

图 3-1-6   周口市 2003—2012 年财政支出占河南省财政支出的比重情况

表 3-1-10		2007—2012 年周口市财政支出的边际系数			
年份(年)	财政支出(亿元)	财政支出年增加额(亿元)	GDP(亿元)	GDP 年增加额(亿元)	财政支出的边际系数
2007	101.04	22.47	798.54	120.79	0.19
2008	128.83	27.79	984.13	185.59	0.15
2009	162.93	34.10	951.63	−32.50	−1.05
2010	193.70	30.77	1 228.30	276.67	0.11
2011	244.83	51.13	1 407.49	179.19	0.29
2012	323.56	78.73	1 574.72	167.23	0.47

表 3-1-10 为 2007—2012 年周口市财政支出的边际系数。可以看出,周口市财政支出的边际系数从 2007 年的 0.19 上升到 2012 年的 0.47。可见周口市财政支出的年增加额相对于 GDP 年增加额的结构是在发生着变化的。2007—2009 年,周口市的财政支出的边际系数缓慢下降,在 2009 年达到 −1.05,主要是因为金融危机的影响导致经济下滑引起的。2010 年为 0.11,实现了由负到正的转变,并实现了增长。2010—2012 年周口市财政支出的边际系数有增大的趋势说明财政支出增长快于 GDP 的增长。从边际系数的分析中可以使我们对周口市的财政支出规模有更深层的了解。

表 3-1-11 **2007—2012 年周口市财政支出的弹性系数**

年份(年)	财政支出 (亿元)	财政支出年 增长数(亿元)	GDP (亿元)	GDP 年增长率 (亿元)	支出的弹性 系数
2007	101.04	23.03	437.02	17.82	1.29
2008	128.83	13.81	550.26	23.24	0.59
2009	162.93	31.60	541.68	−3.30	−9.58
2010	193.70	18.45	680.49	29.07	0.63
2011	244.83	25.03	751.70	14.59	1.72
2012	323.56	27.69	797.12	11.88	2.33

  表 3-1-11 为 2007—2012 年周口市财政支出的弹性系数。可以看出,周口市财政支出的弹性系数从 2007 年的 1.29 到 2012 年的 2.33,中间年份变化很大,不稳定。2007—2009 年周口市财政支出的弹性系数出现了下降,2009 年达到了−9.58,2010 年达到 0.63,实现了由负到正的转变。2010—2012 年周口市的财政支出弹性系数是正值,并有增大的趋势,说明周口市财政支出的增长快于 GDP 的增长。

  5) 周口市财政支出结构分析

  周口市财政支出项目结构分析如下。

  (1) 绝对数分析(见表 3-1-12)。

表 3-1-12　　　　　　　　　　　　　周口市财政支出项目绝对数结构

年份	支出 合计 (亿元)	一般公 共服务 (亿元)	公共 安全 (亿元)	教育 (亿元)	科学 技术 (亿元)	文体与 传媒 (亿元)	社保和 就业 (亿元)	医疗 卫生 (亿元)	节能 保护 (亿元)	城乡社 区事务 (亿元)	农林水 事务 (亿元)	交通 运输 (亿元)	住房 保障 (亿元)
2012	323.56	40.67	12.37	85.26	2.63	4.49	43.98	40.90	5.04	9.02	41.36	15.58	10.43
2011	244.83	32.83	10.27	61.09	1.52	3.57	31.46	32.92	5.18	9.68	23.43	14.55	4.55
2010	193.70	28.13	10.54	45.15	1.38	3.55	25.24	21.60	4.52	9.04	18.15	9.13	1.86
2009	162.93	25.59	8.94	39.34	1.02	2.98	22.50	15.44	4.24	7.88	16.94	18.06	
2008	128.83	21.94	6.57	34.74	0.97	1.36	15.74	12.01	4.12	9.42	11.56	10.39	
2007	101.04	19.33	5.66	27.36	0.77	1.22	14.68	6.13	2.43	6.83	8.06	8.57	

  从表 3-1-12 中可以看出,河南省的财政支出从 2007 年的 1 546.99 亿元,增加到 2012 年的 5 006.40 亿元,增长 3.3 倍,周口市的财政支出也从 2007 年的 101.04 亿元,增加到 2012 年的 323.56 亿元,增长近 3.2 倍,几乎等于全省的增长倍数。由于 2010 年后统计项目发生变化,把财政支出中其他支出分为交通运输和住房保障两项。在周口市中的财政支出中,教育、一般公共服务、社会保障和就业、农林水事务、医疗卫生在周口市的财政支出中占有较大份额,其中教育支出 2012 年支出 85.26 亿元,社会保障和就业支出 43.98 亿元。并且,2007 年周口市教育支出 19.33 亿元,6 年增长了 4.4 倍多,增长迅速。

(2) 相对数分析(见表 3-1-13)。

表 3-1-13　　　　　　　　　　　　周口市财政支出项目相对数结构

年份	一般公共服务支出比重	公共安全支出比重	教育支出比重	科学技术支出比重	文体与传媒支出比重	社保和就业支出比重	医疗卫生支出比重	节能保护支出比重	城乡社区事务支出比重	农林水事务支出比重	交通运输支出比重	住房保障支出比重
2012	6.13%	5.06%	7.71%	3.78%	6.45%	6.96%	9.60%	4.60%	3.79%	7.50%	5.19%	5.62%
2011	5.87%	5.01%	7.13%	2.68%	6.20%	5.74%	9.11%	5.42%	5.06%	4.88%	5.17%	3.19%
2010	5.88%	5.55%	7.41%	3.10%	6.45%	5.47%	7.99%	4.69%	5.47%	4.55%	5.25%	2.41%
2009	6.66%	6.09%	8.28%	3.40%	5.98%	7.73%	7.85%	4.71%	6.03%	6.86%	5.66%	
2008	6.59%	5.53%	8.67%	3.82%	3.92%	7.15%	9.08%	5.73%	6.97%	6.41%	5.04%	
2007	6.63%	5.55%	8.36%	3.79%	4.62%	6.65%	7.27%	5.86%	6.15%	6.52%	4.32%	

从表 3-1-13 中可以看出,周口市财政支出占河南省财政支出的比例从 2007 年的 6.53% 下降到了 2012 年的 6.46%,下降比例不多,相对比较稳定,其各个支出项目变化也不是很剧烈,相对稳定,说明周口市的财政支出水平与河南省的支出相适应,其中文化体育与传媒支出比重从 2007 年的 4.62% 增长到 2012 年的 6.45%,增长较为明显。医疗卫生支出比重从 2007 年 7.27% 增长到 2012 年 9.60%。农林水事务支出比重也从 2007 年的 6.52% 增长到 2012 年的 7.50%。2012 年周口市医疗卫生支出比重为 9.60%,在其他支出项目比重中最高,说明周口市在医疗卫生支出中投入较多。2012 年周口市科学技术支出比重为 3.78%,在其他支出项目比重中最低,说明周口市在科学技术支出中投入较少。

6) 小结

(1) 典型的农业地区财政。周口市作为河南省的第一产粮大市,常年粮食播种面积达 1 600 万亩,总产量在 130 亿千克左右,占全省粮食总产量的 1/7,其中夏粮产量占全省的 1/6,约占全国总产量的 1/25,有着"中原粮仓"的美誉,为保障国家粮食安全做出了贡献。但农业地区一般都是财政上比较困难的地区,周口市也是如此。其财政困难主要表现为以下几个方面:

一是收入能力较弱。历年来农业对财政的贡献度较低,特别是农村税费改革后,这种贡献更是微乎其微,导致财政收入能力较弱。2012 年,周口市公共财政预算收入虽然完成 60.13 亿元,但财政收入占市生产总值比重只有 3.82%,比全省该比重 6.85% 低 3 个百分点;2012 年,周口市人均财政收入 546.64 元,只相当于全省人均财政收入 2 169.46 元的 1/4,占河南省财政收入的比重也只有 2.95%。

二是财政资金自给水平低。在 2012 年全市公共财政预算支出 323.56 亿元中,来源于本级的资金只有 60.13 亿元,财政资金自给率只有 18.58%。

三是财政支农任务较重。周口的 9 个县市是全国优质粮食产业工程基地县,4 个县进入全国粮食生产百强县行列,5 个县被列为省重点扶持的 24 个粮食生产重点县,财政支农任务较重。2012 年,在市级可用财力 280.70 亿元中,对各县转移支付 243.00 亿元,占 86.57%。

四是人均财力水平偏低。2012 年,全市总财力 323.56 亿元,在全省的位次中排名第四位,但人均财力只有 2 941 元,大大低于全省人均财力 5 322 元。人均财力水平偏低,导致统筹用于民生的公共财政资金不足,农业生产基础设施薄弱的状况长期得不到根本改善,一些涉及群众切身利益的问题尚未得到很好解决,社会事业发展对财政投入的要求越来越高,财政收支矛盾突出。

（2）财政收支平稳较快增长。

一是财政收入稳步增长。近年来,周口市财税部门上下通力合作,依法组织收入,严厉打击偷、漏、骗、欠税行为,进一步提高财政收入的增长速度和增长质量,同时加强非税收入征管,开展非税收入稽查和会计质量检查,实行"票款分离",收入直达国库。财政收入规模绝对数不断增加,周口市财政收入由2003年的12.84亿元,提升至2012年60.13亿元,增长4.68倍,规模在全省位次在第8位到第16位之间大幅波动,说明周口市财政收入增长波动很大。周口市公共预算财政收入规模的绝对数稳步增加,2003年以来年均财政收入增长率为17.28%。周口市财政收入占市生产总值比重逐年增加,由2003年的3.18%上升到2012年的3.82%,这在一定程度上表明了周口市产业结构在一定程度上有所优化。2003—2012年,周口市财政收入占河南省财政收入的比重从2003年以来有所下滑,说明农业地区财政收入潜力较弱。

二是支出规模迈上新台阶。近年来,周口市财政坚持"积极稳妥、保障民生",促进了社会事业的发展和民生问题的持续改善。①统筹安排,确保财政供给人员的工资性支出。②保证机构正常运转的需要,对省、市政府确定的十项民生工程和十件实事等项目支出,及时进行了安排。③对法定支出和涉及稳定的支出、重点工程支出,按照轻重缓急,多方筹措资金,妥善加以安排。2004年,全市公共财政预算支出规模上40亿元台阶,2007年上100亿元台阶,2011年上200亿元台阶,2012年上300亿元台阶,达到323.56亿元。与人民群众日常生活密切相关的基本民生支出2012年达到211亿元,增长25.7%,占公共财政预算支出的75.9%。

（3）财政科学理财能力的提升。周口市财政收支的良好现状除了经济发展水平的提升等因素以外,还得益于财政科学理财能力的提升。近年来,周口市财政主要从推进预算绩效管理和预算公开、推进国库管理与非税收入收缴改革、推进政府采购、政府投资评审和行政事业单位国有资产管理工作和推进财政监督方面进行了一系列有益的探索。

一是推进预算绩效管理和预算公开。扎实推进绩效评价试点工作,绩效管理与预算编制、项目支出评审结合度进一步提高。积极向市人民代表大会报送市级部门预算,接受市人民代表大会审查并向社会公开。完善竞争性分配机制和专家评审机制,专项资金分配的公正性、公平性和透明度进一步提高。

二是推进国库管理与非税收入收缴改革。国库集中支付、非税收入收缴、预算执行动态监控等改革覆盖面进一步扩大。实行财政惠民补贴"一卡通",强化乡镇财政监管职责,确保了惠民政策及时有效落实。

三是推进政府采购、政府投资评审和行政事业单位国有资产管理等工作。开展"政府采购提升年"活动,2012年,全市政府采购规模34.6亿元,节约资金3.7亿元,平均节支率10.7%。拓展财政投资评审领域;2012年,全市各级财政投资评审机构共完成评审项目1 428个,完成评审额65.2亿元,审减16.1亿元,平均审减率20%;制定出台了《周口市行政事业单位公务用车配备实施管理细则》,对全市公务车辆进行了专项治理,清理违规借(换)车32辆、超编车695辆、超标车52辆,并按有关规定进行了公开处置。

四是推进财政监督。开展财政专项资金、企事业单位会计信息质量、非税收入收缴和票据管理、市直部门预算执行情况等监督检查。2012年,市级直接组织检查单位或项目57个,查出违规资金1.1亿元,进一步规范了财经秩序,提高了财政资金使用效益。

（资料来源:中原经济区发展报告2013,金克明）

项目 二 税源状况分析

一、实训目的

通过实训，学生能加深对财政税收相关知识的理解，掌握对财税业务的综合分析方法、数据处理能力和财税应用写作能力。

二、实训要求

学生在收集整理相关资料的基础上，按照模板写作税源状况分析报告。

三、实训内容

(一) 资料收集整理

(1) 收集整理某县(市)基本情况。

(2) 收集整理某县(市)有关社会经济数据。

(3) 收集整理某县(市)有关税收数据。

(二) 分析方法

1. 比较分析法

比较分析法的理论基础，是客观事物的发展变化，是统一性与多样性的辩证结合。共同性使它们具有了可比的基础，差异性使它们具有了不同的特征。

1) 趋势分析

趋势分析就是分析期与前期或连续数期项目金额的对比。这种对税收指标的纵向比较分析的方法是一种动态的分析。

通过分析期与前期（上季、上年同期）税收指标的对比，可以从差异中及时发现问题，查找原因，改进工作。连续数期的比较，能够反映出税收指标的发展动态，以揭示当期增减变化，判断引起变动的主要项目是什么，这种变化的性质是有利还是不利，发现问题并评价当前税收管理水平，同时也可以预测事物未来的发展趋势。

2) 同业分析

同业分析就是将本地区的主要税收指标与同行业的平均指标或同行业中先进指标对比，可以全面评价税收管理水平。与行业平均指标的对比，可以分析判断该地区税收在同行业中所处的位置。和先进地区的指标对比，有利于吸收先进经验，克服本地区税收的缺点。

3) 预算差异分析

预算差异分析将分析期的实际数与预算数额比较，分析预算完成的程度，为改进税收管理提供方向。

2. 比率分析法

比率分析法就是把某些彼此存在关联的项目加以对比，计算出比率，据以确定经济活动变动程度的分析方法。比率是相对数，采用这种方法，能够把某些条件下的不可比指标变为可以比较的指标，以利于进行分析。比率指标主要有以下三类。

1) 相关比率

相关比率是以某个项目与相互关联但性质又不相同的项目加以对比所得的比率,反映有关经济活动的相互关系。利用相关比率指标,可以考察有联系的相关工作安排得是否合理,以保障财政税收活动能够顺利进行。如将税收增长率与当年GDP增长率对比,计算出税收弹性,据以了解税收满足政府财政需要的能力。

2) 构成比率

构成比率又称结构比率,它是某项经济指标的各个组成部分与总体的比率,反映部分与总体的关系。其计算公式为:

$$构成比率 = 某一组成部分数额 \div 总体数额$$

利用构成比率,可以考察总体中某个部分的形成和安排是否合理,以便协调各项财政活动。

3) 效率比率

效率比率是某项经济活动中所费与所得的比率,反映投入与产出的关系。利用效率比率指标,可以进行得失比较,考察财政管理成果,评价财政支出绩效。如将支出净效益与该项目财政投入加以对比,可计算出效益成本率,可以分析比较财政支出绩效的高低及其增减变化情况。

(三) 分析模板

2013年××市地方税源税收形势调研报告

1. ××市宏观经济总体情况

2012年我市实现国内生产总值109亿元,按可比价格计算同比增长了12.5%,GDP增量为12亿元;地税税收收入完成20 110万元,税收增量为4 035万元。据以上数据计算我市宏观税负为4.01%,地税税收弹性系数为1.85,如表3-2-1所示。

表3-2-1　　　　　　　　　××市2007—2012年GDP、税收与宏观税负表

年份	GDP（万元）	税收收入（万元）	地税税收收入（万元）	国税税收收入（万元）	宏观税负（万元）	地税弹性系数	国税弹性系数
2007	564 998	32 018	8 766	23 252	5.67		
2008	650 676	35 812	10 403	25 409	5.50	1.23	0.61
2009	699 018	28 514	11 058	17 456	4.08	0.85	−4.21
2010	801 300	32 534	13 512	19 022	4.06	1.52	0.61
2011	958 700	37 616	16 075	21 541	3.92	0.97	0.67
2012	1 089 000	43 633	20 110	23 523	4.01	1.85	0.68

从表3-2-1的宏观数据可知,我市地税税收收入总量增长高于GDP总量的增长。按照经济理论,税收增长比例应与经济增长比例同步,税收弹性系数的合理区间是0.8～1.2。即税收弹性系数为1的时候,是比较完美和协调的增长形势。但从数值上看,2012年我市地税税收收入的增长远远的高于经济发展的速度。宏观税负从2009—2012年的4年时间基本上保持一个相对稳定的水平,也就是4%左右浮动,通过比较,这个水平算是较低的。参阅宏观经济理论:在通常的情况下,工业企业规模与宏观税负之间表现为正相关关系,工业企业规模大,集约化程度高,则宏观税负水平也较高;反之,则低。这从侧面表明我市工业企业规模较小,集约化程度不高。

另外,从表3-2-1中也可以看出,国税税收收入的增长幅度与经济总量的增长速度并不匹配。

从收入结构上可以初步判断,以增值税为主体税收的工业企业、商品流通企业税收贡献乏力,同时,也直接影响地税附征税种的收入。

根据××市发改局 2013 年国民经济和社会发展计划报告,2013 年全市国民经济和社会发展的主要预期目标是:地区生产总值 125 亿元,增长 15% 左右;固定资产投资 127 亿元,增长 37% 以上;社会消费品零售总额 83 亿元,增长 15% 以上;外贸出口 12 320 万美元,增长 12% 以上;地方财政公共预算收入 4.25 亿元,增长 15% 以上;城镇居民可支配收入 18 837 元、农民人均收入 10 327 元,分别增长 17% 和 15% 以上。

2. 影响 2013 年收入的原因分析

按照发改局的发展计划,保持合理税收弹性和当前实际的宏观税负,地区生产总值增长为 14.68%,相应税收收入也应增长 14.68% 左右。根据实际征收数据,2012 年我局共完成税收任务 20 110 万元。根据合理税收弹性,我局 2013 年税收收入在 23 062 万元左右较为合理,与目前市局下达的目标 23 000 万元相差无几。如在经济增长能按预期实现的情况下,我们对完成税收任务有一定的信心,但就从当前征收的形式上看,2013 年我局完成市局下达的目标存在诸多不利因素。

1) 同期一次性税源影响

(1) "营改增"交通运输业及部分现代服务业移交国税部门征收带来的影响。2012 年"营改增"交通运输业及部分现代服务业正常税收及查补收入 1 650 万元已实际移交国税,产生无法弥补的缺口。

(2) 耕地占用税、契税收入的影响。2012 年耕地占用税完成 1 318 万元,比上年同期 124 万元净增 1 024 万元,为上年同期的 1 062.9%,占 2012 年当年实现收入的 6.55%。契税收入完成 2 387 万元,比上年同期 1787 净增 600 万元,为上年同期的 133.58%,占当年实现收入的 11.87%。两者合计已占总收入的 18.42%。耕地占用税、契税俨然已成为我市地税收入的主力军。通过与房产、国土等部门的联合控管,这两个税种征收方法已经相当成熟,基本上做到了应收尽收。

(3) 房地产开发项目清算、营改增涉及户面清理和稽查收入。一是 2012 年我局组织工作专班对 2005 年以来的房地产开发项目进行了全面清算,共清理入库税收 980 万元。二是对营改增户面进行了清理和稽查,共查补税款 617 万元。此两项作为一次性收入,也已成为 2013 年影响我局收入的不利因素。

2) 管理增收因素及影响、政策变化及影响

(1) 土地增值税调率。2013 年土地增值税执行新的核定征收率和房地产交易税收控管将更加严格,在原有 2012 年土地增值税完成 554 万元的基础上,预计能增加 300 万元以上的收入。

(2) 政策宣传及舆论导向减少税源。由于中央关于厉行节约、反对铺张浪费的倡议,我市大型餐饮业、娱乐业受到很大的冲击,消费的不足直接影响了主体税种——营业税的税源,主管分局反映已有多家餐饮业纳税人提交调减定税额的申请。具体对税收收入的影响暂时无法准确预计。

3. 分行业税源税收情况

根据国统标准产业、行业分类上看,第一产业本身不提供税收收入,第二产业四个行业,第三产业十四个行业。按照 2012 年实际征收数据,分行业税收收入及收入比重如表 3-2-2 所示。

1) 制造业

应该说制造业的发展壮大是税源增长的主要动力。从地税收入来看,近几年我市制造业地税收入所占比重较大,主力集中在化工、森工行业。

表 3-2-2 　　　　　　　　　　　2012 年分行业占比表

行　业	税收收入(万元)	占总收入%
总计	20 110	100.00%
二产业合计	8 511	42.32%
采矿业	46	0.23%
制造业	3 506	17.43%
电力热力燃气及水的生产和供应业	179	0.89%
建筑业	4 780	23.77%
三产业合计	11 599	57.68%
批发和零售业	201	1.00%
交通运输仓储和邮政业	1 280	6.36%
住宿和餐饮业	981	4.88%
信息传输、软件和信息技术服务业	679	3.38%
金融业	2 149	10.69%
房地产业	4 269	21.23%
租赁和商品服务业	778	3.87%
科学研究和技术服务业		0.00%
居民服务、修理和其他服务业	188	0.93%
教育	25	0.12%
文化体育和娱乐	108	0.54%
卫生和社会工作	4	0.02%
公共管理、社会保障和社会组织	162	0.81%
其他行业	775	3.85%

　　让人感到忧虑的是,制造企业具有单一性,多元化程度很低,由于对上述企业的过度依赖,一旦上述企业出现不可预计的变化,后果将很严重。我市近年来虽然引进了一批工业项目,但能够带动产业发展和科技含量高的大项目不多。自 2001 年以来,全市年税收收入 100 万以上工业企业一直保持在 5 家的规模,到目前为止基本未发生变化。

　　从长远来看,如果小型企业不再扩大生产规模,规模以上工业也无新上大项目的补充。就可以说明我市制造业在近 5 年基本上没有进步,反而远远落后于周边地区。长此以往势必影响全市经济的整体发展。

　　(1) ××高新。××高新科技集团股份有限公司,是一家以化学原料、染料生产、销售的集团企业,下属 8 家独立的子公司,本公司生产的产品 60% 的销售给子公司,子公司产品 80% 属于出口销售。销售收入没有大幅度的增长,近 5 年基本上没有变化,但经营成本、利润的变化较大。2012年实现销售收入 12.48 亿元,利润 9 673 万元,实现地税税收收入 1 157 万元。同期实现销售收入

11.37亿元,利润8530万元,实现税收收入1442万元,与同期相比减收了256万元。在销售收入增加的情况下,利润反而减小。其主要原因:一是同行业竞争之风愈演愈烈,同类产品的竞争无处不在。二是材料价格上涨、运输成本增加、产品附加值低、利润空间减少等影响。根据上述情况,2013年在××高新基本面没有发生重大变化的情况下,企业税收大幅增长的情况在现实上基本上不可能实现。

(2) 湖北××选矿药剂有限公司。湖北××选矿药剂有限公司是专门从事选矿药剂研发生产的股份制企业。近2年来公司发展势头迅猛,2011年全年实现销售收入1.2亿元,为地方税收贡献117万元。2012年公司新增选钛药剂生产线,该生产线技术在全国同行业中处于领先水平,所生产选钛药剂供不应求,全年销售额达到2亿元,贡献地方税收342万元,几乎是在2011年的基础上翻了一番,根据企业的发展趋势,预计该企业在2013年会有新的突破。

(3) 湖北××源制药股份有限公司。公司占地150亩,总投资达1.2亿元,主要从事心血管疾病、糖尿病、抗生素、消化系统疾病等方面药物的开发,生产和销售。2012年企业已经成功试制出了两类抗生素类产品,按照国家规定,试生产的药品必须通过一定时间的稳定期才可以进行销售。预计从2013年开始,该企业主营业务将开始创收,成为我市税源新的增长点。由于医药行业的特殊性,量产要达到企业设计的生产规模仍然需要一定时间,2013年税收究竟达到什么程度,目前尚无法预期。

2) 金融业

2012年我市金融业税收收入2149万元比上年同期1627万元增收522万元,增长32.08%。其中银行业税收收入1537万元,比上年同期1043万元增收494万元,增长47.36%;保险业税收收入599万元,比上年同期541万元增收58万元,增长10.72%,如表3-2-3所示。

金融业实现大幅度增长的主要原因是国家实施稳健的货币政策,加大存贷款利率预调微调力度,引导货币信贷平稳适度增长,保持合理的社会融资规模,切实支持实体经济发展形成的。

表3-2-3　　　　××市2011—2012年度7大银行销售、利润及税收情况表

纳税人	销售收入(万元)		利润(万元)		税收(万元)		同比增长
	2011	2012	2011	2012	2011	2012	
中国银行	1 216.2	1 498.75			79.9	86.46	8.21%
工商银行	1 750.15	1 772.18	1 216	774	126.4	120.47	−4.69%
农业银行	4 119.9	5 366.73			234.52	325.17	38.65%
建设银行	774.96	991.72	975		61.49	62.16	1.09%
农业发展银行	1 948.81	2 557.74	568	1 258	107.6	143.76	33.61%
邮政银行	884.28	1 177.75			48.2	65.14	35.15%
湖北银行	1 014.92	2 392	217	1 722	60	134.02	123.37%
信用社	6 399.74	12 014.9	1 038	1 182	335.71	529.7	57.78%

从表3-2-3可看出,2012年8家银行的业务量同比均有不同幅度上升,除工商银行、建设银行外,其他银行贡献的税收收入均有大幅度上升。从绝对值上看,信用社、农业银行、农业发展银行增长得速度尤为引人关注。从1~2月金融业税收收入上看,两个月实现税收400万元,同比增长340万元,增长势头迅猛,预期2013年金融业带来的税收收入将大幅上扬。

3) 房地产业

2007—2012 年××市房地产收入如表 3-2-4 所示。

表 3-2-4　　　　　　　　　　　　2007—2012 年房地产收入表

年度	税收收入(万元)	同比增长
2007	1 183	—
2008	2 237	89.10%
2009	3 310	47.97%
2010	3 977	20.15%
2011	5 526	38.95%
2012	6 425	16.27%

注：由于统计口径原因，暂将建筑税、房地产税收收入合并计算。2012 年剔除一次性耕地占用税、契税影响。

从表 3-2-4 可以看出，××市建筑业、房地产业自 2007 年以来，其带来的税收收入几乎呈直线上升，短短的 6 年间，其产生的税收收入从 1 183 万元达到 6 425 万元，增长 5.43 倍。不可否认的是，近几年建筑业、房地产业的崛起，弥补了由于金融风暴带来工业企业税收的减收，直接造就了地税收入的连年增长。重点房地产税收 2012 年税收及 2013 年税收预测如表 3-2-5 所示。

表 3-2-5　　　　　　　　重点房地产税收 2012 年税收及 2013 年税收预测

项目名称	2012 税费	其中查补	2013 年预计
合　　计	2 411	852	2 134
国际华诚	423		500
龙腾花园	271	105	100
紫燕大厦	49		24
丽天之家	49		60
丽景佳苑	20		150
四联花园	97	97	300
湖北华盛	366		—
绣林华府	245	245	—
江南名居	250		—
东方苑	34	34	—
绣林雅园	387	298	—
依水佳园	111	24	—
博学院	60		—
富源鑫居	13	13	—
城中佳园	7	7	—
钰龙花园	29	29	—
乡镇房地产开发			1 000

注：标注"—"号的为已开发并已征收完毕楼盘。

自国家发布"国十一条"以来,对房地产业产生重大影响,持续紧缩的调控政策使来自房地产行业的各类税收一再收缩。2012 年,剔除房地产业税收清理入库的 980 万元,实际上正常征收税额为 5 445 万元,仅为上年同期的 98.55%,实际上呈负增长状态。

商品房交易量急剧下降,自然是房地产税收收缩的主因。在当前国家财政政策影响下,中央银行对各大银行制定了流入房地产行业的资金硬性指标,房地产行业出现销售后按揭款不能及时到位的情况,并且国家宏观调控对房地产行业的影响也较大,2013 年的房地产业税收下滑亦是大势所趋。

从城区的开发项目上看,目前我市仅有少数楼盘在继续开发建设,预期收入同比将大幅下滑。受土地取得成本和商品房受众承受价格预期的影响,房地产开发项目有向乡镇转移的趋势。据各乡镇分局报送数据统计,2013 年涉及乡镇地区开发的楼盘共 11 个,预计可实现收入 1 000 万元以上。这将成为建筑业、房地产业新的增收项目,如表 3-2-5 所示。

4. 分税种税源税收情况

2012 年各税种占比及同比情况如表 3-2-6 所示。

表 3-2-6   2011 年各税种占比及同期对比

项　　目	完成数(万元)	占比	同比
合计	20 110	100.00%	127.53%
营业税	8 924	44.38%	126.70%
企业所得税	1 853	9.21%	95.55%
个人所得税	1 244	6.19%	92.00%
土地使用税	603	3.00%	128.99%
城市维护建设税	1 981	9.85%	108.33%
房产税	613	3.05%	138.30%
车船税	322	1.60%	105.43%
印花税	265	1.32%	137.17%
土地增值税	554	2.75%	99.96%
资源税	46	0.23%	125.00%
耕地占用税	1 318	6.55%	1 060.42%
契税	2 387	11.87%	133.55%

从分税种情况上看,2013 年主要税种可预期减的增减因素有以下几点:

(1)营业税。"营改增"的实施,交通运输业、部分现代服务业的正常收入及 2012 年清算、稽查收入 1 650 万元无以为继。

(2)企业所得税。受部分工业企业后劲不足及国家金融信贷政策的影响,企业面临资金压力、材料价格上涨、运输成本增加、销售竞争激烈、产品附加值低、利润空间小等影响,2012 年企业所得税完成 1 853 万元,同比减收 87 万元。其中××高新一家企业贡献所得税 860 万元,比上年 1 075 万元减少 20%;建筑业、房地产业贡献 841 万元,同期征收 766 万元,同比增长 9.79%;其他行业征收 255 万元,同期征收 214 万元,同比增长 19.15%。在绝对值上,建筑业、房地产业增量有限,××高新 2013 年的表现将对企业所得税产生直接影响。

（3）个人所得税。在国家政策调增工资薪金个人所得税扣除额的情况下，2012年个人所得税未达到2011年的征收水平，实际征收1 244万元，为上年同期的92.00%，在实行全员全额申报的背景下，该税种预计不会产生大的变化。

（4）契税、耕地占用税。2012年契税实现收入2 387万元，上年同期收入1 787万元，同比增收33.55%。契税收入占税收总收入的比重为11.87%。契税的税基大体相当于土地和房产的交易总金额，土地的交易额与国土部门的用地规划密切相关，房产的交易额主要受新建住房、二手房的交易量和价格的影响。

契税收入大幅增长的主要原因是我局与国土、房管部门密切配合，联合控管，投入使用房地产评估一体化软件，对全市23个开发楼盘、27个土地交易项目、47个建筑项目、及二手房交易进行监控管理所致。2013年能否延续高增长，与国家对房地产业控管的态度交易市场的反应密不可分。

从2013年1～2月收入上看，契税、耕地占用税与同期相比均有大幅度上升，其原因一是元月份受土地增值税调率的影响，带动契税、营业税、城市维护建设税、土地增值税等房地产业相关税收的大幅上升。二是工业园新入户企业集中，先后有永大新材、好味源、宏创科技、奉天门业、侨兴房地产5家企业1月份共缴纳耕地占用税769万元。从发展趋势上看，契税、耕地占用税2013年将会有新的突破。

（5）土地增值税。受土地增值税税率调增的影响，1～2月份完成土地增值税328万元，占去年全年收入的59.20%，成为各税种中的亮点，在此基础上测算并预计全年将比上年增收300万元以上。

（6）房产税、土地使用税。

表3-2-6 房产税土地使用税存量表

项　　目	土地使用税相关		房产税相关	
	应税土地面积（平方米）	年应纳税额（元）	应税原值（元）	年应纳税额（元）
合计	3 301 750.51	7 151 131.33	665 978 595.4	6 588 368.68
城区分局	2 141 322.1	4 820 054.93	545 662 924	5 588 606.29
笔架山分局	214 493.72	439 755.02	31 979 320.68	269 980.51
江北分局	619 709.22	1 239 418.44	63 079 201	516 542.45
东升分局	254 962.56	509 917.12	23 331 857.48	197 067.42
高基庙分局	71 262.91	141 985.82	1 925 292.22	16 172.01

表3-2-6是各分局报送房产税、土地使用税存量汇总情况。可以看出，全市房产税税源为659万元，土地使用税税源715万元，根据2012年房产税完成613万、土地使用税完成603万的情况，这两个税种有一定潜力，从绝对额上看，这两个税种实际上不可能取得较大的增长。

（7）车船税。自2008年车船税由5家保险公司代收、代缴以来，2009年代收138万元，2010年代收214万元，2011年代收289万元。每年都递增了70万元左右，2012年车船税政策调整后，全市小排量的车占多数，2.0以上的车型占少数，2012年车船税完成322万元，按照车辆自然增长的规律，2013年车船税的收入预期在350万元左右。

（8）资源税。我市无矿产资源，资源税的取得大部分靠黏土烧制砖瓦企业取得，受国家环保政策影响，我市大部分中小型砖瓦企业处于停产或半停产以及转型状态，直接影响了资源税入库。

在这一税种 2013 年将不会发生大的变化。

（9）印花税。2012 年征收印花税 265 万元，比上年同期 193 万元增收 72 万元，同比增长 37.31％，主要原因是由于我局加强以票控税，建筑安装业承包合同类印花税增收 70 万元，另外查补上年度印花税 13 万元。

5. 2013 年的主要管理增收举措及预计效果

（1）2013 年，我局将以"稳重求进、巩固提高"为工作总基调，在组织收入工作中保持充分自信，以"强征管、抓协管"六字方针来加强税收征管，堵塞征管漏洞。

（2）完善协税护税平台。在政府主导下，实现行政服务中心、财政、国税、工商、住建等 18 个部门信息共享，组建多部门税源控管平台，实现税源信息实时交流。

（3）进一步挖掘房地产业税收潜力。以国务院国五条颁布、省地税局调整土地增值税核定征收率、市人民政府清理房地产小产权房为契机，从严执行个人及二手房市场税收政策，挖掘我市个人及二手房交易税收潜力。

（4）国税局代征零散税收（包括营改增、代开票、已缴增值税而地税部门无法联系纳税人的税收）。2012 年我市国税征收增值税、消费税 23 523 万元，我局征收营业税 8 924 万元，三税涉及城市维护建设税及教育费附加 3 580 万元，我局已征收城市维护建设税 1 980 万元、教育费附加 898 万元，据此推测，城市维护建设税及教育费附加还存在 700 万元的征收漏洞。建议××市局与国税协商，出台统一颁发，采取国税代征或地税派员驻点征收的方式加强管理。

（5）工商局控管资本交易税收。2013 年我局将进一步加强与工商部门的联系，贯彻落实荆地税发〔2013〕8 号文件精神，挖掘资本交易过程中的税源，抓好行政服务中心窗口衔接，控管上实现零突破。

项目 三 财政收入状况分析

一、实训目的

通过实训,学生加深对财政税收相关知识的理解,掌握对财税业务的综合分析方法、数据处理能力和财税应用写作能力。

二、实训要求

学生在收集整理相关资料的基础上,按照模板写作地方财政收入状况分析报告。

三、实训内容

(一) 资料收集整理

(1) 收集整理某县(市)有关社会经济数据。

(2) 收集整理某县(市)有关财政收入状况数据。

(二) 分析方法

1. 比较分析法

比较分析法的理论基础,是客观事物的发展变化,是统一性与多样性的辩证结合。共同性使它们具有了可比的基础,差异性使它们具有了不同的特征。

1) 趋势分析

趋势分析就是分析期与前期或连续数期项目金额的对比。这种对财政指标的纵向比较分析的方法是一种动态的分析。

通过分析期与前期(上季、上年同期)财政指标的对比,可以从差异中及时发现问题,查找原因,改进工作。连续数期的比较,能够反映出财政指标的发展动态,以揭示当期增减变化,判断引起变动的主要项目是什么,这种变化的性质是有利还是不利,发现问题并评价当前财政管理水平,同时也可以预测事物未来的发展趋势。

2) 同业分析

同业分析就是将本地区的主要财政指标与同行业的平均指标或同行业中先进企业指标对比,可以全面评价财政管理水平。与行业平均指标的对比,可以分析判断该地区财政在同行业中所处的位置。和先进地区的指标对比,有利于吸收先进经验,克服本地区财政的缺点。

3) 预算差异分析

预算差异分析将分析期的实际数与预算数额比较,分析预算完成的程度,为改进财政管理提供方向。

2. 比率分析法

比率分析法就是把某些彼此存在关联的项目加以对比,计算出比率,据以确定经济活动变动程度的分析方法。比率是相对数,采用这种方法,能够把某些条件下的不可比较的指标变为可以比较的指标,以利于进行分析。比率指标主要有以下三类。

1）相关比率

相关比率是以某个项目与相互关联但性质又不相同的项目加以对比所得的比率,反映有关经济活动的相互关系。利用相关比率指标,可以考察有联系的相关工作安排得是否合理,以保障财政经济活动能够顺利进行。如将政府债务余额与本地区当年 GDP 加以对比,计算出债务负担率,据以判断政府的偿债能力。

2）构成比率

构成比率又称结构比率,它是某项经济指标的各个组成部分与总体的比率,反映部分与总体的关系。其计算公式为:

$$构成比率 = 某一组成部分数额 \div 总体数额$$

利用构成比率,可以考察总体中某个部分的形成和安排是否合理,以便协调各项财政活动。

3）效率比率

效率比率是某项经济活动中所费与所得的比率,反映投入与产出的关系。利用效率比率指标,可以进行得失比较,考察财政管理成果,评价财政支出绩效。如将支出净效益与该项目财政投入加以对比,可计算出效益成本率,可以分析比较财政支出绩效的高低及其增减变化情况。

（三）分析模板

鹤壁市财政收入状况分析

财政收入是政府为履行其职能的需要,依据一定的权力原则而集中的一定数量的货币资金。衡量地方政府财政收入需要对财政收入的规模和收入结构进行比较分析。

财政收入规模的常用指标有绝对规模和相对规模。前者反映地方政府财政收入绝对数量,后者则反映地方政府财政收入数量在整个社会资财总量的集中程度。在现代社会中,地方政府财政收入的绝对规模通常以财政年度中的地方政府财政收入价值形态来表示其具体数量;地方政府财政收入的相对规模通常以财政年度中的地方政府财政收入数量占该地区 GDP 的比重来表示。由于在分析财政收入适度规模的数量关系方面,其相对规模具有纵向和横向的可比性,且通过对比分析,能够反映出财政收入适度规模的变化趋势。

财政收入结构是指财政收入来源的多种构成、比例及其相互关系。它主要包括财政收入的价值构成、社会经济结构、部门结构、项目结构以及地区结构。这里,我们主要分析鹤壁市财政收入的项目结构和地区结构。下面以鹤壁市为例,对其财政收入状况进行分析。

1. 鹤壁市地方财政收入的规模分析

1）财政收入绝对规模分析

多年来,鹤壁市加强经济运行调节,持续推进各项建设,经济保持了平稳较快的增长态势,财政收入规模绝对数不断增加,如表 3-3-1 所示。

表 3-3-1　　　　　　　　　　　鹤壁市公共预算收入表

年份(年)	公共预算收入 （亿元）	财政收入较 上年增加数	财政收入较 上年增长率(%)	当年财政收入 在全省的位次
2008	15.87	1.87	13.36	18
2009	18.01	2.14	13.48	18
2010	22.15	4.14	22.99	18
2011	28.02	5.87	26.50	17
2012	32.66	4.64	16.56	17

从表 3-3-1 可以看出,鹤壁市财政收入规模的绝对数稳步增加,其中 2007 年突破 14 亿元大关,2008 年突破 15 亿元大关,2010 年突破 20 亿元大关,2012 年突破 30 亿元大关;2007 年以来年均增加绝对数为 3.73 亿元,2007 年以来年均增加的相对数为 18.58%;当年财政收入在全省的位次从 2007 年的第 18 位上升至第 17 位。

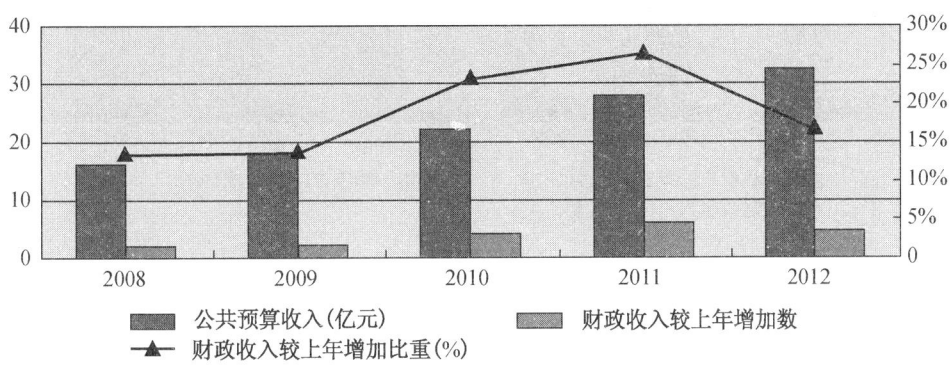

图 3-3-1　鹤壁市 2008—2012 年公共财政预算收入

我们将公共预算收入和财政收入的环比增长率在图示上列示,如图 3-3-1 所示。可以直观地看出,鹤壁市 2008—2012 年公共财政预算收入增长最快的 2011 年,增速为 26.50%,;增速最慢的是 2008 年,增速为 13.36%。从增长趋势上看,2008—2012 年,财政收入绝对数逐年增长的趋势没有变化,环比增长率经历了先升后降的变化过程。

2) 财政收入相对规模分析

鹤壁市财政收入占 GDP 的比重如表 3-3-2 所示。

表 3-3-2　　　　　　　　　　鹤壁市财政收入占 GDP 的比重

年份(年)	鹤壁市财政收入(亿元)	鹤壁市 GDP(亿元)	财政收入占 GDP 比重
2007	14.00	274.43	5.10%
2008	15.87	342.35	4.64%
2009	18.01	328.16	5.49%
2010	22.15	429.12	5.16%
2011	28.02	500.52	5.60%
2012	32.66	545.78	5.98%

从表 3-3-2 可以看出,2007—2012 年,在鹤壁市国内生产总值不断增加的情况下,鹤壁市财政收入占市生产总值比重从 2007 年的 5.10% 增加至 5.98%,增加了 0.88 个百分点。这表明了鹤壁市企业的经营效益在不断增大,产业结构在不断优化。

鹤壁市 2007—2012 年财政收入占 GDP 的比重情况如图 3-3-2 所示。可以看出,呈现上下波动的趋势,在 2008 年和 2010 年出现了小幅度的下降,即从 2007 年所占比例 5.1% 下降至 2008 年的 4.46%,从 2009 年所占比例 5.49% 下降至 2010 年的 5.16%;在 2012 年时鹤壁市财政收入占市 GDP 的比重达到最大值 5.98%,在 2008 年比重最小为 4.64%。

鹤壁市财政收入占河南省财政收入的比重如表 3-3-3 所示。

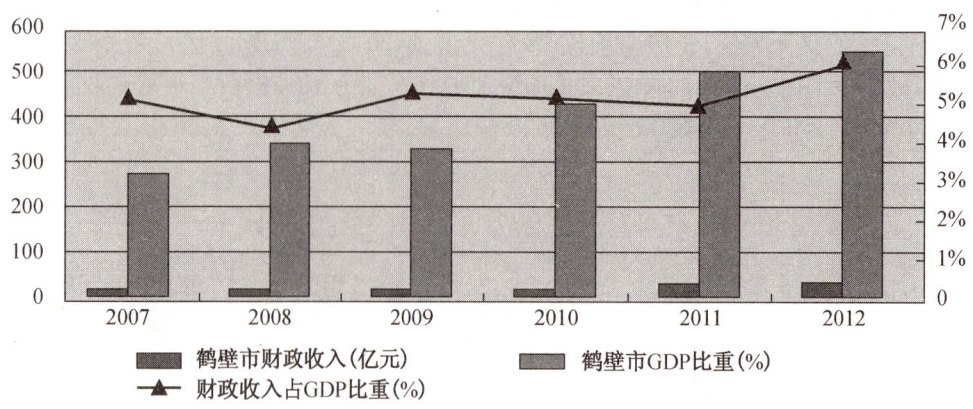

图 3-3-2　鹤壁市 2007—2012 年财政收入占市 GDP 的比重情况

表 3-3-3　　　　　　　　鹤壁市财政收入占河南省财政收入的比重

年份(年)	鹤壁市财政收入(亿元)	河南省财政收入(亿元)	鹤壁市财政收入占全省 财政收入比重
2007	14.00	862.08	1.62%
2008	15.87	1 008.9	1.57%
2009	18.01	1 039.66	1.73%
2010	22.15	1 381.32	1.60%
2011	28.02	1 721.76	1.62%
2012	32.66	2 040.6	1.60%

从表 3-3-3 可以看出,2007—2012 年鹤壁市财政收入占河南省财政收入的比重从 2007 年的 1.62%增加至 2009 年的 1.73%,增长了 0.11 个百分点,2010 年到 2012 年则维持在 1.60%附近,这说明,鹤壁市对河南省财政收入的贡献率虽然不大但有在增长的趋势。

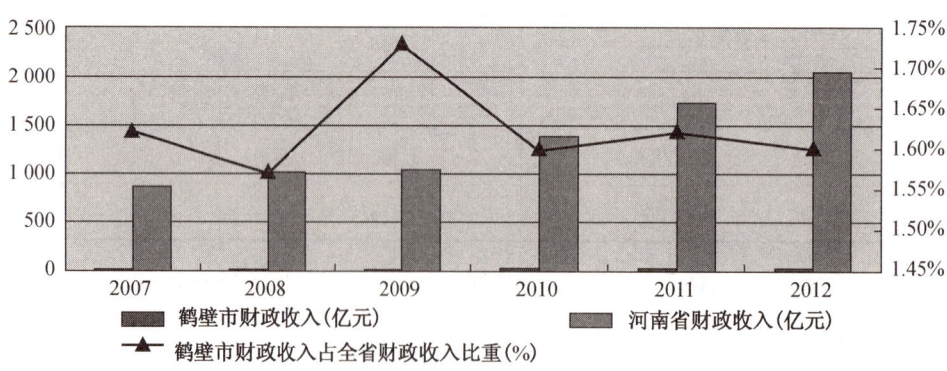

图 3-3-3　鹤壁市 2007—2012 年财政收入占河南省财政收入的比重情况

由图 3-3-3 可知,鹤壁市 2007—2012 年财政收入占河南省财政收入的比重呈现“凸”字形反转的趋势,在 2009 年时周口市财政收入占市占河南省财政收入的比重达到最大值为 1.73%,在 2008 年比重最小为 1.57%。

2. 鹤壁市地方财政收入的结构分析

鹤壁市地方财政收入的结构主要从税种结构、产业结构、地区结构三个方面进行分析。

1）税种结构分析

税种结构分析包括税收占比和主要税种占比情况分析，如表 3-3-4 所示。

表 3-3-4   鹤壁市财政收入中税收占比情况表

年份	公共预算收入（万元）	税收收入（万元）	税收收入占百分比	非税收入（万元）	非税收入占百分比
2007	140 021	89 166	63.68%	50 855	36.32%
2008	158 739	111 315	70.12%	47 424	29.88%
2009	180 061	128 613	71.43%	51 448	28.57%
2010	221 541	160 157	72.29%	61 384	27.71%
2011	280 158	199 465	71.20%	80 693	28.80%
2012	326 589	222 525	68.14%	104 064	31.86%
2013	396 400	275 030	69.38%	121 370	30.62%

（1）税收占比情况分析。从表 3-3-4 中可以看出，自 2007 年以来，鹤壁市公共预算收入大幅上升，由 14.00 亿元上升至 2013 年的 39.64 亿元。其中，税收收入由 8.92 亿元上升至 27.50 亿元，增长幅度较大。但是，税收收入占比在经过前期增长后，近几年有下滑的趋势，由最高点 2010 年 72.29% 下滑至 2013 年的 69.38%，但 2013 年占比比 2007 占比提高 5.70 个百分点。

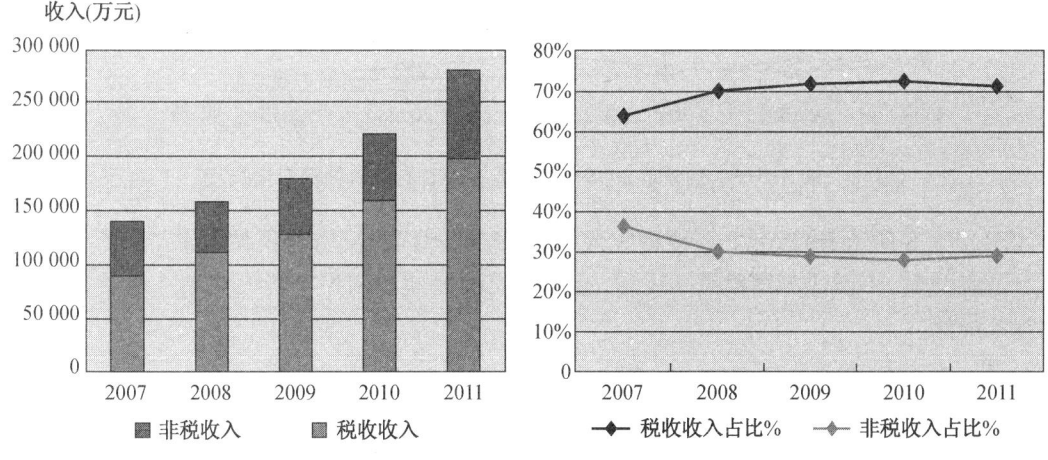

图 3-3-4 鹤壁市 2007—2011 年财政收入税收占比变化图

如图 3-3-4 所示，随着财政收入的逐年增加，非税收入额和税收收入额都有所增加，2011 年达到最大值。

（2）主要税种占比情况分析。从表 3-3-5 主要税种占比情况来看，增值税、营业税、企业所得税三大税种总体上占地方税收收入的比重逐年下降，尤其是增值税占比由 2008 年的 25.22% 下滑到 2013 年为 12.88%，下降 12.34 个百分点。个人所得税占比由 2008 年的 4.19% 下滑到 2013 年的 1.98%。资源税占比由 2008 年的 4.81% 下降到 2013 年的 1.60%。房地产五税占比增长迅猛，由 2008 年的 27.52% 上升到 2013 年的 39.81%，提高 12.29 个百分点。

表 3-3-5 　　　　　　　　　　　　鹤壁市财政收入的主要税种占比情况

年份	增值税		营业税		企业所得税		个人所得税		资源税		房地产五税	
	金额(万元)	占比	金额(万元)	占比	金额(万元)	占比	金额(万元)	占比	金额(万元)	占比	金额(万元)	占比
2008	28 078	25.22%	27 210	24.44%	6 826	6.13%	4 663	4.19%	5 354	4.81%	30 637	27.52%
2009	28 109	21.86%	35 451	27.56%	8 705	6.77%	4 017	3.12%	5 995	4.66%	36 543	28.41%
2010	31 545	19.70%	44 787	27.96%	10 254	6.40%	5 234	3.27%	4 451	2.78%	50 805	31.72%
2011	36 492	18.29%	57 637	28.90%	17 506	8.78%	10 938	5.48%	3 982	2.00%	55 302	27.73%
2012	34 400	15.46%	66 926	30.08%	16 156	7.26%	7 647	3.44%	4 297	1.93%	73 061	32.83%
2013	35 427	12.88%	77 580	28.21%	21 349	7.76%	5 436	1.98%	4 403	1.60%	109 479	39.81%

注:房地产五税包括房产税、城镇土地使用税、土地增值税、耕地占用税、契税。

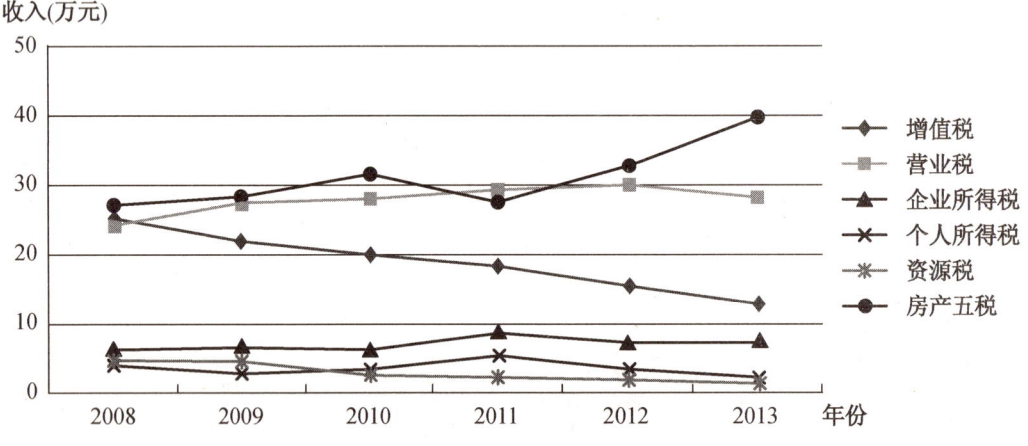

图 3-3-5　鹤壁市 2008—2013 年主要税种收入情况变化图

如图 3-3-5 所示,鹤壁市主要税种收入中,房产税、营业税、增值税位居前三,其中房产税在 2011 年增幅迅猛,一跃成为纳税最高税种,这与国家的房地产调控有很大关系。增值税和资源税占比逐年降低。

2)产业结构分析

产业结构分析主要包括产业的税收收入占比和主要行业税收收入占比分析。

(1)产业收入占比情况分析。从表 3-3-6 中产业结构分析看,来自第一产业的地方税收收入极少,2013 年仅有 64 万元,占比为 0.01%。来自第二产业的地方税收增长迅速,自 2008 年以来基本实现翻倍,由 2008 年的 5.71 亿元增长到 2013 年的 11.29 亿元,虽然绝对额大幅上升,但占比由 2008 年的 60.83% 下降到 2013 年的 40.93%,下降 19.90 个百分点。第三产业实现的地方税收贡献最大,由 2008 年的 3.68 亿元增加到 2013 年的 16.28 亿元,占比由 2008 年的 39.17% 上升为 2013 年的 59.06%,提高 19.89 个百分点。

(2)行业税收占比情况分析。从表 3-3-7 及图 3-3-6 和图 3-3-7 中可以看到,主要行业的税收占比情况,"煤、电、化、材"作为支柱产业提供的地方税收比重由 2008 年的 30.63% 下降到 2013 年的 16.33%,下降 14.30 个百分点,对税收增长的拉动作用总体在减弱。

表 3-3-6 　　　　　　　　　　鹤壁市财政收入产业占比情况

年份	第一产业		第二产业		第三产业	
	财政收入（万元）	占比	财政收入（万元）	占比	财政收入（万元）	占比
2008	6		57 112	60.83%	36 781	39.17%
2009	5		65 369	60.72%	42 295	39.28%
2010	7		74 123	58.07%	53 521	41.93%
2011	23		92 024	54.37%	77 239	45.63%
2012	32		92 804	41.71%	129 698	58.29%
2013	64	0.01%	112 859	40.93%	162 827	59.06%

表 3-3-7 　　　　　　　　　　鹤壁市主要行业税收占比情况

项目	2008 年		2009 年		2010 年		2011 年		2012 年		2013 年	
	金额（万元）	占比	金额（万元）	占比	金额（万元）	占比	金额（万元）	占比	金额（万元）	占比	金额（万元）	占比
煤电化材	34 097	30.63%	36 846	28.65%	39 578	24.71%	48 841	24.49%	42 025	18.89%	44 907	16.33%
新兴行业	1 589	1.43%	1 355	1.05%	1 446	0.90%	2 191	1.10%	2 348	1.06%	2 059	0.75%
装备制造	3 846	3.46%	3 549	2.76%	4 735	2.96%	5 069	2.54%	6 356	2.86%	10 077	3.66%
食品加工	660	0.59%	1 239	0.96%	1 150	0.72%	1 893	0.95%	3 496	1.57%	3 313	1.20%
房地产	8 712	7.83%	13 343	10.37%	17 829	11.13%	30 329	15.21%	38 908	17.48%	46 224	16.81%
物流	3 214	2.89%	3 167	2.46%	4 375	2.73%	3 742	1.88%	3 352	1.51%	3 459	1.26%
金融	5 812	5.22%	7 989	6.21%	10 694	6.68%	16 644	8.34%	22 199	9.98%	24 776	9.01%
服务业	19 043	17.11%	17 796	13.84%	20 623	12.88%	26 524	13.30%	26 919	12.10%	35 516	12.91%

注：房地产业实现的税收不含耕地占用税和契税；物流包括交通运输、仓储及邮政业；服务业税收为第三产业实现税收扣除房地产行业、交通运输仓储邮政业、金融业后余额。

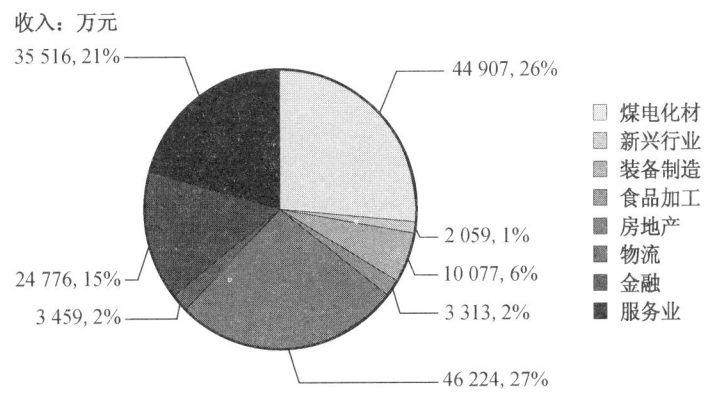

图 3-3-6　鹤壁市 2013 年主要行业税收占比

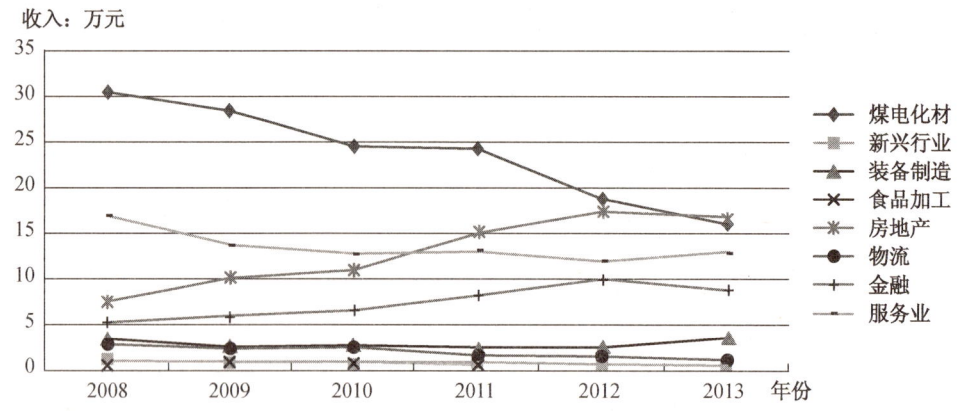
收入：万元

图例：
- 煤电化材
- 新兴行业
- 装备制造
- 食品加工
- 房地产
- 物流
- 金融
- 服务业

图 3-3-7　鹤壁市 2009—2014 年主要行业税收占比变化图

新兴行业所占比重不断下降,由 2008 年的 1.43% 下降到 2013 年的 0.75%,下降 0.68 个百分点。装备制造业的比重略有波动,前期略有下降,自 2011 年稳步上升,由 2.54% 上升到 2013 年的 3.66%。食品加工的比重有所上升,由 2008 年的 0.59% 上升到 2013 年的 1.20%,提高 0.61 个百分点。

房地产行业税收收入所占比重由 2008 年的 7.83% 上升至 2013 年的 16.81%,提高 8.98 个百分点,对税收的拉动作用非常显著。

物流行业所占比重持续下降,2008 年为 2.89%,2013 年为 1.26%。金融业所占比重由 2008 年的 5.22% 上升至 2013 年的 9.01%,提高 3.79 个百分点,对税收的拉动作用比较明显。服务业所占比重由 2008 年的 17.11% 下降到 2013 年的 12.91%。物流、食品加工、新兴行业总体占比不高,且总量偏小,对税收增长的贡献度较小。

3) 地区结构分析

表 3-3-8 为财政收入地区结构。可以看出,市本级收入占全市比重逐年降低,2009 年本市级占比 48.69%,此后每年下降 2~3 个百分点,2013 年下降为 38.71%,下降 9.98 个百分点。淇滨区占比上升明显,由 2009 年的 14.17% 上升为 2013 年的 18.76%,提高 4.59 个百分点。山城区、开发区、浚县、淇县占比均上升 1~2 个百分点,鹤山区略有下降。从各个产业集聚区来看,财政收入均有大幅增长,产业集聚区收入从 2009 年的 1.81 亿元稳步上升至 2013 年 6.67 亿元。

表 3-3-8　　　　　　　　　鹤壁市财政收入地区占比情况

单位	2009 年		2010 年		2011 年		2012 年		2013 年	
	金额（万元）	占比	金额（万元）	占比	金额（万元）	占比	金额（万元）	占比	金额（万元）	占比
一、全市公共预算收入	180 061		221 541		280 158		326 589		396 400	
市级	87 669	48.69%	103 561	46.75%	122 303	43.66%	137 150	41.99%	153 456	38.71%
淇滨区	25 516	14.17%	35 439	16.00%	48 046	17.15%	57 590	17.63%	74 000	18.67%
山城区	15 291	8.49%	19 024	8.59%	26 128	9.33%	30 642	9.38%	39 342	9.92%
鹤山区	8 701	4.83%	10 229	4.62%	12 007	4.29%	14 015	4.29%	16 474	4.16%
开发区	4 208	2.34%	6 900	3.11%	10 028	3.58%	12 839	3.93%	16 811	4.24%

单位	2009 年		2010 年		2011 年		2012 年		2013 年	
	金额（万元）	占比	金额（万元）	占比	金额（万元）	占比	金额（万元）	占比	金额（万元）	占比
浚县	16 800	9.33%	20 083	9.07%	27 040	9.65%	32 653	10.00%	42 992	10.85%
淇县	21 876	12.15%	26 305	11.87%	34 606	12.35%	41 700	12.77%	53 325	13.45%
二、产业集聚区收入	18 132		25 072		32 663		49 653		66 661	
宝山产业集聚区	6 774		7 242		7 017		14 214		21 250	
金山产业集聚区	4 208		6 900		10 028		12 839		16 811	
鹤淇产业集聚区	4 150		5 430		8 618		10 600		13 600	
浚县产业集聚区	3 000		5 500		7 000		12 000		15 000	

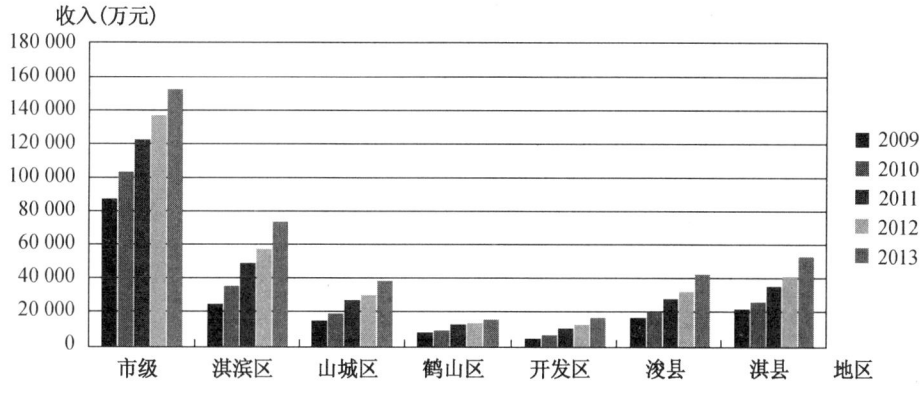

图 3-3-8　鹤壁市 2009—2013 年全市各区财政收入图

如图 3-3-8 和图 3-3-9 所示,鹤壁市全市及各区的财政收入中,市本级和各区的财政收入都呈逐年上升的趋势。其中,市本级收入为财政收入的主要来源,淇滨区紧随其后,收入最少的是开发区。

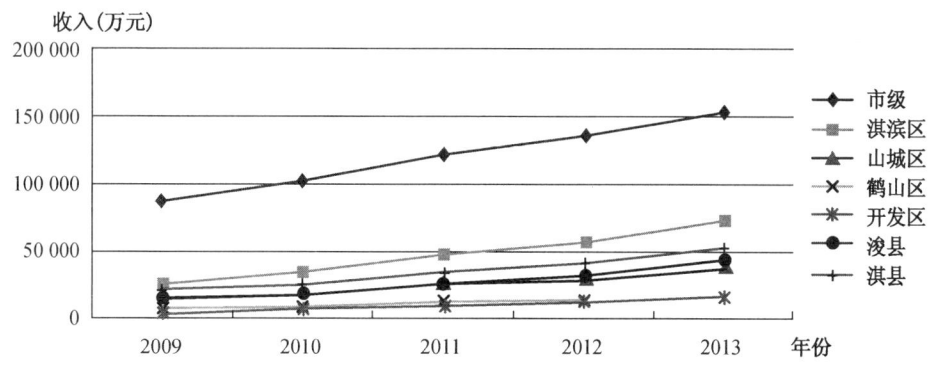

图 3-3-9　鹤壁市 2009—2013 年全市各区财政收入变化图

（四）分析报告

2007—2012 年,在鹤壁市国内生产总值不断增加的情况下,财政收入占市生产总值比重增长,占河南省财政收入的比重、税收收入占公共预算收入的比重均比较稳定。但是,通过分析,我们也不难看出,鹤壁市财政收入方面存在如下问题:

（1）税收收入占比较低。与全国、全省数据比较发现，鹤壁市财政收入中税收收入占比较低，比全省水平约低 5 个百分点，比全国水平约低 10 个百分点。市本级收入占全市比重较低且逐年下降。因此，抓好税收收入增长是鹤壁市财源建设的当务之急。

（2）传统优势行业的拉动作用弱化。受宏观经济波动的影响，传统优势行业的拉动作用弱化，尤其是煤炭行业波动明显。新兴产业、装备制造、食品加工贡献度有待进一步提高。金融、物流、现代服务业有较大潜力。因此，"稳二抓三"是较好的政策导向。

（3）对房地产税源依赖度较高。2008—2013 年，房地产五税收入大幅增长，占比从 27.52％上升到 2013 年为 39.81％。值得注意的是，随着房地产周期的到来，作为四线城市，应避免出现因房地产市场衰退而导致地方税收收入锐减。

项目 四 财政支出状况分析

一、实训目的

通过实训,学生可加深对财政税收相关知识的理解,掌握对财税业务的综合分析方法、数据处理能力和财税应用写作能力。

二、实训要求

学生在收集整理相关资料的基础上,按照模板写作地方财政支出状况分析报告。

三、实训内容

(一)资料收集整理

(1)收集整理某县(市)有关社会经济数据。

(2)收集整理某县(市)有关财政支出状况数据。

(二)分析方法

1.比较分析法

比较分析法的理论基础,是客观事物的发展变化,是统一性与多样性的辩证结合。共同性使它们具有了可比的基础,差异性使它们具有了不同的特征。

1)趋势分析

趋势分析就是分析期与前期或连续数期项目金额的对比。这种对财政指标的纵向比较分析的方法是一种动态的分析。

通过分析期与前期(上季、上年同期)财政指标的对比,可以从差异中及时发现问题,查找原因,改进工作。连续数期的比较,能够反映出财政指标的发展动态,以揭示当期增减变化,判断引起变动的主要项目是什么,这种变化的性质是有利还是不利,发现问题并评价当前财政管理水平,同时也可以预测事物未来的发展趋势。

2)同业分析

同业分析就是将本地区的主要财政指标与同行业的平均指标或同行业中先进企业指标对比,可以全面评价财政管理水平。与行业平均指标的对比,可以分析判断该地区财政在同行业中所处的位置。和先进地区的指标对比,有利于吸收先进经验,克服本地区财政的缺点。

3)预算差异分析

预算差异分析将分析期的实际数与预算数额比较,分析预算完成的程度,为改进财政管理提供方向。

2.比率分析法

比率分析法就是把某些彼此存在关联的项目加以对比,计算出比率,据以确定经济活动变动程度的分析方法。比率是相对数,采用这种方法,能够把某些条件下的不可比较的指标变为可以比较的指标,以利于进行分析。比率指标主要有以下三类。

1)相关比率

相关比率是以某个项目与相互关联但性质又不相同的项目加以对比所得的比率,反映有关经济活动的相互关系。利用相关比率指标，可以考察有联系的相关工作安排得是否合理，以保障财政经济活动能够顺利进行。如将政府债务余额与本地区当年 GDP 加以对比，计算出债务负担率，据以判断政府的偿债能力。

2）构成比率

构成比率又称结构比率，它是某项经济指标的各个组成部分与总体的比率，反映部分与总体的关系。其计算公式为：

$$构成比率 = 某一组成部分数额 \div 总体数额$$

利用构成比率，可以考察总体中某个部分的形成和安排是否合理，以便协调各项财政活动。

3）效率比率

效率比率是某项经济活动中所费与所得的比率，反映投入与产出的关系。利用效率比率指标，可以进行得失比较，考察财政管理成果，评价财政支出绩效。如将支出净效益与该项目财政投入加以对比，可计算出效益成本率，可以分析比较财政支出绩效的高低及其增减变化情况。

（三）分析模板

开封市财政支出状况分析

财政支出是指政府为提供公共物品及服务，通过对各种形式筹集的财政收入进行分配和使用的过程，它是整个财务分配活动的第二阶段。财政支出可以确保国家、地区职能的履行，政府经济作用的发挥，在市场经济社会中可以支持市场经济的形成和壮大。

衡量财政支出的范围、力度及效果一般从支出规模、支出结构两个方面考察。财政支出规模反映政府经济活动的范围和对经济生活、社会生活的干预程度。当社会有效需求不足时，可通过增加财政支出扩大社会总需求；当需求过大时，可以通过减少财政支出抑制社会总需求，以实现供求均衡，促进经济的稳定增长。财政支出结构是指各类财政支出占总财政支出的比重，它直接关系到政府动员社会资源的程度，从而直接或间接地影响社会经济结构的各个方面，包括社会总供需结构、产业结构、社会事业各个方面构成等，其对市场经济运行的影响可能比财政支出规模的影响更大。

因此，对于开封市财政支出报告，也需要从支出规模和结构入手进行分析。

1. 开封市地方财政支出的规模分析

1）财政支出绝对规模分析

如表 3-4-1 和图 3-4-1 所示，2007—2012 年，开封市财政支出规模不断扩大。2007 年开封市财政支出仅有 60.04 亿元，而 2012 年开封市财政支出达 171.69 亿元。这表明开封市政府履行职能的能力在不断的增强，提供的公共产品和服务越来越多，财政保障能力持续增强。

表 3-4-1　　　　　　　　　　　　　开封市财政支出规模绝对数

年份（年）	公共预算支出（亿元）	财政支出较上年增加数（亿元）	财政支出较上年增加比重	当年财政支出在全省的位次
2007	60.04	10.27	17.11%	13
2008	74.47	14.43	24.03%	13
2009	97.23	22.76	30.56%	13
2010	116.44	19.21	19.76%	13
2011	144.99	28.55	24.52%	12
2012	171.69	26.70	18.42%	12

2007—2012 年，开封市财政支出规模年均增长率达 23.38％。2007—2009 年，开封市财政支出的增加值、增加比率都呈现出上升趋势，但 2010—2012 年财政支出的增加值、增加比率呈现先上升后下降的趋势。

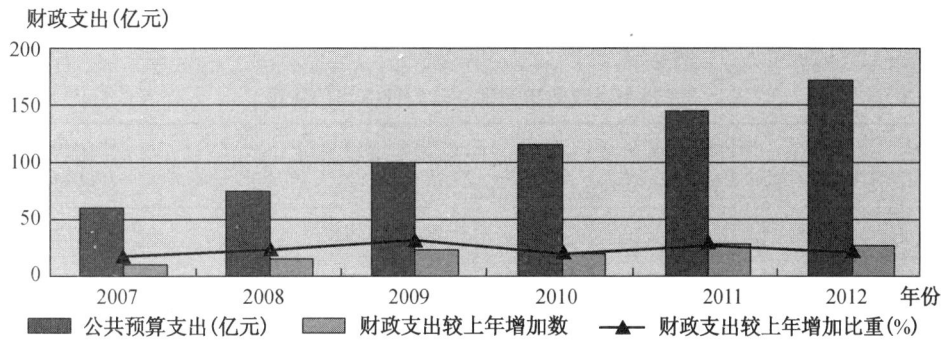

图 3-4-1　开封市 2007—2012 年财政支出规模

在 2011 年，开封市财政支出的增加值达到最大，为 28.55 亿元，增加比率达 24.52％。2007—2010 年开封市的财政支出在河南省一直位居第 13 位，到 2011 年上升了一位，位居第 12 位，2012 年排名不变。

2）财政收入相对规模分析

如表 3-4-2 与图 3-4-2 所示，2012 年开封市财政支出占市生产总值比重为 14.22％，与 2011 年相比增加了 0.7 个百分点。

表 3-4-2　　　　　　　　　开封市财政支出占开封市 GDP 的比重

年份（年）	开封市财政支出（亿元）	开封市 GDP（亿元）	财政支出占 GDP 比重
2007	60.04	555.44	10.81％
2008	74.47	689.37	10.80％
2009	97.23	778.72	12.49％
2010	116.44	927.16	12.56％
2011	144.99	1 072.42	13.52％
2012	171.69	1 207.05	14.22％

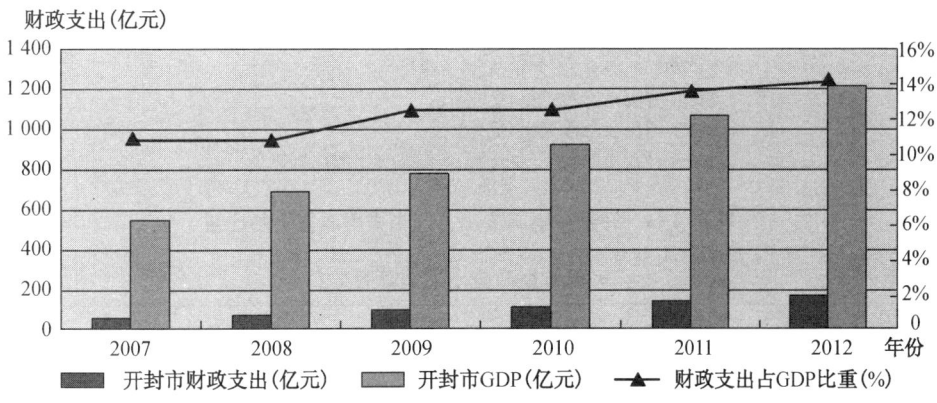

图 3-4-2　开封市财政支出占开封市 GDP 的比重

2007—2012 年,开封市财政支出与开封市地区生产总值整体上呈现出上升态势。从开封市财政支出占地区生产总值的比重来说,总体上呈现出稳步上升趋势;2007 年该比重为 10.81%,2012 年该比重上升至 14.22%。6 年间增加了 3.41 个百分点。

开封市财政支出占 GDP 的比重的不断上升反映出开封市财政支出的相对规模在不断变大,这说明开封市政府配置资源的能力和范围在不断加强。

表 3-4-3 开封市财政支出占河南省财政支出的比重

年份 (年)	开封市财政支出 (亿元)	河南省财政支出 (亿元)	占河南省财政 支出的比重
2007	60.04	1 870.61	3.21%
2008	74.47	2 281.61	3.26%
2009	97.23	2 905.76	3.35%
2010	116.44	3 416.14	3.41%
2011	144.99	4 248.82	3.41%
2012	171.69	5 006.4	3.43%

如表 3-4-3 和图 3-4-3 所示,2012 年开封市财政支出占全省财政支出的比重为 3.43%,比 2011 年下降了 0.02 个百分点。2007—2012 年,开封市财政支出的总额与河南省财政支出的总额整体上呈现出上升趋势,开封市财政支出的同期年增长率普遍高于河南省财政支出的年增长率。相应的,开封市财政支出占河南省财政支出的比重基本呈现稳定上升趋势,6 年间增加了 0.22 个百分点。

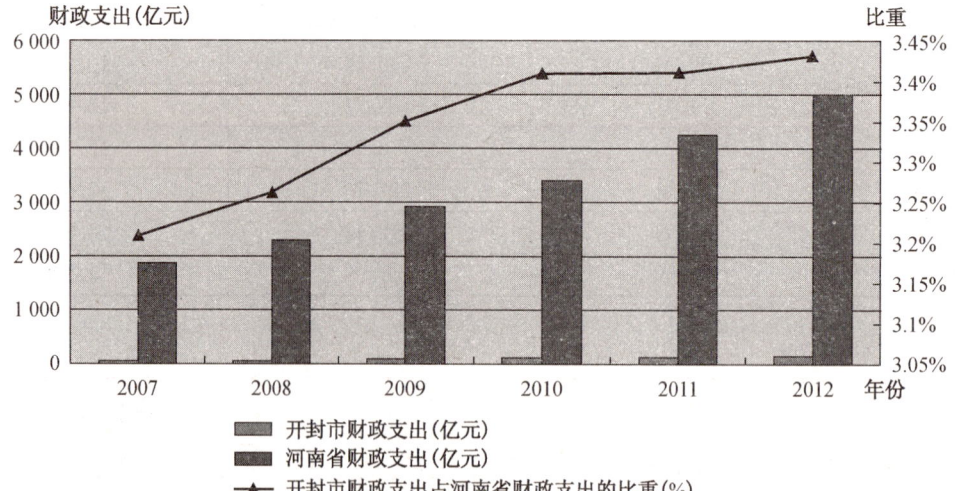

图 3-4-3 开封市财政支出占河南省财政支出的比重

表 3-4-4 开封市财政支出的边际系数

年份	财政支出 (亿元)	财政支出年增加额 (亿元)	GDP (亿元)	GDP 年增加额 (亿元)	财政支出的 边际系数
2007	60.04	10.27	555.44	80.15	12.81%
2008	74.47	14.43	689.37	133.93	10.77%

年份	财政支出 （亿元）	财政支出年增加额 （亿元）	GDP （亿元）	GDP 年增加额 （亿元）	财政支出的 边际系数
2009	97.23	22.76	778.72	89.35	25.47%
2010	116.44	19.21	927.16	148.43	12.94%
2011	144.99	28.55	1 072.42	145.26	19.65%
2012	171.69	26.70	1 207.05	134.63	19.83%

如表 3-4-4 所示,2007—2012 年,开封市财政支出与开封市 GDP 的年增加额总体呈现上升趋势。开封市财政支出的边际系数呈现出波动上升的趋势,该系数在 2008 年、2010 年有短暂的下降,之后又持续上升。在 2009 年,该系数达到最大值,为 25.47%。

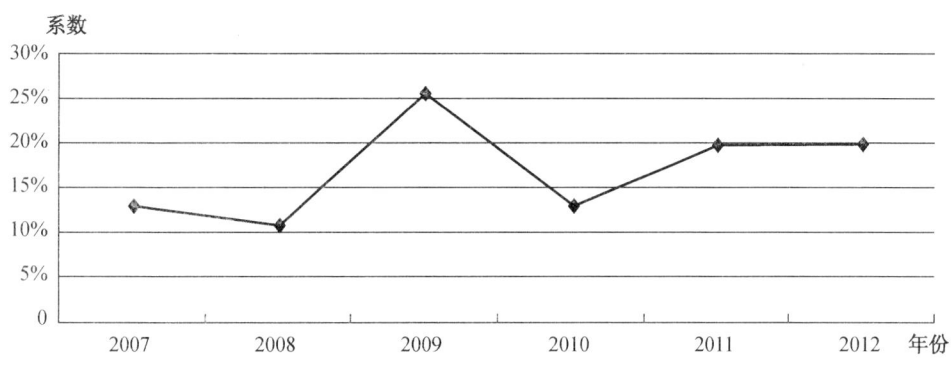

图 3-4-4　开封市财政支出的边际系数

如表 3-4-5 所示,2007—2012 年,开封市财政支出的弹性系数整体呈现出波动上升趋势。2007 年开封市财政支出的弹性系数为 131.58%,这说明开封市地区生产总值每变动百分之一,开封市财政支出会变动 131.58%。

表 3-4-5　　　　　　　　　　　　开封市财政支出的弹性系数

年份	财政支出 （亿元）	财政支出年 增长率(亿元)	GDP （亿元）	GDP 年增长率 （亿元）	财政支出 的弹性系数
2007	60.04	17.11	555.44	13.00	131.58%
2008	74.47	24.03	689.37	13.10	183.44%
2009	97.23	30.56	778.72	12.10	252.56%
2010	116.44	19.76	927.16	12.20	161.97%
2011	144.99	24.52	1 072.42	12.90	190.08%
2012	171.69	18.42	1 207.05	11.10	165.95%

在 2009 年,该系数高达 252.56%。2010 年出现大幅的降落至 161.97%,到 2011 年又回升至 190.08%,2012 年该系数下降为 165.95%。与 2007 年相比,2012 年财政支出变化率对地区生产总值的变化率的敏感程度有所上升。

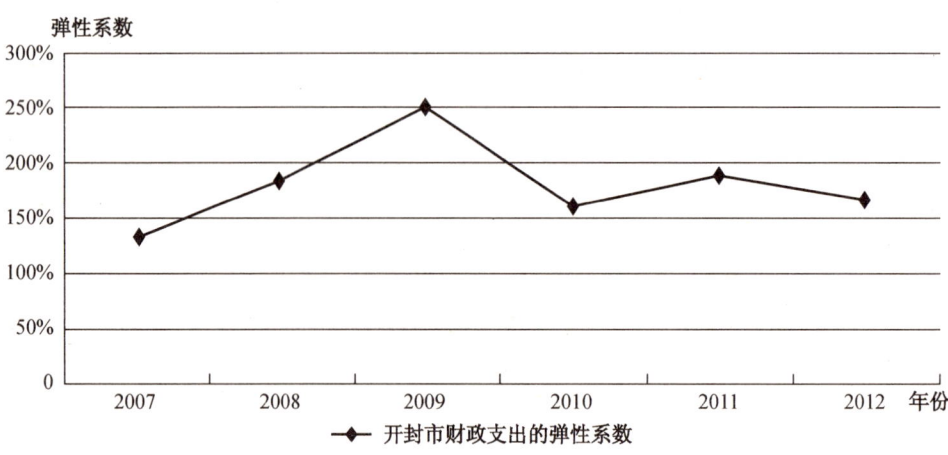

图 3-4-5　开封市财政支出的弹性系数

2007—2012 年,开封市财政支出的弹性系数大于 1,这表明财政支出增长速度快于 GDP 增长速度。

2. 开封市地方财政支出的结构分析

1) 绝对数分析

如表 3-4-6 所示,2007—2012 年,开封市财政支出总规模都不断扩大,支出结构中无论是用于一般公共服务、公共安全、教育、科学技术、文化体育与传媒、社会保障和就业、医疗卫生、节能保护、城乡社区事务、农林水事务,还是交通运输、住房保障支出都不断上升。其中教育支出上升最快,占比也最大。

表 3-4-6　　　　　　　　　　　开封市财政支出项目绝对数结构　　　　　　　　　单位:亿元

支出合计	2007		2008		2009		2010		2011		2012	
	全省	开封市	全省	开封市	全省	开封市	全省	开封市	全省	开封市	全省	开封市
	1 546.99	60.04	1 858.8	74.47	2 360.17	97.23	3 416.14	116.44	4 248.82	144.99	5 006.4	171.69
一般公共服务	291.52	13.79	332.81	17.89	384.08	19.95	478.69	23.71	559.02	28.64	663.07	35.95
公共安全	102.07	3.96	118.92	4.68	146.79	5.95	189.72	7.23	204.8	8.85	244.42	8.86
教育	327.32	11.48	400.69	14.38	475.16	17.6	609.37	19.71	857.14	28.07	1 106.51	33.54
科学技术	20.19	0.67	25.38	0.86	29.9	1.03	44.67	1.22	56.59	1.52	69.64	1.86
文化体育与传媒	26.47	0.79	34.77	0.79	49.76	1.38	54.99	26.5	57.54	1.43	69.63	2.1
社会保障和就业	220.67	13.39	22.02	13	291.25	16.28	461.22	18.95	547.96	21.26	631.61	23.59
医疗卫生	84.38	3.46	132.28	5.27	196.62	8.28	270.21	10.73	361.48	16.43	425.99	18.99
节能保护	41.45	1.78	71.88	2.83	90.12	4.15	96.38	2.59	95.6	1.97	109.45	2.89
城乡社区事务	111.05	1.97	135.16	2.98	130.66	1.94	165.3	2.45	191.3	2.44	237.97	3.96
农林水事务	123.58	4.81	180.27	7.04	246.85	10.18	399.19	11.42	480.48	15.48	551.73	21.51
交通运输	198.3	3.93	206.42	4.77	318.97	10.48	173.84	5.23	281.21	7.11	300.43	6.61
住房保障							77.25	2.48	142.64	4.36	185.65	5.52

2) 相对数分析

如表 3-4-7 和图 3-4-6 所示,2007—2012 年开封市财政支出中,教育所占比重最大,该比重基本保持在 19% 左右。

表 3-4-7　　　　　　　　　　　　开封市财政支出项目相对数结构

年份	2007		2008		2009		2010		2011		2012	
省市	全省	开封省	全省	开封省	全省	开封省	全省	开封省	全省	开封省	全省	开封省
一般公共服务	18.84%	22.97%	17.90%	24.02%	16.27%	20.52%	14.01%	20.36%	13.16%	19.75%	13.24%	20.94%
公共安全	6.60%	6.60%	6.40%	6.29%	6.22%	6.12%	5.55%	6.21%	4.82%	6.10%	4.88%	5.16%
教育	21.16%	19.12%	21.56%	19.30%	20.13%	18.11%	17.84%	16.93%	20.17%	19.36%	22.10%	19.54%
科学技术	1.31%	1.12%	1.37%	1.16%	1.27%	1.05%	1.31%	1.05%	1.33%	1.05%	1.39%	1.08%
文化体育与传媒	1.71%	1.31%	1.87%	1.06%	2.11%	1.42%	1.61%	2.27%	1.35%	0.98%	1.39%	1.22%
社会保障和就业	14.26%	22.31%	11.85%	17.46%	12.34%	16.74%	13.50%	16.27%	12.90%	14.66%	12.62%	13.74%
医疗卫生	5.45%	5.77%	7.12%	7.07%	8.33%	8.51%	7.91%	9.21%	8.51%	11.33%	8.51%	11.06%
节能保护	2.68%	2.97%	3.87%	3.80%	3.82%	4.27%	2.82%	2.23%	2.25%	1.36%	2.19%	1.68%
城乡社区事务	7.18%	3.28%	7.27%	4.00%	5.54%	2.00%	4.84%	2.11%	4.50%	1.68%	4.75%	2.30%
农林水事务	7.99%	8.01%	9.70%	9.45%	10.46%	10.47%	11.69%	9.81%	11.31%	10.68%	11.02%	12.53%
交通运输	12.82%	6.54%	11.10%	6.40%	13.51%	10.78%	5.09%	4.49%	6.62%	4.90%	6.00%	3.85%
住房保障							2.26%	2.13%	3.36%	3.01%	3.71%	3.21%

2012 年,开封市 19.54% 的财政支出用于支持开封市教育事业的发展。开封市一般公共服务支出所占比重呈现出波动性下降的趋势。开封市的财政支出中,科学技术支出所占比重呈现不断上升的趋势,但上升的幅度较小,该项支出仍然是开封市财政支出中最为薄弱的一部分。医疗卫生所占比重的增幅最大,由 2007 年的 5.77% 增加到 2012 年的 11.06%。

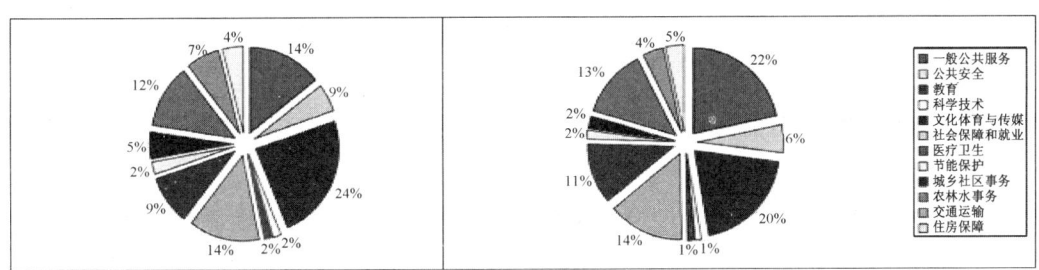

图 3-4-6　2012 年全省和开封市财政支出项目占比分析

2007—2012 年,开封市一般公共服务、公共安全、社会保障和就业、医疗卫生所占财政支出的比重都高于全省的财政支出;开封市教育、科学技术、文化体育与传媒、城乡社区事务、农林水事务、交通运输、住房保障、节能环保所占比重整体低于全省的财政支出。

项目 五 财政风险状况分析

一、实训目的

通过实训,学生可加深对财政税收相关知识的理解,掌握对财税业务的综合分析方法、数据处理能力和财税应用写作能力。

二、实训要求

学生在收集整理相关资料的基础上,按照模板写作地方财政风险状况综合分析报告。

三、实训内容

(一) 资料收集整理

(1) 收集整理某县(市)基本情况。

(2) 收集整理某县(市)有关社会经济数据。

(3) 收集整理某县(市)有关财政数据。

(二) 分析方法

1. 比较分析法

比较分析法的理论基础,是客观事物的发展变化,是统一性与多样性的辩证结合。共同性使它们具有了可比的基础,差异性使它们具有了不同的特征。

1) 趋势分析

趋势分析就是分析期与前期或连续数期项目金额的对比。这种对财政指标的纵向比较分析的方法是一种动态的分析。

通过分析期与前期(上季、上年同期)财政指标的对比,可以从差异中及时发现问题,查找原因,改进工作。连续数期的比较,能够反映出财政指标的发展动态,以揭示当期增减变化,判断引起变动的主要项目是什么,这种变化的性质是有利还是不利,发现问题并评价当前财政管理水平,同时也可以预测事物未来的发展趋势。

2) 同业分析

同业分析就是将本地区的主要财政指标与同行业的平均指标或同行业中先进指标对比,可以全面评价财政管理水平。与行业平均指标的对比,可以分析判断该地区财政在同行业中所处的位置。和先进地区的指标对比,有利于吸收先进经验,克服本地区财政管理的缺陷。

3) 预算差异分析

预算差异分析就是将分析期的实际数与预算数额比较,分析预算完成的程度,为改进财政管理提供方向。

2. 比率分析法

比率分析法就是把某些彼此存在关联的项目加以对比,计算出比率,据以确定经济活动变动程度的分析方法。比率是相对数,采用这种方法,能够把某些条件下的不可比指标变为可以比较的指标,以利于进行分析。比率指标主要有以下三类。

1) 相关比率

相关比率是以某个项目与相互关联但性质又不相同的项目加以对比所得的比率,反映有关经济活动的相互关系。利用相关比率指标,可以考察有联系的相关工作安排得是否合理,以保障财政经济活动能够顺利进行。如将政府债务余额与本地区当年 GDP 加以对比,计算出债务负担率,据以判断政府的偿债能力。

2) 构成比率

构成比率又称结构比率,它是某项经济指标的各个组成部分与总体的比率,反映部分与总体的关系。其计算公式为:

$$构成比率 = 某一组成部分数额 \div 总体数额$$

利用构成比率,可以考察总体中某个部分的形成和安排是否合理,以便协调各项财政活动。

3) 效率比率

效率比率是某项经济活动中所费与所得的比率,反映投入与产出的关系。利用效率比率指标,可以进行得失比较,考察财政管理成果,评价财政支出绩效。如将支出净效益与该项目财政投入加以对比,可计算出效益成本率,可以分析比较财政支出绩效的高低及其增减变化情况。

(三) 分析模板

防范和化解地方政府性债务风险研究——以上城区为例

近年来,中国经济持续发展,各项社会事业稳定进步,城市化进程不断加快,地方政府对建设资金需求快速增长。受国家调控,部分税种政策性减收等因素影响,加上非税收入在扣除执法成本后,难以增加可用财力,使地方财政收入受到制约。在有限的地方财力下,各级政府通过各种形式的举债进行城市建设。随之而来的地方政府性债务风险日益突出。本项目以上城区地方政府性债务(主要是建设资金引起的负债)现状及特点,存在的问题及原因等方面进行分析,从财政的角度提出防范和化解地方政府性债务风险的建议与措施。

1. 上城区地方政府性债务的现状及特点

近年来,上城区政府大力推进城市建设,建设项目较多,既有望江新城改造建设等大项目,也有停车场库建设等小项目。经过 2008—2010 年 3 年的建设资金管理改革,全区由原来的 36 个建设单位合并为 6 大建设主体,即 4 个建设指挥部和 2 个政府职能部门,建设资金由区财政局统一调度、统一管理。区政府每年安排 1 亿元左右的资金用于基本建设,除此之外的建设资金均通过举债完成。政府债务在上城区城市建设中发挥了重要的作用,但与此同时,随着举债规模的日益扩大,前些年的债务逐步进入还款期,政府债务风险逐渐加大。就上城区目前的债务情况和分布来看,主要呈现出以下几个方面的特点:

(1) 从资金来源来看,以银行贷款为主。在上城区目前各指挥部的负债中,绝大部分的融资来自于银行贷款。来自信托、投资公司等方面的资金极少,融资渠道相对较为单一。这是因为信托等其他金融公司的贷款利率普遍较高,利率较低的其他渠道贷款难以获取。

(2) 从借款期限来看,以 2~5 年为主。目前,上城区负债期限在 1 年之内的短期借款极少,金额也较小,负债期限在 10 年以上的长期借款相对来说也较少。绝大部分债务的借款期限为 2~5年。这是因为绝大部分债务都是以土地出让为项目向银行贷款,银行根据土地出让进度决定贷款期限,而一般的地块均在 2~5 年内完成出让。

(3) 从担保方式来看,以保证、抵押等方式为主。目前,上城区债务的担保方式主要为两个方面:一个是以上城区投资控股集团作为保证人;另一个是以土地、房产等向银行抵押。没有纯粹的信用借款,也没有质押等其他担保方式。

（4）从融资成本来看,近年来融资成本不断增加。2010年之前的绝大部分银行贷款,利率维持在较低的水平。如果是固定利率,年利率不超过6%,如果是浮动利率,绝大部分都为基准利率向下浮动。而从2011年下半年开始,融资成本明显增加,绝大部分银行贷款利率都为基准利率上浮5%～10%。

（5）从债务产生时间来看,近年来融资难度逐渐加大。大部分银行借款发生在2011年之前,2012年新增的银行借款笔数少,金额小,利率升高。这主要是由于国家宏观调控,银根缩紧,以及中央加大对政府投融资平台的监管的原因,向银行融资的难度也越来越大。

2. 上城区地方政府债务存在的主要问题及原因

政府建设项目与一般建设项目相比,具有项目总额大、持续时间长、资金收益率低的特点。加上近年来,政府融资平台的收紧,导致建设项目的债务资金管理面临着三个主要问题:

（1）建设资金还款依赖土地收入,偿债风险较高。前几年,在国家宏观政策宽松的情况下,特别是国际金融危机爆发以后,我国政府出台了4万亿元的投资刺激规划,各建设单位的借款数量和借款规模不断增长,随着时间的流逝,当初的借款现在纷纷进入还款期。而前几年,上城区乃至整个杭州市,财政城建资金的支出都依靠土地出让金的收入,由于近年来国家对土地及房地产市场的调控,使土地出让的财政收入大幅减少,在各建设项目的借款纷纷进入还款期时,建设资金的偿债风险大幅提高。目前就上城区而言,各项债务指标虽然还在风险控制范围之内,但是已经接近警戒线。一旦国家继续加强宏观调控,地块不能及时出让,将导致资金流断裂,建设资金的偿债风险骤然升高。

（2）政府建设项目融资困难,还本付息压力增加。导致融资困难主要有两方面原因:一是近年来国家严格管控政府融资平台贷款。国务院下发的《关于加强地方政府融资平台公司管理有关问题的通知》和银监会下发的《关于地方政府融资平台贷款监管有关问题的说明》(银监发〔2011〕191号),均要求严格加强政府融资平台贷款管理,大幅度提高银行放贷门槛,像上城区这样的县区级政府建设项目基本不符合银监融资规范要求。因此,通过政府融资平台争取银行贷款变得越来越困难。二是信托及其他借款资金成本较高。在较难争取到银行贷款的情形下,各建设单位转而向信托、保险等金融公司寻求借款,但是,这些借款的资金成本普遍偏高,而政府建设项目的资产收益率一般都较低,如果资金成本高于资产收益率,在一般正常情况下,建设单位就不会愿意接受该笔借款。

（3）建设项目投资额普遍超出概预算,资金支出不断增加。目前,上城区各举债的建设项目中,实际资金支出超过概预算的情况较为普遍。造成这种情况有多方面原因:一是立项时考虑不周。在项目立项时没有做到全面的投资预算,部分细节问题没有考虑周全。二是设计不够完善。在项目建设过程中,由于人为因素,方案变化较大,造成工程变更量较大。三是因为人力资源、物力资源等条件限制,导致概预算审查制度落实不严。全区部分项目概预算未经审查就匆匆"上马"的现象依然存在,资金支出难以掌控。四是工程管理不到位,在建设过程中任意提高建设标准,扩大投资额,导致整个规模超概算。投资规模不断增大,资金支出不断增加,使得项目现金流进一步紧张,债务风险进一步加大。

3. 上城区政府性债务风险防范的措施及建议

上城区政府面对政府性债务的现状及风险,必须积极采取应对措施,将债务风险控制在可接受范围之内。

1）完善债务管理,实时监控债务风险

前国务院总理温家宝在2010年的《政府工作报告》中指出,应切实加强政府性债务管理,增强内外部约束力,有效防范和化解潜在财政风险。举债建设是一把双刃剑,既能促进地方经济,也能带来财政风险,因此,必须要加强和完善债务管理,在举债的同时实时监控债务风险。

(1) 严格控制政府性负债规模。没有稳定、可靠资金作为还债保障的项目,要严格限制其举债建设。对确实需要举债建设的项目,要严格按照法律、法规确认和规范举债主体。对政府性负债建设项目,应由发改委、财政等部门进行评审论证,甚至通过听证会、公示公告等形式,充分征求各方意见,严格控制负债规模,杜绝盲目举债。

(2) 科学地编制年度建设项目收支计划,实时监控现金流节点。各建设单位要详细编制年度建设项目收支计划。通过建设项目的收支计划,合理预估各个月的资金收入和支出情况,确定是否存在短期资金缺口的情形,如果有,确定存在资金缺口的节点,从而提前准备,采取融资、资产变现等措施获得现金流入,防范在资金缺口的节点产生的偿债风险。

(3) 科学测算整个项目的资金平衡情况。对各类举债项目,应对整个项目的资金平衡情况进行测算。对于资金存在较大缺口的项目,深入了解收入来源和支出去向,及早预估整个项目的资金缺口情况。对有些资产收益不能负担利息的情况,测算在无新增负债的前提下,自行负担利息时资产需要达到的收益率,从而便于有关部门作出决策,及早作出整改,保证整个项目的可持续发展。

(4) 介入融资谈判,对资金成本高的融资进行控制。在各建设单位需要新增债务时,区政府介入建设单位与银行、信托等借款单位的融资谈判。对于资金成本高的融资,区政府予以把关控制,避免将来偿债时可能产生的更大的资金流断链风险。

(5) 建立债务风险预警机制。要建立和完善债务风险检测指标体系。根据《浙江省人民政府关于加强地方政府性债务管理的通知》(浙政发〔2005〕5 号),主要的风险指标有三个:负债率、债务率和偿债率。负债率为债务余额与当年地区生产总值的比率,不得超过 10%;债务率为债务余额与当年可支配财力的比率,不得超过 100%;偿债率为当年年度还本付息额与当年可支配财力的比率,不得超过 15%。必须实时掌握债务指标变动情况,加强债务风险预警。

(6) 完善偿债准备金制度。应建立与负债规模相对应的偿债准备金,以减轻偿还债务对财政造成的冲击。偿债金数额一般为年初地方政府性债务余额的 3%～8%。偿债准备金应由财政部门实行专户管理,不得截留、挪用。完善偿债准备金的内部控制制度,对使用偿债准备金或用偿债准备金提供政府担保的项目的资金使用情况,财政部门应进一步完善监管。

2) 加强项目管理,提高资金使用效率

加强建设项目的管理,尤其是举债项目的管理,促进其合理使用债务资金。债务资金使用不当,会加重地方财政负担,增大地方政府债务风险。因此,要完善和加强建设项目管理,约束项目过度支出,提高建设资金使用效率,降低地方政府性债务风险。

(1) 完善资金拨付的审核程序,力争从真实性向合理性转变。目前,在实际操作中,财政部门在审核资金拨付时,对于建安工程投资支出和设备投资支出,一般只审核资金支出的真实性,而没有审核资金支出的合理性。审核支出的合理性比真实性难度要大很多,但是合理性的审查对于确保资金的有效支出、提高资金的使用效益、防范可能产生的舞弊风险,有着非常积极的意义。

(2) 加强概预算审查,对项目前期进行控制。目前,在实际操作中,绝大部分财政部门针对建设资金的事前管理时,只对年初建设收支计划进行全面控制,除了重点项目之外,并没有审查所有建设项目前期的概预算。对重点项目财政部门进行概预算审查时,往往由于财力、人力和时间的限制,并没有执行到全部项目。财政部门应将资金管理的重心由事中向事前推移,在项目前期对资金支出实施控制。

(3) 在适当的情况下,聘请专业机构进行代建。对政府建设项目聘请专业的团队进行管理代建,是近年来项目管理的新趋势。代建机构往往具有工程和财务等方面的专业资质,能更规范地对项目进行控制。对政府投资项目实施代建制管理,实现了项目管理队伍的专业化,能够规范政府建设项目管理行为,增强项目使用单位的责任意识。在相关的制度完善之后,适当的情况下,未来的建设项目可以聘请专业机构进行委托代建。

3) 各部门通力合作,建立完善的建设项目信息管理系统

政府建设项目从招标投标到工程建设,再到资金控制,均由不同的政府部门进行管理。目前,各部门均自成一套信息系统,但相互间沟通协调较少,导致建设单位上报各个部门的数据并不完全一致。应加强部门间的沟通协调,建立通用的建设项目信息管理系统,使各项目从开工到结束均及时反映,既能对项目进行更好地控制,也能完善政府服务体系。对于现有资产,要进行梳理与整合,并加以盘活和利用,使之产生有效且稳定的现金流,发挥"蓄水池"的作用,缓解建设资金的偿债风险。对空置资产,要加大招商引资力度,对于已经在运营中的资产,要分析现有运行管理中存在的问题及盈亏情况,合理分析,及时决策,采取措施增加现金流入,促进国有资产增值保值。

4) 拓宽融资渠道,降低资金使用成本

为了稳步推进建设项目,保证建设刚性支出,在政府性债务风险较高,建设资金链存在缺口的情况下,获取融资尤其是低成本融资显得格外重要。借新还旧是目前在实际操作中较为普遍的方式,尽可能的获取低成本融资,可以有效地降低政府债务还债风险。因此,要进一步拓宽融资渠道,加大融资力度,根据相关政策及银监会要求,改变现有建设体制,尽最大可能获取低成本融资。

(1) 改变建设体制,积极争取银行贷款。不断加强与政府合作银行的联系沟通,通过资产整合、成立公司等方式,协助各建设单位向银行争取贷款。2011 年 6 月,银监会下发了《关于地方政府融资平台贷款监管有关问题的说明》(银监发〔2011〕191 号),严格加强了政府融资平台贷款管理。该文件规定,只有符合以下条件的,才可以新增贷款:一是符合公路法律有关规定;二是公租房、廉租房、棚户区改造项目;三是国务院审批或核准的重大项目;四是符合国家宏观调控政策和其他规定的贷款项目。如果不符合以上条件,只能退出地方政府融资平台,整改为一般公司类贷款。而上城区作为区县级政府,其建设资金贷款基本不符合政府融资平台贷款要求,从而无法获取新增贷款,只能争取一般公司类贷款。因此,政府应协助建设单位,改变现有的以指挥部为模式的机制体制,努力争取低成本的银行类信贷资金。

(2) 积极争取信托、保险等其他渠道贷款。在当前融资平台趋紧、获取银行贷款不易的情形下,应积极拓宽融资渠道,争取其他渠道低成本信贷资金。积极寻求信托、保险等借款资金,在合理的利率下加大资金筹措力度,在保证现金流的同时尽可能地降低资金使用成本,从而降低政府性债务风险。

(3) 争取省市级专项补助资金。上城区作为区级政府,应积极配合有关建设单位做好上级专项补助资金的申报,不断加强与上级政府和财政部门的联系,争取获得上级财政部门对我区建设项目的政策倾斜,以减轻全区建设资金需求的压力。